Ferdinand Hueppe

Naturwissenschaftliche Einführung in die Bakteriologie

bremen university press

Ferdinand Hueppe

Naturwissenschaftliche Einführung in die Bakteriologie

ISBN/EAN: 9783955622251

Auflage: 1

Erscheinungsjahr: 2013

Erscheinungsort: Bremen, Deutschland

bremen
university
press

NATURWISSENSCHAFTLICHE EINFÜHRUNG

IN DIE

BAKTERIOLOGIE

VON

D.R FERDINAND HUEPPE,

PROFESSOR DER HYGIENE AN DER DEUTSCHEN UNIVERSITÄT ZU PRAG.

MIT 28 HOLZSCHNITTEN IM TEXTE.

WIESBADEN.

C. W. KREIDEL'S VERLAG.

1896.

Dem

Königlich Preussischen

medicinisch-chirurgischen

Friedrich Wilhelms-Institute

in

BERLIN

zum 100 jährigen Stiftungsfeste

gewidmet.

Inhalts-Uebersicht.

Vorwort.

Die Bakteriologie befindet sich zur Zeit im Uebergange von der naturgeschichtlichen zur naturwissenschaftlichen Auffassung. Für die erstere besitzen wir einige gute grössere Werke, welche das ganze Material zu bringen versuchen, wir besitzen aber auch einige gute kürzere Lehrbücher, welche im Anschlusse an die Methoden die für Aerzte wichtigeren Ermittelungen darstellen Der Gang der Entwicklung der Bakteriologie und besonders auch ihrer Methodik hat es mit sich gebracht, dass in diesen Werken gerade die naturgeschichtliche Seite im Vordergrunde steht, während die naturwissenschaftliche fast nur nebenbei in den Abschnitten über Schutzimpfungen berührt wird.

Dies genügt aber jetzt vielen berechtigten Anforderungen nicht mehr. Ich lege deshalb hiermit den ersten Versuch einer kritischen, zusammenfassenden Darstellung der Bakteriologie vor, der sich grundsätzlich und durchgreifend auf den naturwissenschaftlichen Gesichtspunkt stützt, um die Lehre von den Ursachen der Fäulniss, Gährungen und Seuchen und deren Verhütung und Bekämpfung frei von aller Ontologie zu entwickeln. Auch solche selbstverständlichen Dinge müssen einmal ausgesprochen werden. Solche Entitäten oder Wesenheiten, wie man sie im Zeitalter des Gesetzes von der Erhaltung der Energie und der Entwicklung der Lebewesen durch den Kampf ums Dasein den Aerzten noch in der ontologischen Betrachtung der kranken Zellen und krankheitserregenden Bakterien ganz ernsthaft anzuerkennen zumuthet, haben als Reste der Personificationen der Priestermedicin in einer naturwissenschaftlichen Auffassung von Biologie, Pathologie und Hygiene keine Daseinsberechtigung.

Ohne dem Werthe der anderen Werke für die Sammlung des Materials oder für die besondere Einführung von Aerzten in das Gebiet irgendwie nahe zu treten, darf ich hoffen, dass diese erste

streng mechanische und monistische Darstellung der Bakteriologie
als Ergänzung anderer Werke Manchem willkommen sein wird und
dass sie sich als zuverlässiger Führer für alle bewähren wird, welche
sich naturwissenschaftlich mit den Standpunkten und Fortschritten
der Bakteriologie vertraut machen wollen. Aus diesem Grunde
habe ich nach Inhalt und Form ausser den medicinischen auch den
Gesichtspunkten genügend Rechnung getragen, welche den Botaniker,
Biologen, Chemiker und alle diejenigen angehen, welche sich aus
allgemeinem Interesse an den Fortschritten der modernen Naturwissenschaften über diese auch praktisch wichtigen Tagesfragen der
Wissenschaft unterrichten wollen.

Wie alle Zweige der theoretischen und praktischen Medicin hat
auch die Bakteriologie schon früh durch die Leiter des preussischen
Militär-Medicinalwesens Förderung erfahren. Der preussische Militärarzt Struck hat als Leiter des Kaiserlichen Gesundheitsamtes in
Berlin mit kühner Initiative dem Gebiete die erste mustergültige,
für alle weiteren Institute vorbildliche Arbeitsstätte geschaffen, ohne
welche thatkräftige Förderung Koch seine bahnbrechende Methodik
nicht hätte entwickeln können.

Hatten schon früher Zöglinge der militärärztlichen Bildungsanstalt
wie Helmholtz, Virchow, Reichert, Leyden, Fischer,
Nothnagel wichtige Professuren erreicht, so mussten bei Schöpfung
der hygienischen und bakteriologischen Laboratorien und Professuren
deutsche Militärärzte und zwar zum grössten Theil wieder Zöglinge
dieses Institutes in erster Linie herangezogen werden, wie Behring,
Buchner, Fischer, Gärtner, Gaffky, Hueppe, Löffler,
R. Pfeiffer, Schröter.

Bei dieser Sachlage ist es mir in dankbarer Erinnerung an die
Förderung, welche ich selbst früher durch die Generalstabsärzte
Grimm und v. Coler, den jetzigen hochverdienten Chef des
preussischen Militär-Medicinalwesens, und durch meinen früheren
Chef, Generalarzt Struck, erfahren habe, ein besonderes Vergnügen,
dieses Werk der weltberühmten Bildungsstätte der meisten deutschen
Militärärzte zum 100 jährigen Stiftungsfeste zu widmen.

Prag, den 2. August 1895.

Der Verfasser.

Die Formen der Bakterien.

Im letzten Jahrzehnt hat sich die sogenannte Bakteriologie die Stellung eines der populärsten Zweige am Baume der naturwissenschaftlichen Erkenntnisse erworben. Schlagworte wie „Reinkultur" gehören ebensogut wie die Worte „Kampf um's Dasein" oder „Erhaltung der Energie" zu den naturwissenschaftlichen Redewendungen, die sich im allgemeinen Sprachgebrauche Bürgerrecht erworben haben.

Die Bakterien gehören der niedrigststehenden Gruppe des Pflanzenreiches an und würden an sich wohl kaum mehr allgemeine Aufmerksamkeit erregt haben als etwa Algen, Schleim- oder Schimmelpilze, wenn nicht noch etwas ganz Anderes hinzukäme. Dieses Besondere liegt darin, dass gerade Organismen aus der Klasse der Bakterien in Beziehungen zu den Fragen der Urzeugung, Fäulniss, Gährung und Seuchenentstehung gebracht wurden. Wichtigste Fragen der Biologie und Pathologie, der Naturwissenschaften und Medicin waren es also, welche die Aufmerksamkeit auf die Bakterien lenkten, und diese Fragen werden andererseits mit Berücksichtigung der Bakterien nicht erschöpft, weil auch Kleinlebewesen aus anderen Gruppen des Pflanzen-, aber auch des Thierreiches derartige Beziehungen haben. Man müsste also eigentlich von Mikrobiologie reden und damit ein ungeheures Gebiet andeuten, welches erst in den Anfängen der Forschung steht. Wenn man fortfährt, in diesem Gebiete den Bakterien einen ersten Platz zu wahren, so geschieht es aus dem schon angegebenen Grunde, dass man die Bakterien zuerst an den wichtigsten biologischen Vorgängen betheiligt fand, und dann auch, weil die Methoden der Forschung an den Bakterien entwickelt wurden, so dass wir bis jetzt bei dieser Gruppe von Mikrobien das zuverlässigste Material besitzen.

Bei diesen Untersuchungen mussten auch die Formen der
Bakterien beachtet werden. Hierbei waren es besonders die Fragen
nach dem Baue dieser angeblich niedrigsten Lebewesen und nach der
Beständigkeit oder Veränderlichkeit der Formen, welche ein allgemeines Interesse bieten.

Die einfachsten, nur mikroskopisch erkennbaren kleinsten Lebewesen nennen wir Zellen, und aus solchen Zellen bilden sich und setzen
sich auch die grösseren und höheren Lebewesen zusammen. Gemeinsam
ist allen Zellen eine, Protoplasma genannte Substanz, welche ein
schleimartiges, festweiches Klümpchen bildet, das oft scheinbar
homogen ist, aber nach Altmann aus kleinsten Körnchen einer
eiweissartigen Substanz besteht, die in einer gleichförmigen,
strukturlosen eiweissartigen Substanz eingebettet sind. Diese Elementarkörnchen oder Granula nach Altmann gruppiren sich oft
faser- oder netzartig oder nach Bütschli nimmt das Protoplasma
eine schaumartige „Wabenstructur" an. Das ideale Lebenselement
würde nach Altmann das Körnchen sein und eine Zelle würde in
einfachster Form eine Kolonie von solchen Elementarkörnchen als
wahren organischen Elementen darstellen. Thatsächlich ist die Zelle
die niedrigste und einfachste Form des wirklichen Lebens, ein wirklicher Elementarorganismus nach Brücke oder ein Lebensherd nach
Virchow, indem wir Vermehrung und Fortpflanzung als die auffallendsten Lebensäusserungen stets in dieser Form der Zellen vor
sich gehend finden und bis jetzt die Zellen bildenden Elementarkörnchen nur in einem beschränkteren Sinne mit Lebenseigenschaften
begabt erkennen. Zellen, welche nur aus Protoplasma bestehen, Moneren
nach Häckel, d. h. welche als Formbestandtheile nur Körnchen
oder aus denselben gebildete Fäden, Netze oder Waben enthalten,
sollen nun die einfachsten sein, und aus ihnen sollen sich die
höheren Zellformen entwickelt haben. Die einzige derartige Zelle
nur aus Protoplasma wollte man eine Zeit lang in dem Häckel'-
schen Urschleim des Meeres gefunden haben, doch ist dessen Existenz
nicht bestätigt worden. Die sicher bekannten Zellen zeigen noch
weitere Formentwickelungen, und zwar die thierischen Zellen sämmt-
lich, die pflanzlichen fast alle im Innern einen Kern. Nur einige
niedrigste Pflanzenzellen scheinen kernlos zu sein. Viele Zellen,

besonders die Pflanzenzellen, bilden nach aussen eine derbere Um-
hüllungshaut oder Membran. Viele Zellen enthalten auch sogenannte
Vacuolen oder mit Flüssigkeit gefüllte scheinbare oder auch wirkliche Hohlräume. Viele Zellen enthalten auch neben den Proto-
plasmakörnchen noch andere, meist körnige Einschlüsse, die man
als Paraplasma oder Deutoplasma bezeichnet.

Diese Einschlüsse stellen bereits primitive Organe dar. Der
Kern scheint bei der Theilung und Fortpflanzung der Zellen besonders
betheiligt zu sein; die Membran ist theils Schutzorgan, theils steht
sie im Dienste der Fortpflanzung, insofern sie die Grösse der Zellen
begrenzt, theils modificirt sie die Ernährung; das Paraplasma stellt
Nahrungsmaterial, Reserve- oder Umbildungs- oder Ausscheidungs-
stoffe dar; die Vacuolen dienen der Verdauung und Vertheilung der
Nährstoffe, während das Protoplasma im engeren Sinne die Ernährung und Athmung besorgt. Das Protoplasma hat ausserdem die
Fähigkeit der Contractilität und damit der Ortsveränderung.

Während Ehrenberg die Bakterien für sehr complicirte Infusionsthierchen gehalten hatte, hat man sie später für sehr einfache pflanzliche Organismen gehalten und schrieb ihnen nur Protoplasma und eine Membran zu. Jetzt stehen wir in der Mitte dieser
Ansichten. Die Bakterienzellen bestehen aus einem feinkörnigen, nur
bei den kleinsten Formen scheinbar gleichmässigen Protoplasma,
welches sich nach Alfred Fischer Reagentien gegenüber wie
Pflanzenprotoplasma verhält und in dem bisweilen paraplastische
Körner von fettähnlichem oder stärkeähnlichem Inhalte oder
Schwefelkörner beobachtet sind. Bisweilen sieht man auch Vacuolen. Am längsten und sichersten bekannt ist die Membran.
Dieselbe besteht meist aus einem physikalisch veränderten Protoplasma, d. h. sie ist eiweissartiger Natur, wie bei Thierzellen,
während einige Arten auch eine zelluloseähnliche Membran besitzen
wie Pflanzenzellen.

Schon vor vielen Jahren habe ich darauf hingewiesen, dass sich
bei der Theilung der Bakterienzellen bisweilen eine ganz merkwürdige Anordnung der durch Färbung kenntlich gemachten Körner
vollzieht, ähnlich wie bei der Theilung der Kernfäden von Zellen;
hierzu kommt weiter, dass die Färbungen des Bakterieninhaltes an

Kern- und nicht an Protoplasmafärbungen erinnern. Bütschli fasst ganz bestimmt den ganzen zentralen Theil der Bakterienzelle als Kern auf, so dass die kleinen Bakterien eigentlich kaum einen Protoplasmasaum enthalten und fast ganz aus dem Kern bestehen würden, während man wenigstens öfters die Anwesenheit von mikroskopisch kernähnlich sich verhaltenden Körnern, also morphologisch noch unentwickelte Kerne findet (Fig. 1). Zuerst hat Ernst solche besonderen Körnchen gefunden, die sich bei Färbung mit Methylenblau nicht blau, sondern roth färbten. A. Fischer hält neuerdings diese Umfärbung nicht für Zeichen einer chemischen Besonderheit, sondern sucht sie auf physikalische Verhältnisse zu beziehen. Nach Fischer zieht sich der Inhalt der Bakterienzellen bei Plasmolyse d. h. bei Einwirkung von Salzlösungen, Alkohol, Erhitzen, trotzdem er sich Farbstoffen gegenüber wie Kernsubstanz verhält, ähnlich wie Pflanzenprotoplasma zusammen, legt sich der Wand an oder zerspaltet sich unregelmässig oder bisweilen so regelmässig, dass zwei Zentralkörper oder an jedem Ende ein Korn, Polkorn sich findet (Fig. 2). Der Zentralkörper oder Kern von Bütschli würde also nur contrahirtes oder plasmolysirtes Protoplasma sein. Die Bakterienzelle ist also sicher nicht so einfach, wie man sich einfachste Zellen vorstellen darf, und man kann sie nur als die niedrigste Zellform ansprechen, welche sicher den Pflanzen zugezählt werden muss, was Perty und F. Cohn zuerst erkannt haben. Da man aber Zellformen kennt, deren Zurechnung zum Pflanzen- oder Thierreiche ganz unsicher ist, so haben wir in den Bakterien nicht die niedrigste mögliche Zellform vor uns.

Als man früher in einzelnen Fällen bei bestimmten Zersetzungen und Krankheiten besonders auffallende Formen fand, die man leicht von anderen auseinanderhalten konnte, legte man auf die Beschreibung solcher typischen „vorschriftsmässigen" Formen einen ganz besonderen Werth. Später sah man aber, dass alle Formen der Einzelzellen durch alle möglichen Uebergangsformen miteinander verbunden sind. Man ist deshalb allmählich dahin überein gekommen, drei Formgruppen der Einzelzellen auseinander zu halten, um sich schnell zu orientiren:

a. Kokkenformen umfassen kugelige und ellipsoide Zellen.

Fig. 1.

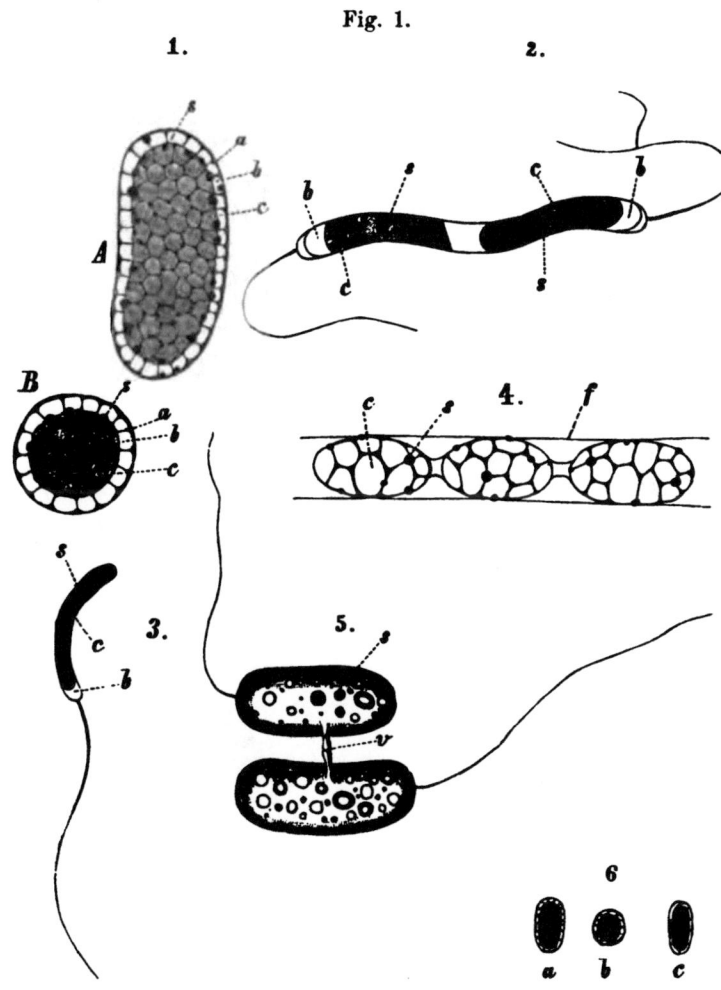

Bau der Bakterien nach Bütschli.

Fig. 1. A Chromatium Okenii im optischen Längsschnitt, B im optischen Querschnitt. Nach
Tödtung durch Alkohol, Auflösen des Bakteriopurpurins und der Schwefelkörner, mit
Hämatoxylin gefärbt. Die netzähnliche Structur erweist sich als wabenartig und der
Zentralkörper c ist engmaschiger als die Rindenschicht b; auch die Verdickungen
bei s sprechen für die Wabenstructur. Während das Gerüst die blaue Farbe des
alkalischen Hämatoxylin zeigt, erscheinen die Körner s in der rothvioletten Farbe
von saurem Hämatoxylin; auch mit Methylenblau werden die Körnchen roth, das Gerüst
blau. Nach Bütschli ist der Zentralkörper c der Kern, die Rindenschicht b ein Plasma-
mantel, die rothen Körner s sind Chromatinkörner und das blaue Gerüst ist Linin.
Fig. 2. Spirillum undula in Theilung; der Kern c liegt der Membran unmittelbar an, das Protoplasma b und kleineren Theile an den Polen und in der Mitte reducirt.
Fig. 3. Bakterie aus Sumpfwasser; fast nur Kern, nur an einem Pol eine Spur Plasma b.
Fig. 4. Cladothrix dichotoma: Fadenstück; f Fadenscheide.
Fig. 5. Chromatium Okenii nach F. Förster in Kopulation; im natürlich rothen Präparat
sind s Schwefelkörner, v ist Verbindungsbrücke auf Mittelebene eingestellt. 1—5 ge-
zeichnet, entsprechen ca. 2000—2500 facher Linearvergrösserung.
Fig. 6. a u. b Chromatium Okenii wie 1, c b. lineola nach Photogrammen; Linearvergrösserung
ca. 900.

Fig. 2.

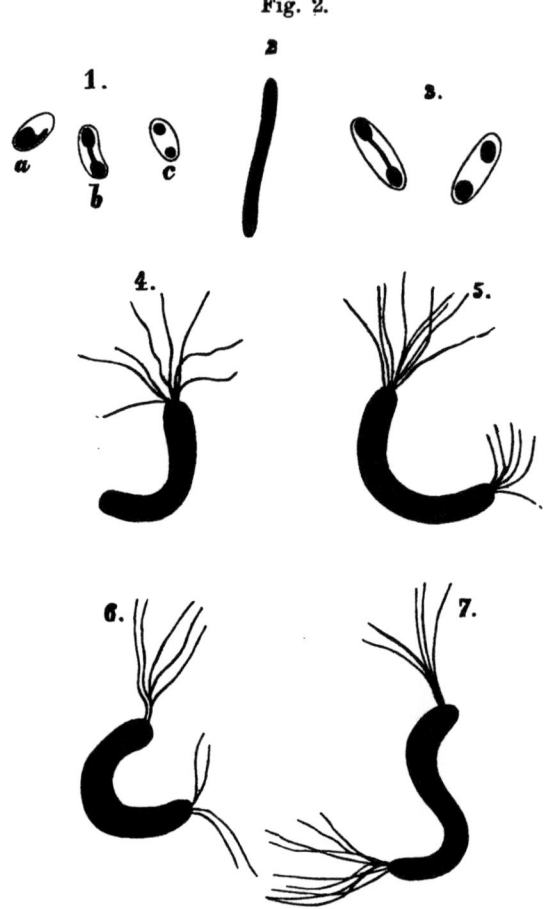

Struktur der Bakterien nach Alfred Fischer durch Plasmolyse.

Fig. 1. Kommabacillen von Finkler-Prior, plasmolysirt mit 5% NaCl, Contraction des Inhaltes (des Zellkerns von Bütschli) in a u. b und schliesslich in c Zerklüftung in zwei Polkörner.

Fig. 2. Leptothrix buccalis mit 10% Salpetersäure; die Membran ist heller als der contrahirte und zerklüftete Inhalt.

Fig. 3. Clostridium butyricum mit 5% Kochsalz. Fig. 1—3 vergr. 1:1500.

Fig. 4—7. Spirillum undula, durch Eintrocknen und Färben mit Anilinfarben behandelt; in den verschiedenen Theilungsstadien und in verschiedenen Individuen ist der Inhalt (der Zentralkörper oder Kern von Bütschli) ganz verschieden contrahirt und nur Fig. 6 entspricht der Theilung in zwei neue Zentralkörper nach Bütschli. In allen Figuren ist der Zellinhalt (der Zentralkörper oder Kern nach Bütschli) dunkel, die durch Zurückziehen des Inhalts blosgelegte Wand ist heller und nur in Folge der Geisselfärbung leicht gefärbt; diese blosgelegte Wand ist jedoch kein Plasmasaum im Sinne von Bütschli.

b. Stäbchenformen sind nach einer Richtung deutlich gestreckt und können noch der Länge nach in Kurz- oder Langstäbchen eingetheilt werden. Manche Stäbchen haben überall annähernd gleichen Durchmesser, wobei jedoch die Enden scharf abgesetzt oder mehr oder weniger stark abgerundet sein können. Bei anderen Stäbchen ist der Querdurchmesser an einer Stelle grösser und dadurch kommen wetzstein-, spindelförmige und klöppel- oder keulen- oder trommelschlägerförmige Stäbchen zu Stande. Die Stäbchen können starr oder beweglich sein und im letzteren Falle erscheint das Stäbchen oft gekrümmt.

c. Schraubenformen umfassen alle schraubig gedrehten Einzelstäbchen, deren kleinste Formen oft nnr wie gekrümmte Stäbchen von kommaähnlicher Krümmung erscheinen. Die Schrauben können starr oder biegsam, mit überall gleichem oder mit ungleichem Durchmesser sein.

Die Einzelzellen können frei leben und die Einzelzellen zeigen dann nach der Entwickelung weitere Uebergangsformen. Eine Kugel streckt sich und wird zum Ellipsoid, ein Langstäbchen theilt sich und wird zum Kurzstäbchen, ein Kurzstäbchen oder eine kurze Schraube theilt sich und zerfällt in zwei Ellipsoide oder Kugeln. Vor der Theilung strecken sich in der Regel die Einzelzellen deutlich und ihre Formen werden dadurch schärfer. Umgekehrt werden durch die Theilung die jungen Tochterzellen kleiner und damit undeutlicher (Fig. 3).

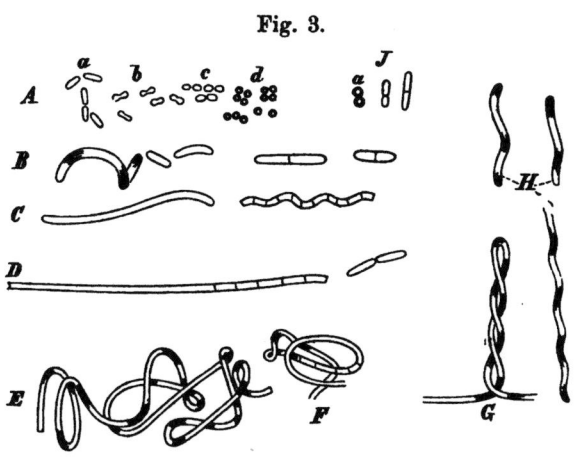

Fig. 3.

Bakterium Zopfii nach Kurth. A Kurzstäbchen in der Theilung zu Arthrosporen d. B längere Stäbchen. C gekrümmte Fäden als Scheinfäden, z. Th. gegliedert. D gerade Fäden, z. Th. als Scheinfäden, z Th. gegliedert. E u. F Schleifen und Umschlingungen. G Spirulinen der Scheinfäden. H Fadenstücke als scheinbare Schraubenbakterien. I Auskeimung der Arthrosporen.

Der Werth der einzelnen Formen kann demnach sehr schwanken.
Bald handelt es sich um vorübergehende Theilungsformen, bald
um regelmässiger auftretende Formen, welche man für typischer
hält. Nur im letzteren allgemeinen Sinne soll die obige Grup-
pirung eigentlich gelten. Es ist deshalb auch ein mindestens
überflüssiges Beginnen, eine für die Arten charakteristische „vor-
schriftsmässige" Länge oder Breite mit Zirkel und Maassstab festzustellen, während allgemeine Formfragen wichtiger sind.

Hierbei ist jedoch sofort weiter zu bemerken, dass selbst die
typischen Formen immer nur bei ganz bestimmten Bedingungen in
eben dieser typischen und deshalb für wichtig gehaltenen Form
wiederkehren, dass aber selbst diese Formen je nach den Ernährungsbedingungen schwanken, und zwar bisweilen so stark, dass die vor-
herrschenden Formen ein und derselben Art bei wechselndem Nährmaterial in die eine, bei anderem Nährmaterial in eine andere
Gruppe gerechnet werden müssen. Auf diese Weise hat man auch
Bakterien avanciren lassen, indem man z. B. die Wunderbakterien
(M. prodigiosus) nach ihrer Hauptform früher unter die Kokkenformen rechnete, später unter die bakteriologische Garde, die
Stäbchenform versetzte; in Wirklichkeit ist beides richtig.

Die Einzelzellen können aber auch nach der Theilung lockere
oder feste Verbände eingehen (Fig. 4). In diesen Verbänden kann

Fig. 4.

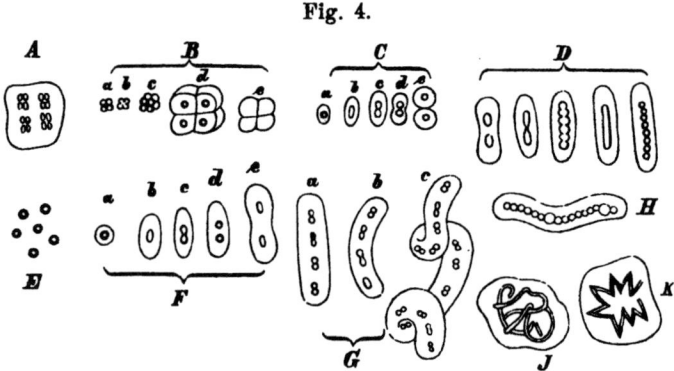

Einzelverbände der Bakterien, die sich in den grösseren Zoogloeen erhalten A einschichtige
Tetraden. B Entwickelung der Tetraden a, b, c zu Packeten d, e, in denen die Einzel-
zellen bei d zu erkennen oder bei e nicht zu erkennen sind. C Kapseln bei Kokkenformen.
D Entwicklung von Stäbchen und späterer Zerfall derselben in Kokken innerhalb einer
Kapsel bei Friedländer's Pneumoniebakterien. E bis H Leukonostoc und zwar E Arthro-
sporen und F Auskeimung derselben und Wiederbildung in H. I und K. Schrauben in
Gallerthüllen resp. Kapseln, welche früher als Gattung Myconostoc beschrieben wurden.

die Einzelzelle noch ihre Sonderexistenz wahren, so dass wir mehr eine lockere Zusammenhäufung von Einzelzellen vor uns zu haben scheinen, oder aber die Verbindung wird fester, so dass der Verband eine organische Einheit zu sein scheint. Erfolgt das Wachsthum

A. in einer Richtung, so entstehen in dieser Weise im ersten Falle Ketten und Scheinfäden von Einzelzellen, deren Glieder je nach der Form der Zellen scharf begrenzt sind oder scheinbar ohne Grenze in einander übergehen, oder aber es bilden sich im letzten Falle Fäden, die zum Theil durch Bildung von äusseren Scheiden und durch Verzweigungen zu den Spaltalgen hinüberleiten (Fig 5). Sowohl die Scheinfäden als Fäden können je nach der Starrheit der Membran beweglich oder unbeweglich, gerade oder wellig gebogen oder schraubig gedreht sein. Die Schraubenfäden sind eng oder weit gewunden, starr oder beweglich, und bisweilen findet man an einem Faden Uebergänge von geraden zu gebogenen und weiter zu schraubig gedrehten Stellen. Bei beweglichen Fäden kommt es vor, dass sie Schleifen bilden oder sich tauartig aufrollen oder peitschenschnurartig um ein-

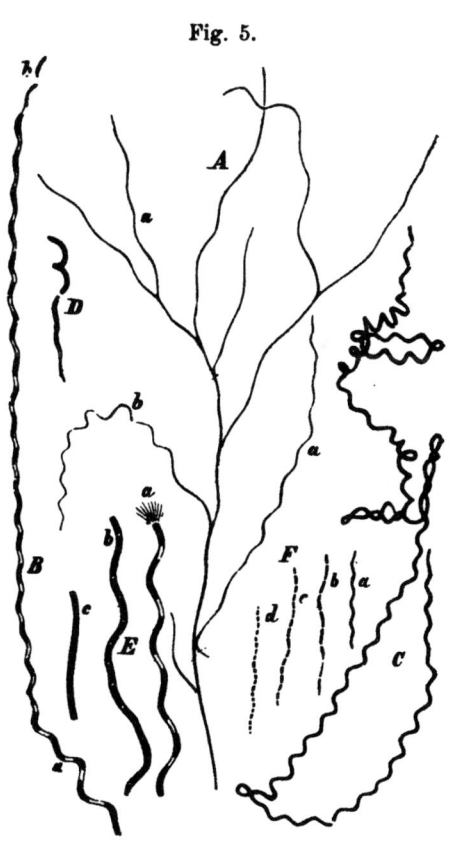

Fig. 5.

Cladothrix dichotoma nach Zopf. A verzweigte Pflanze mit schwächer (a) und stärker (b) gewundenen schraubenförmigen Zweigen. B Schraube, deren eines Ende (a) stärker gewunden ist als das andere (b). C langer spirochaetenartiger Zweig mit Schlingen und Spirulinen. D ein Zweigstück mit engen und eins mit flachen Windungen. E Schrauben: a ungegliedert, b mit Andeutung einer Gliederung in längere und c in kürzere Segmente. F Spirochaetenform: bei a ungegliedert, bei b bis d schematische Gliederung, bei b in längere, c in kürzere Stäbchen und bei d in Kokken.

ander winden. Bei einzelnen Gattungen macht sich an den Fäden
ein Gegensatz von Basis und Spitze bemerkbar.

Nach dem ersten Eindrucke ist es oft unmöglich zu entscheiden,
ob man eine Kette von einzelnen Stäbchen- oder Schraubenform oder
einen Faden solcher vor sich hat, ob die Einzelzellen in diesen Verbänden gross oder klein sind, und frühere Be-
obachter, besonders Ehren-
berg und Naegeli, hatten irr-
thümlicher Weise sogar gemeint, dass es eigentlich nur
eine Grund-
form, die Kok-
kenform, giebt,
aus deren ver-
schiedenartiger
Kombination
alle übrigen
Formen hervor-
gehen sollten.

Fig. 6.

Pasteuria ramosa nach Metschnikoff.
1—4 Stadien der Längstheilung und daraus resultirende strahlige
    Anordnung der Zellen.
5—12 Bildung der Endosporen nach Zeichnungen, vergr. ca. 1:2000.

B. Das Wachsthum
kann aber auch
so erfolgen, dass
sich flächen-
artig angeordnete Gruppen bilden. Erfolgt das Wachsthum
durch Quertheilung, so bilden sich Gruppen von 4 Zellen, Tetraden
oder Meristaform. Erfolgt eine Längstheilung der Stäbchen, die in
einem Punkte in Berührung bleiben, so entsteht eine strahlenförmige
Anordnung (Fig. 6).

C. Es bilden sich durch Theilung der Zellen in zwei aufeinander senkrechten Richtungen körperliche Gruppen oder Packete von waarenballenähnlichem Aussehen, Sarcinaform (Fig. 7).

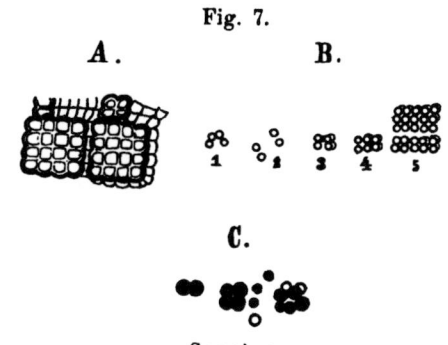

Fig. 7.

A.   B.

C.

Sarcina.

Fig. A. Magensarcina nach de Bary, frisch ungefärbt, Zeichnung vergr. 1:600.
Fig. B. Sarcina minuta nach de Bary. 1 Kokken, 2 Theilung in Diplokokken, 3 einschichtige Tetrade oder Meristaform, 4 u. 5 Packetbildung.
Fig. C. Lungensarcina mit Endosporen nach doppelt gefärbten Präparaten; die dunklen Kügelchen sind rothe Sporen in blauen Zellen oder isolirt.

D. Endlich können ganz unregelmässige Gruppen oder Haufen entstehen, welche kugelige, gelappte, verzweigte, traubenförmige Figuren bilden, die früher als Askokokkus, Staphylokokkus, Clathrocystis, Zoogloea ramigera etc. beschrieben wurden (Fig. 8).

Fig. 8.

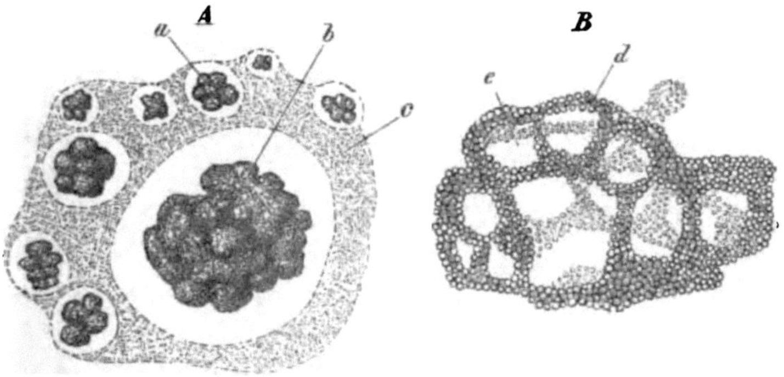

A) Askokokkus nach F. Cohn, 65 fache Vergrösserung. Innerhalb der Gallertkolonie Gliederung in kleinere (a) und grössere (b) kuglige Kolonien aus Kokken, die in Schläuchen zu liegen scheinen.
B) Clathrocystisform der Beggiatoa roseopersicina nach Zopf; die grossen Chromatien (Monaden der älteren Autoren) eben sichtbar; verg. 1:250.

Bei einer Art von Bakterien können je nach den Existenzbedingungen verschiedene dieser Gruppen oder Verbindungsweisen der
Einzelzellen auftreten.

Besonders bei den Stäbchenformen hat man beobachtet, dass
gerade Stäbchen im Verlaufe der Entwicklung an einer Stelle in der
Mitte eine Erweiterung erfahren und dadurch zu Spindelstäbchen
werden, oder am Ende und dadurch zu Keulenstäbchen werden.
Bisweilen scheint dies eine besondere Gährform zu sein, da Hansen
dies bei den Essigsäurebakterien, ich bei Propionsäurebakterien gerade
auf der Höhe der Gährwirkung beobachtet haben. Dies wären dann
wirkliche Entwicklungs- oder Involutionsformen. Bei anderen
Arten kommt dies als Vorbereitung der Sporenbildung vor. Noch
häufiger treten solche Formen als Vorstufen des Absterbens, als
Degenerationsformen unter Aufquellen der Membran auf (Fig. 9).

Fig. 9.

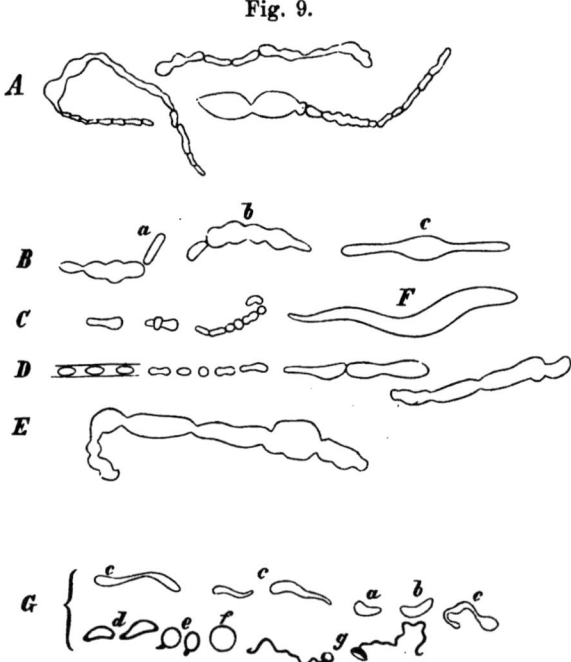

Degenerationsformen. A Milchsäurebakterium nach Maddox. B Clostridium polymyxa nach
Prazmowski. C Bakterium Zopfii nach Kurth. D b. subtilis und E b. anthracis nach
H. Buchner. F Vibrio rugula nach Warming. G b. cholerae asiaticae nach van
Ermengem und Hueppe.

Ausserdem gibt es noch ein Absterben durch körnigen Zerfall des Inhaltes (Fig. 10).

Werden die einzelnen Formen dadurch zusammengehalten, dass die äussere Membran aufquillt und dadurch die Einzelzellen einhüllt, so entstehen Kapselbildungen und weiter sogenannte **Schleimkolonien oder Zoogloeen und Kahm- oder Bakterienhäutchen.** Innerhalb derselben kann sich eine Gliederung der einzelnen Verbände halten. An der Oberfläche von Flüssigkeiten und festen Medien bilden sich dünnere

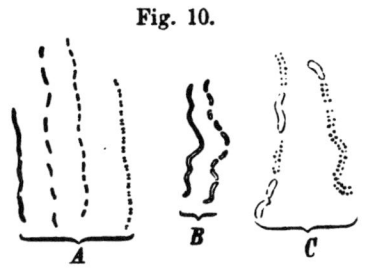

Fig. 10.

Körniger Zerfall der Bakterien. A angeblich typischer Zerfall der Sumpfspirochaete nach Zopf zuerst in längere, dann in kürzere Stäbchen und schliesslich in Kugeln. B gewöhnliche Gliederung und C körniger Zerfall der Kommabacillen nach Hueppe.

oder dickere, glatte oder gefaltete Häute, im Inneren von Flüssigkeiten bilden sich kugelige, gelappte, traubige oder verzweigte Massen. Besonders charakteristisch sind die Zoogloeen oder Kolonien auf festen Nährsubstraten wie Gelatine, Agar-Agar und Kartoffeln (Fig. 11). Die Form und Art der Ausbildung derselben schwankt

Fig. 11.

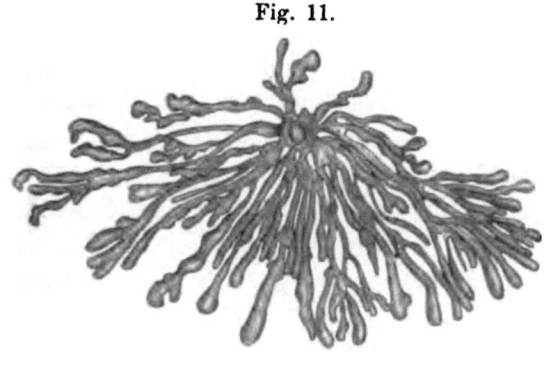

Zoogloea einer Stäbchenart in den Blasen von Pemphigus acutus nach Demme. Agarkultur; nat. Grösse.

nach den chemischen und physikalischen Ernährungsbedingungen, ist jedoch bei gleichen Bedingungen stets annähernd so gleich, dass man die Formeigenthümlichkeiten der Kolonien zur Erkennung der Bakterienarten vortheilhaft verwenden kann. Es ist das grosse Verdienst von Koch, Methoden der Reinkultur geschaffen zu haben, mit denen solche aus einzelnen Keimen hervorgegangenen isolirten Kolonien leicht nach Belieben herangezüchtet und rein von anderen Keimen gehalten werden können. In ähnlichem Sinne wie jetzt von Reinkulturen, sprach man früher von Infusorienhecken, Pilzplantagen und Pilzgärten. Züchtet man solche Reinkulturen unter stets gleichen Bedingungen weiter, so entsprechen sie stets nach Form und Wirkung einem ganz bestimmten Stadium. Aber dies ist keine wirkliche Beständigkeit und diese Gleichartigkeit hängt nicht von der Artkonstanz der Bakterien, sondern vom Gleichbleiben der Bedingungen ab. Aendert man diese Bedingungen, so ändern sich auch die Bakterien nach Form und Wirkung. Die Bakterien richten sich mit ihren Schleimkolonien stets nach dem „milieu."

Die Beständigkeit, welche man mit der Koch'schen Methodik sicher stellte, war keine echte Artconstanz, sondern die von Standortvarietäten. Wie ein Auswanderer in seiner neuen Heimath bald Sitten und Gebräuche seines Vaterlandes streng wahrt, bald sie aber schnell aufgiebt, so halten einzelne Bakterienarten bei Aenderung der Existenzbedingungen bald ihre ursprünglichen Eigenschaften fester, bald weniger fest. Wir können durch die Reinkulturen bei den Bakterien gute Experimentalbeweise für die Richtigkeit des von L. von Buch und am schärfsten von Moritz Wagner erkannten Gesetzes beibringen, nach dem die Trennung von Artgenossen, wie sie bei Isolirung in Reinkulturen vorliegt, bei neuen Bedingungen zur Bildung neuer Arten führt.

Die Bakterien selbst können in Gattungen und Arten getrennt werden, während früher einige Beobachter eine ganz schrankenlose Veränderlichkeit nach Form und Wirkung angenommen hatten. Es gibt dabei Arten, die verhältnissmässig wenige Formen durchlaufen, während andere vielgestaltig sind. Davon unabhängig ist die Erscheinung, dass die einzelnen Formen bald ziemlich beständig sind, öfters jedoch nach den sich ändernden Aussenbedingungen etwas wechseln. Die früher angeführten starren Formarten, wie sie ausser den älteren Beobachtern auch Cohn, Schröter und Koch angenommen hatten, haben sich nicht aufrecht halten lassen. Die Anpassungsfähigkeit der Bakterienformen bei Wechsel der Ernährungsbedingungen ist zwar nicht so schrankenlos, wie es Naegeli und Billroth angenommen hatten, aber sie ist beträchtlich grösser als man es früher mit dem Begriffe konstanter Arten für vereinbar gehalten hatte.

Früher kannte man nur Formarten oder Formgattungen, die man nach den hervorragendsten Formen benannte. In diesem Sinne nannte Ferdinand Cohn, der die älteren Namen mit verwerthete, die Gattung Mikrokokkus nach den Kokkenformen, die Gattung Bakterium nach den Kurzstäbchen, die Gattung Bacillus nach den Langstäbchen, die Gattungen Vibrio, Spirochaeta und Spirillum nach den verschiedenen Schraubenformen. Diese Bezeichnungen dienten nicht zur Bezeichnung einer einzelnen Form. Diese Verwirrung wurde erst von Naegeli und Koch in die an sich so einfache Sache gebracht. So heisst Bacillus nicht Langstäbchen, sondern eine Gattung oder eine dazu gehörige Art, deren für wichtigst gehaltene Form das Langstäbchen ist. Was sonst dazu gehört, ob die Form sich ändert, ob sie Sporen bildet, das alles war zunächst gleichgültig.

Um natürliche Gattungen und Arten zu bestimmen, muss man mehr kennen, als die angebliche oder wirkliche, typisch wiederkehrende Hauptform. Etwas weiter kommt man durch Kenntniss der Geisseln (Fig. 12). Die membranlosen Zellen haben die Fähigkeit, das Protoplasma in sogenannten Scheinfüssen ganz beliebig auszusenden, während man im engeren Sinne von Geisseln spricht, wenn solche Protoplasmafäden aus vorgebildeten Oeffnungen membranhaltiger Zellen vorgestreckt werden oder Zusammenhang mit dem Zellinhalte zeigen. Bei den Bakterien nun haben sich die von Ehrenberg entdeckten Geisseln als Anhänge der Membran erwiesen, deren Inhalt mit dem Bakterienprotoplasma in noch nicht genau ermittelteter Weise zusammenhängt; die Geisseln der Bakterien scheinen wirklich Bewegungsorgane zu sein. Durch die Geisselbildungen nähern sich die Bakterien den Monaden und Flagellaten, die den Thieren zugezählt werden.   A. Fischer hat versucht die Geisseln

Fig. 12.

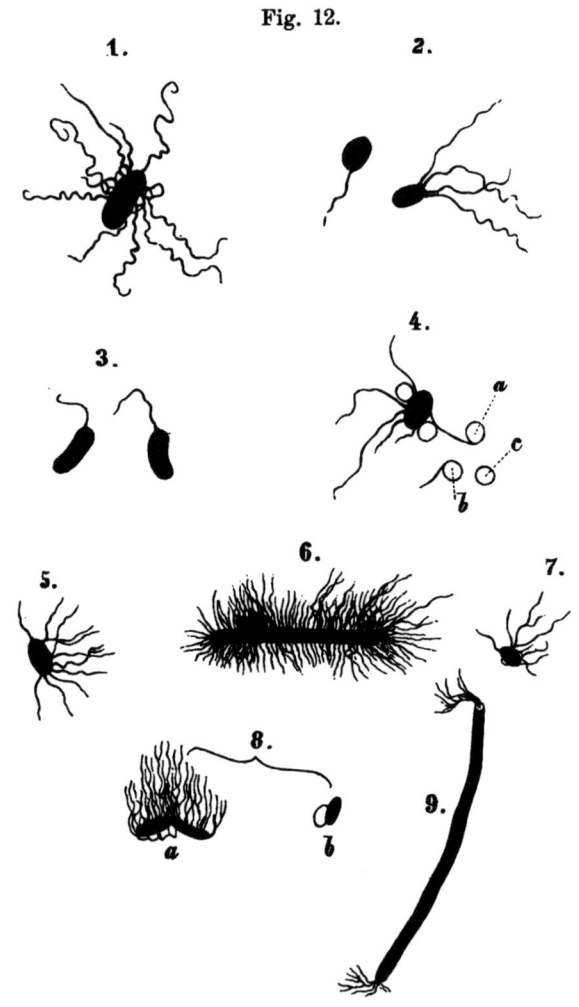

Geisseln.

Fig. 1. b. subtilis.   Fig. 2. b. termo.   Fig. 3. Cholerabakterien.

Fig. 4. Typhusbakterien mit Einrollung der Geisseln a; freie Geisseln theilweise b und ganz c eingerollt.

     1—4 Zeichnungen bei ca. 1500 facher Linearvergrösserung nach A. Fischer.

Fig. 5 u. 6. Proteus vulgaris nach Photogrammen von Fränkel u. Pfeiffer; vergr. 1500.

Fig. 7. Schweinepest.   Fig. 8. Kartoffelbacillus.   Fig. 9. Spirillum serpens nach Photogrammen von Neuhauss; vergr. 1:1000.

auch zur Artbestimmung mit zu verwerthen, indem er Werth darauf legt, ob keine Geisseln, polare Einzelgeisseln, polare Geisselbüschel oder diffuse Geisseln vorhanden sind. Dies ist vorläufig wohl noch verfrüht, da wir über die Bedingungen der Geisselbildung noch wenig wissen; so ist z. B. M. prodigiosus meist unbeweglich, gelegentlich aber auch durch Geisseln beweglich; die in gewöhnlicher Bouillon lebhaft beweglichen Cholerabakterien werden in Zuckerbouillon unbeweglich.

Noch wichtiger ist die Fruktification oder Sporenbildung. Schon bei der einfachen Vermehrung durch Theilung bemerkt man eine vollständige Umlagerung des Inhaltes, dessen Körner eine viel deutlichere Anordnung erkennen lassen, die ich schon früher in Analogie mit der Anordnung der Elemente sich theilender Kernfäden gebracht habe. Beide Tochterzellen führen dabei die Art weiter. In anderen Fällen reicht dies jedoch zur Erhaltung der Art nicht aus und die gewöhnlichen vegetativen Zellen erliegen in grossen Mengen den natürlichen und künstlichen Eingriffen, denen sie in Form von Beleuchtung, Hitze, Trockenheit, chemischen Einflüssen, Konkurrenz anderer Mikrobien und der eigenen Artgenossen ausgesetzt sind. Dann übernehmen einzelne widerstandsfähigere Zellen als Dauerformen oder Sporen die Arterhaltung.

Nachdem zuerst C o h n bei Fadenbakterien beobachtet hatte, dass die sich aus dem Fadenverbande an bestimmten Stellen loslösenden oder durch Auflösen des Fadens freiwerdenden Einzelzellen nicht den Charakter gewöhnlicher vegetativer Zellen, sondern den von G o n i d i e n, Conidien oder Sporen wie bei Spaltalgen oder Pilzen haben, haben H u e p p e und d e B a r y gezeigt, dass bei vielen Bakterien einzelne Glieder als Dauerformen functioniren können. Man nennt diese G l i e d e r- o d e r A r t h r o - S p o r e n (Fig. 13, 3, 19).

Bisweilen scheint einfach ein beliebiges, morphologisch nicht besonders kenntliches Individuum als Gliederspore zu dienen. Bisweilen beobachtete ich, dass eine solche Zelle dadurch den schädigenden Einflüssen mehr entzogen war, dass die anderen absterbenden Zellen einen Schutzmantel um dieselbe bildeten. In anderen Fällen wird die Gliederspore beträchtlich grösser und erhält eine derbere Membran wie bei einzelnen Spaltalgen; bei einigen Leptothricheen bilden sich die Gonidien sogar in Erweiterungen der Scheide des Fadens, welche als Sporenlager oder Sporangien aufgefasst werden müssen.

Die sicher bekannten Arthrosporen sind in Kokkenformen bekannt, doch dürfen diese Dauerformen nicht mit den durch Plasmolyse

Fig. 13.

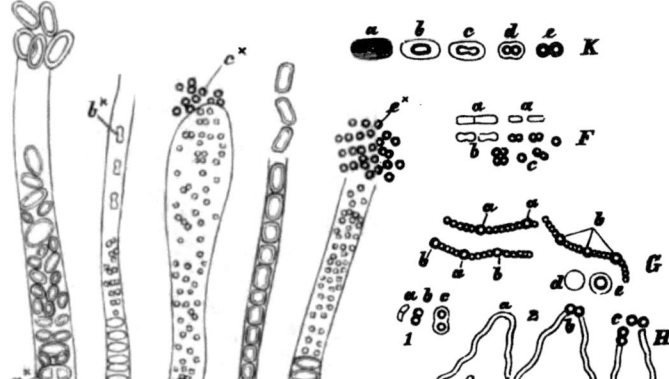

Gonidien und Arthrosporen.

A—E Crenothrix, die Enden bilden vollständige Sporenlager oder Sporangien. A und D Makrogonidien, indem die Fadenglieder ungetheilt, oder nur in grossen Theilungsstücken A a durch die nachrückenden Glieder ausgestossen werden. B, C, E Mikrogonidien durch weiter fortgesetzte Theilung B b, sodass nach Ausstossen Zoogloeen in Kugelform C c und E e frei vorhanden sind. Diese Mikrogonidien, bei Beggiatoa aber auch Makrogonidien sollen bisweilen durch Geisselbildung zu Schwärmsporen werden. K directe Beobachtung der Bildung von Arthrosporen bei Stäbchen nach Hueppe; das vorher homogene Protoplasma wird körnig a, contrahirt sich bei b, dieses theilt sich in c, d, e in zwei stärker lichtbrechende, von einer deutlichen, quellbaren Membran umgebende Arthrospore e.
F Arthrosporen des B. Zopfii nach Kurth. G Leukonostoc nach van Tieghem.
H u. I Kommabacillen nach Hueppe; es bilden sich dabei I 3 d und e Zoogloeen in Kokkenform.

hervorgerufenen Polkörnern verwechselt werden, und auch bei den Fadenbakterien bilden die Gonidien oft vollständige Schleimkolonien von Kokkenformen. Bei solchen Gonidien wurden auch Geisseln beobachtet, so dass geradezu Schwärmsporen vorhanden waren. Kürzlich hat Coppen Jones es wahrscheinlich gemacht, dass auch bei

angeblichen Bakterien, wie es die Tuberkelbacillen nach Koch sein
sollen, ein Typus der Sporenbildung vorkommt, der sich homolog
den Chlamydosporen von ächten Pilzen, z. B. von Mucorarten
vollzieht (Fig. 20).

Gegenüber den wirklichen oder bis jetzt wenigstens sogenannten
Bakterien, welche sich durch Gliedersporen im engeren Sinne oder
durch Gonidien nach Art der Spaltalgen oder durch Chlamydosporen
nach Art von Pilzen fortpflanzen, gibt es noch Bakterien mit einer
leichter zu erkennenden Fortpflanzung durch endogene Sporen oder
Endosporen. Diese wurden 1852 von Perty entdeckt (Fig. 14).

Wir müssen jetzt zwei Typen der Endosporenbildung unterscheiden, die aber
durch Uebergänge verknüpft zu sein
scheinen. Bei der Mehrzahl tritt nach
vorausgegangener Körnelung oder
scheinbar bisweilen ohne solche ein
dunkler Fleck im Zellinhalte auf, der
allmählich grösser wird und auf Kosten
des Zellinhaltes seine endgültige Grösse
erlangt, so dass in einer Kolonie
gleichzeitig stets verschiedene Stadien der Sporenbildung zu sehen sind

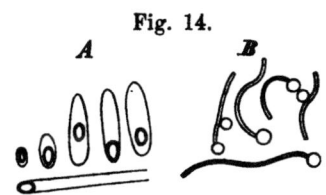

Fig. 14.

A   *B*

Die ersten von Perty gesehenen Endosporen von Bakterien.
A Sporonema: gehört wohl zu den
Sumpfbakterien mit Klein's zweitem
Typus der Sporenbildung.
B Spirillum undula, vielleicht dasselbe
wie Prazmowski's Vibrio rugula.

(Fig. 6, 7, 15, 18). Durch Contraction des Protoplasmas und geringen
Wassergehalt erscheint die Spore stark lichtbrechend; der Sporeninhalt wird durch eine schnell derber werdende Sporenmembran
nach aussen begrenzt. Die beweglichen Formen werden vorher
unbeweglich. Von sekundärer Bedeutung ist es, dass bald der
ganze Inhalt einer Zelle zur Spore verwandelt wird, bald aber
ein grösserer oder geringerer Rest des Zellprotoplasmas ausserhalb
der Spore zurückbleibt. Ebenso ist es von sekundärer Bedeutung,
ob die Spore rund, oval, bohnenförmig ist, ob sie in der Mitte
oder endständig gebildet wird, ob die Zelle ihre Form beibehält,
oder sich an der Stelle der späteren Spore vorher eine Erweiterung der Zelle ausbildet. Auch bei Auskeimung der Sporen machen
sich derartige kleine und wichtige Unterschiede geltend (Fig. 16).
Diese Merkmale sind im Einzelfalle sehr wichtig, aber nicht

sie bestimmen den Gegensatz zu dem von Peters und L. Klein entdeckten zweiten Typus. Bei diesem (Fig. 17) findet eine Sonderung des
Plasmas in einen sporenbildenden und einen sporenfreien Theil derart

Fig 15.

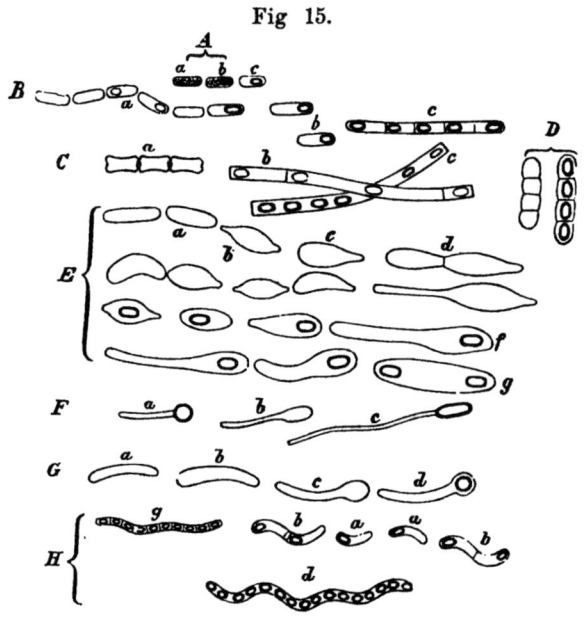

Bildung und Form von endogenen Sporen.

A Bildung des ersten Typus, a) das bis dahin homogene Protoplasma wird gekörnt, b) es
sammelt sich an einer Stelle, c) es wird zur Spore verbraucht.

B, C, D Ohne Aenderung der Stäbchenform oder ächte Bacillen. B b. subtilis. C Milzbrandbacillen. D, b. Megatherium.

E Spindel oder F Keulenstäbchen bezw. Aenderung der Form vor der Sporenbildung; in E f
ist nur eine von zwei aneinanderhängenden Zellen spindelförmig geworden, bei g sind zwei
Sporen scheinbar in einer Zelle, die sich jedoch in der Regel wie bei d in Wirklichkeit
als aus zwei Zellen bestehend erweist.

E sind Formen von Clostridium butyricum und Cl. polymyxa z. Th. nach Prazmowski.

F Plektridiumform, a Form der Tetanusbakterien, b und c aus Faulflüssigkeit.

G Sporenbildung der Gattung Vibrio bei V. rugula nach Prazmowski.

H Endosporen bei Spirillum nach van Tieghem; a, b Sp. amyliferum, d, g Sp. serpens (?).

statt, dass die Sporen von vornherein in ihrer endgültigen Grösse
und Gestalt angelegt sind und ihr Inhalt nicht auf Kosten des
übrigen Protoplasmas allmählich entsteht; während des Reifungs-
vorganges erfolgt die Ernährung der Sporenanlage von dem übrigen

Zellprotoplasma aus, so dass die Bewegungen dieser Arten nicht aufhören, wie auch die Geisseln erkennen lassen. Endosporen sind vorwiegend bei Stäbchenformen, aber sicher auch bei Kokken und Schraubenformen beobachtet.

Durch Temperaturen zwischen 42 und 43° ist es Pasteur, durch Zusatz von Karbolsäure Roux und Phisalix gelungen, die Sporenbildung der Milzbrandbacillen unter gleichzeitiger Schwächung der Wirkungen aufzuheben; eine erbliche Unterdrückung einer wichtigen morphologischen Eigenschaft wurde damit jedoch nicht erreicht.

Eine den Endosporen der Bakterien ähnliche Sporenbildung ist nur noch bei einigen Monaden und Flagellaten in sogenannten Cysten beobachtet, z. B. bei Monas s. Spumella vulgaris und bei Chromulina.

Mit diesen Ermittelungen können wir versuchen, über die Formgattungen und Formarten von Cohn hinaus zu natürlichen Gattungen und Arten unter den Bakterien zu kommen. Man muss hierzu nach Hueppe und de Bary grundsätzlich die endosporen Bakterien von den arthrosporen trennen. Zum Verständnisse nur einige Beispiele. Die bei Milzbrand, Unterleibstyphus, Diphtherie und Tuberkulose gefundenen Krankheitserreger besitzen Stäbchenform und deshalb nennt sie der Mediciner

Fig. 16.

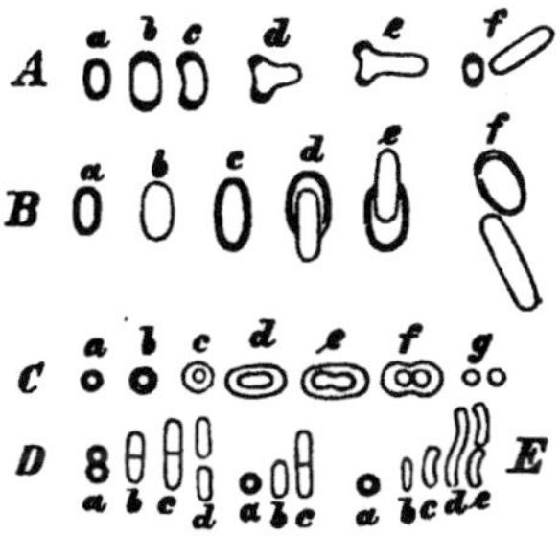

Keimung der Sporen.

A b. subtilis nach Brefeld; die Sporenhaut reisst seitlich auf, das Stäbchen wächst jedoch in der Längsrichtung der Sporen weiter.

B Clostridium butyricum nach Prazmowski; der Keimling tritt an einen Pol aus. Bei den Endosporen A, B bleibt die leere Sporenhaut zurück.

C Gonidien von Leukonostoc nach van Tieghem; die Membran der Arthrospore a quillt auf und das Protoplasma wächst wie eine vegetative Zelle.

D b. Zopfii nach Kurth.

E Kommabacillen nach Hueppe.

Bacillen. Nach der Gesammtentwicklung gehören die Milzbrandstäbchen (Fig. 18) zu einer Scheinfäden bildenden Art, in deren Stäbchen die erstgeschilderte Art von Endosporen auftritt, während die Typhus- und Diphtheriebakterien keine Endosporen und die Tuberkelstäbchen wahrscheinlich Chlamydosporen bilden. Während nach Cohn die Gattungen Bacillus und Bakterium anfangs nur

nach der Form der Lang- und Kurzstäbchen getrennt wurden,
liegt jetzt für uns in Cohn's späterer Auffassung der Unterschied
nicht in der Länge der Stäbchen, sondern darin, dass die einen Endosporen bilden, die anderen nicht. Hiernach gehören also die Milzbrandstäbchen zur Gattung Bacillus, die Typhus- und Diphtherie-

Fig. 17.

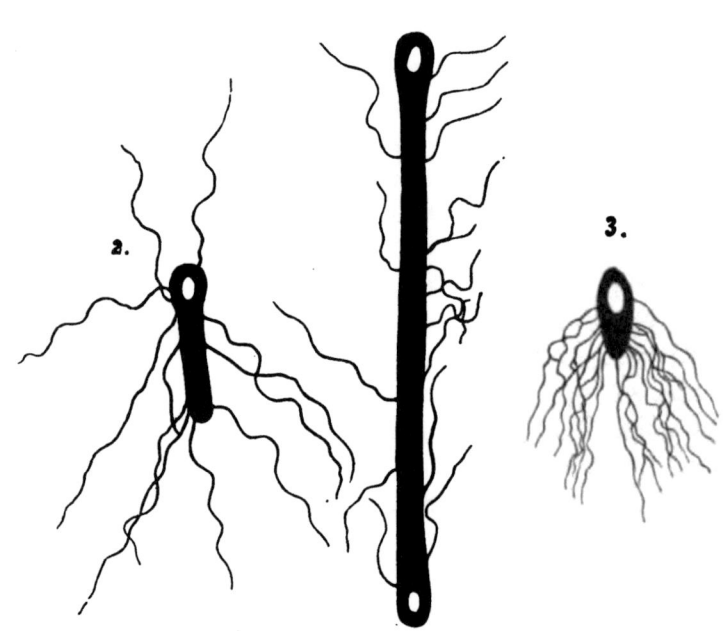

Endo-Sporenbildung in geisseltragenden, sich lebhaft bewegenden Bakterien; Zweiter Typus
der Sporenbildung nach Klein iu Sumpfbakterien.
Fig. 1. B. Solmsii mit plasmolytisch zerklüftetem Protoplasma; an den helleren Stellen
ist das Protoplasma zurückgetreten und die Membran leer zurückgeblieben.
Fig. 2 B. paludosum.
Fig. 3. Clostridium butyricum.
1—3 nach Zeichnungen von A. Fischer; vergr. ca. 1:2000.

stäbchen zur Gattung Bakterium oder Arthrobakterium und die
Tuberkelstäbchen sind überhaupt keine eigentlichen Bakterien, sondern die parasitische Form des Tuberkelpilzes.

Wir können nun noch einen Schritt weiter gehen. Wir können
den Namen Bacillus auf jene Gattungen beschränken, deren Stäbchen

sich während der Sporenbildung nicht ändern. Dann nennen wir
Gattungen, deren Stäbchen spindelförmig sind oder während der
Bildung der Endosporen spindelförmig werden, Klostridium und
Gattungen, deren Stäbchen trommelschlägerförmig sind oder während
der Bildung der Endosporen werden, Plektridium. Wir haben demnach unter den Stäbchenbakterien mit Rücksicht auf die Sporenbildung
drei Gattungen von
endosporen und eine
von arthrosporen Bak-
terien, die wir aber
noch in Untergattungen
zerlegen können, wenn
wir die Form der Spo-
ren oder nach Fischer
auch die Geisselbildung
mit verwerthen.

Während Cohn
bei den Schraubenfor-
men die Formgattungen
Vibrio, Spirochaeta und
Spirillum nur nach der
Form der Schrauben
bestimmte, komme ich
zu natürlichen Gat-
tungen; ich nenne Spi-
rillum die Arten, deren
Schrauben sich bei der
Endosporenbildung
nicht ändern, Vibrio die-
jenigen, deren Schrau-

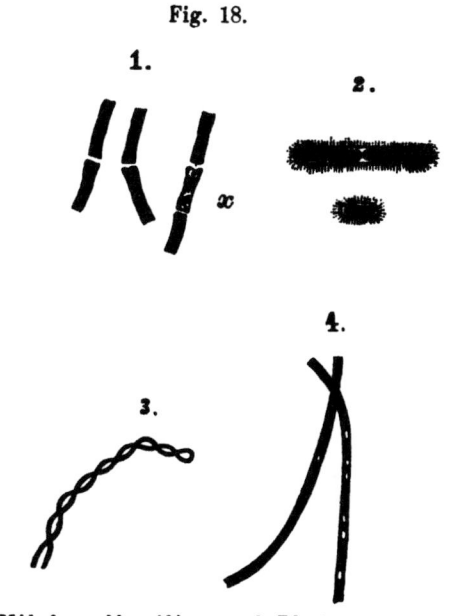

Fig. 18.

1.

2.

x

4.

3.

Milzbrandbacillen nach Photogrammen.

Fig. 1. Aus Milzsaft mit Vesuvin gefärbt, vergr. 1 : 1200.
Fig. 2. Mit Kapseln im Blute, vergr. 1 : 1000.
Fig. 3. Rand einer Kultur, Umschlingungen der Fäden,
     sogen. Spirulinen. vergr. 1 : 300.
Fig. 4. Sporenbildung in ungefärbten frischen Präparaten.
     vergr. 1 : 500.

ben sich bei Bildung der Endosporen an einer Stelle erweitern,
und Spirochaeta diejenigen, welche keine Endosporen resp. welche
Arthrosporen bilden (Fig. 19). Man muss deshalb die Organismen der Cholera asiatica Spirochaeta nennen, während die Mediciner ganz willkürlich und durcheinander die drei Namen dafür
gebrauchen.

Diese Willkür der Aerzte schadet nicht, wenn man sich nur verständigen will, was man gerade meint, aber sie hat auf die wissenschaftliche Ausbildung der Bakteriologie sehr hemmend gewirkt und die Nachwirkungen machen sich noch oft bemerkbar.

Fig. 19.

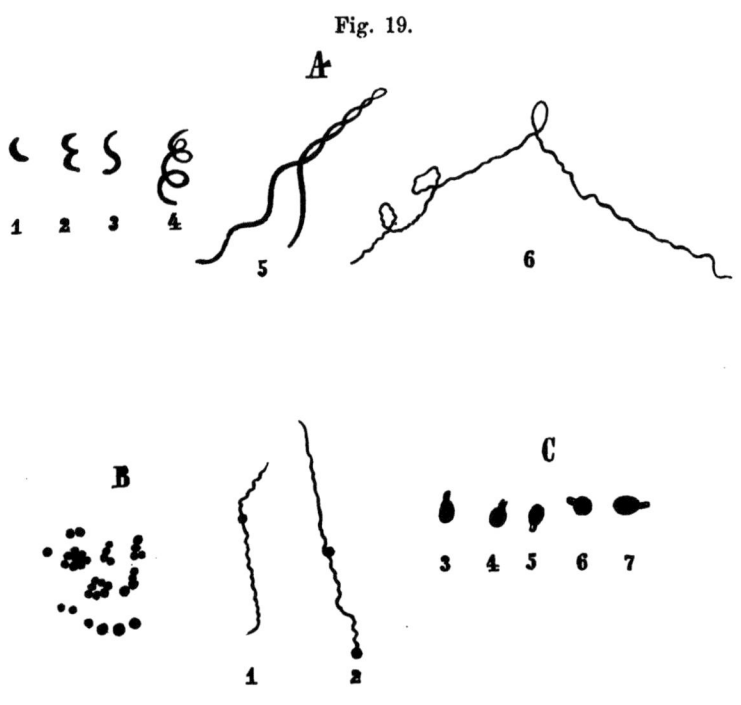

Cholera asiatica.

Fig. A. Kommabacillen 1—4 nach Zeichnung; 4 tauartig aufgerollt, sogen. Spirodiscus; vergr. ca. 1:1200; 5 u. 6 schraubige Fäden mit Spirulinen nach Photogrammen, vergr. ca. 1:700.

Fig. B. Fortige Arthrosporen nach Photogrammen, vergr. ca. 1:1000.

Fig. C. 1 u. 2 Arthrosporen in Fäden nach van Ermenghem, nach Photogrammen vergr. ca. 1:700.
3—7 auskeimende Arthrosporen nach Photogrammen von Pertik vergr. 1:1200.

Was wir bis jetzt gelernt haben, lässt uns vermuthen, dass die bisher aufgestellten Gattungen hinter der Vielheit der Erscheinungen zurückbleiben und die Versuche von F. Cohn, J. Schröter, Zopf, de Bary, Hueppe, Migula, A. Fischer haben in dieser Beziehung alle noch Mängel. Aber die Botaniker stehen jetzt wohl ausnahmslos auf der Grundlage der Arbeiten von Cohn, de Bary und Hueppe. Es wäre deshalb schon viel gewonnen, wenn sich die Aerzte und Techniker, welche sich mit Bakteriologie beschäftigen, an die folgende kurze Orientirung halten wollten, die wenigstens grobe Irrthümer ausschliesst:

I. Kokkaceen bilden im vegetativen Stadium Kokkenformen:

    1. Gattung: Mikrokokkus, charakterisirt durch unregelmässige Anordnung der Zellen und Zellverbände; Endosporen bis jetzt unbekannt; Fig. 8.

    2. Gattung: Sarcina, bildet Tetraden und waarenballenähnliche Packete der Zellen; Endosporen sicher beobachtet; Fig. 7.

    3. Gattung: Streptokokkus, bildet Ketten; Arthrosporen sicher beobachtet, Endosporen zweifelhaft; Fig. 4.

II. Bakteriaceen bilden im vegetativen Stadium Stäbchenformen, welche sich zu Ketten oder Scheinfäden anordnen:

    1. Gattung: Arthrobakterium s. Bakterium s. str. bildet keine Endosporen resp. bildet Arthrosporen; Fig. 3.

    2. Gattung: Bacillus, bildet Endosporen; Fig. 18.

    Untergattungen a) Bacillus s. str. hat gerade Stäbchen.

                    b) Klostridium hat Spindelstäbchen.

                    c) Plektridium hat Trommelschlägerstäbchen.

III. Spirobakteriaceen bilden im vegetativen Stadium kurze Schraubenstäbchen (Kommaform, S-Form), welche zu schraubigen Scheinfäden auswachsen können:

    1. Gattung: Spirochaeta, ohne Endosporen resp. mit Arthrosporen; Fig. 19.

    2. Gattung: Vibrio, mit Endosporen; die Schraube ändert ihre Form bei der Sporenbildung.

    3. Gattung: Spirillum, mit Endosporen; die Schraube ändert die Form nicht.

IV. Leptothricheen bilden im vegetativen Stadium Stäbchen, welche sich zu Fäden vereinigen:

    1. Gattung: Leptothrix unterscheidet sich von den Scheinfäden der arthrosporen Bakteriaceen dadurch, dass die Fäden einen Gegensatz von Basis und Spitze zeigen.

2. Gattung: Beggiatoa; die Fäden ohne Scheide; die Zellen
enthalten Schwefelkörner; Fig. 1, 1 und 5.

3 Gattung: Phragmidiothrix; die Fäden sind in niedrige
Cylinderscheiben gegliedert, welche in Halb-
scheiben, Quadranten und schliesslich in Kugeln
zerfallen.

4. Gattung: Crenothrix; die Fäden zeigen Scheiden, meist mit
Eisenablagerungen; Fig. 13.

V. Cladothricheen; die vegetativen Zellen gehören der Stäbchenform an, die Stäbchen bilden Scheiden mit Verzweigung.

Gattung: Cladothrix; Fig. 5 und 21.

Unter der Annahme einer Urzeugung von Lebewesen auf
unserem Planeten müssen die ersten Lebewesen Organismen gewesen sein, deren Stoffwechsel mehr nach Art von Pflanzen als
von Thieren möglich war, Holophyten, an die sich erst die Saprophyten anschliessen konnten, und da ist es nun interessant,
dass ausser später zu erwähnenden physiologischen Ermittelungen
auch die Formen der gonidienbildenden oder arthrosporen Bakterien
eine fortlaufende Differenzirung oder Entwicklung von den einfachsten Bakterienformen und Arten zu den Cyanophyceen unter den Spaltalgen erkennen lassen, welche letzteren als ein nicht weiter entwickelter Zweig im Pflanzenreiche aufgefasst werden können. Durch die endosporen Arten und die Geisselbildungen ergeben sich jedoch auch stammesgeschichtliche
Beziehungen der pflanzlichen Bakterien zu einer den
Thieren zugezählten Gruppe, den Flagellaten. Auch physiologisch zeigt sich vielfach eine solche Doppelbeziehung, welche sich
in fast gleich leichter Fähigkeit sowohl des Aufbaues von organischer
Substanz als auch des Abbaues derselben ausspricht.

Schon früher war von Cohn betont worden, dass ein vollständiger Parallelismus der jetzt zu den arthrosporen Bakterien ge-
rechneten Gattungen mit Gruppen von Spaltalgen besteht und Cohn
hatte bereits entschieden von seinem reinen Formstandpunkte aus
zwei stammesgeschichtlich ganz verschiedenwerthige Gruppen aufgestellt, indem er zoogloeabildende Bakterien mit zoogloeabildenden
Spaltalgen in eine, fadenbildende Bakterien und fadenbildende Spalt-

algen in eine zweite Verwandtschaftsgruppe stellte. Diese Merkmale waren jedoch keine natürlichen, wie später Zopf nachwies, und erst die strengere Betonung der Fruktification ergab die oben dargelegten natürlichen Beziehungen. Im einzelnen hatte aber schon Cohn ganz richtig Leukonostoc unter den Bakterien an Nostoc unter den Spalt-algen, Beggiatoa an Oscillaria, Crenothrix an Chamaesiphon, Clado-thrix an Tolypothrix im Sinne stammesgeschichtlich näherer Be-ziehungen angereiht.

Die Botaniker und Zoologen haben sich dieser von Cohn, Hueppe und de Bary begründeten Anschauung angeschlossen, nach der wir unter den Namen der Bakterien zunächst zwei stammes-geschichtlich einander nicht einmal nahe stehende Gruppen zusammen-fassen.

Vor mehreren Jahren hatte Brefeld dargelegt, dass man unter dem Namen Hefen, Sprosspilze oder Saccharomyces keine natürliche Gruppe vor sich habe, sondern besondere Formen der verschieden-artigsten Pilze. Dem gegenüber glaubte Hansen noch die Schlauch-sporen bildenden Saccharomycesarten als eine selbstständige natürliche Gruppe aufrecht halten zu können, bis kürzlich Juhler fand. dass der Schimmelpilz des Reisbieres, Asperpillus Oryzae, Sprossformen mit Schlauchsporen bildet, und A. Jörgensen ermittelte, dass eine ächte. Schlauchsporen bildende Weinhefe in den Entwickelungskreis eines Pilzes hineingehört, der auf alkalischen Medien in Form der Pilzart Chalara, auf sauren dagegen Dematiumartig wächst.

In ähnlicher Weise hatte L. Klein die arthrosporen Bakterien als saprophytisch und farblos gewordene, also als rückgebildete Spaltalgen und zwar als Cyanophyceen aufgefasst. Er liess diese An-sicht allerdings brieflich mir gegenüber wieder fallen, nachdem ich die Fähigkeit farbloser Mikrobien erkannt hatte, Kohlensäure zu assimiliren und so als Ganzpflanzen zu leben, worauf ich später zu-rückkomme.

Dagegen hat sich die Idee, dass wir unter den Bakterien noch eine dritte Gruppe von ganz anderem entwicklungsgeschichtlichem Werthe anerkennen müssen, als zwingend herausgestellt. Bei den Kulturen des Strahlenpilzes stellten sich gerade solche kokken- und stäbchenförmigen Wuchsformen ein, wie man sie damals nur als

Bakterien kannte; da die Art der Verzweigung der Fäden jedoch nicht wie bei Cladothricheen sich verhielt, musste man den Aktinomyces nach wie vor als Pilz ansprechen. Bis jetzt galt der Tuberkelbacillus ganz besonders als Typus der Bakterien und hob sich mit seinem leuchtenden rothen Ordensbande von blauem Grunde ab, wie eine Bacillenz unter den Bacillen. Aber schon Roux und Nocard, Metschnikoff, später auch E. Klein, Mafucci hatten beobachtet, dass die aus Fällen von Hühnertuberkulose herstammenden Tuberkelbacillen gelegentlich eine Art Verzweigung zeigen und Metschnikoff hielt den Organismus wegen der Art seiner Fadenbildung für eine den Leptothricheen oder Cladothricheen ähnliche Art und nannte ihn Sklerothrix. Im Gegensatze zu Koch, der den Organismus für einen Endosporen bildenden gehalten hatte, der dann den Namen Tuberkel-Bacillus mit Recht getragen hätte, hat man sich längst überzeugt, dass diese Angabe und entsprechende schematische Zeichnung von Koch ein Irrthum war.

Ich kam dann auf Grund weiterer Untersuchungen, welche die Verzweigungen auch bei den Erregern der Säugethiertuberkulose ergaben und die von meinem Schüler Fischel ergänzt wurden, zuerst zu der bestimmten Ansicht, dass der sogenannte Tuberkelbacillus die parasitische Wuchsform eines vielgestaltigen Pilzes und überhaupt keine wirkliche Bakterie ist und dass er im Sinne der Morphologie dem Strahlenpilze verwandtschaftlich nahe steht (Fig. 20). Dann hat Coppen Jones unter Bestätigung unserer Ermittelungen es sehr wahrscheinlich gemacht, dass dieser Pilz eine Fruktification nach Art der Chlamydosporen zweifelloser Pilze zeigt. Auch die Art der Verzweigung spricht für die Pilznatur (Fig. 21). Die Aerzte fahren trotz alledem fort, den Organismus Tuberkelbacillus zu nennen, was an sich übrigens sehr gleichgültig sein würde, aber auch die ganz ungenügende Darstellung von Koch mit den unvermeidlichen irrthümlichen Folgerungen hartnäckig festzuhalten. Doch scheint sich allmählich eine Aenderung der Ansichten einzustellen und erst neuerdings hat Hayo Bruns die Vielgestaltigkeit des Tuberkelbacillus bestätigt und ebenso Semmer.

Gelegentlich findet man auch bei angeblich ächten Bakterien, z. B. nach Metschnikoff bei den Kommabacillen von Cholera,

nach C. Fränkel bei den sogenannten Diphtheriebacillen und
nach Semmer auch bei den Rotzbakterien, die als arthrospore

Fig. 20.

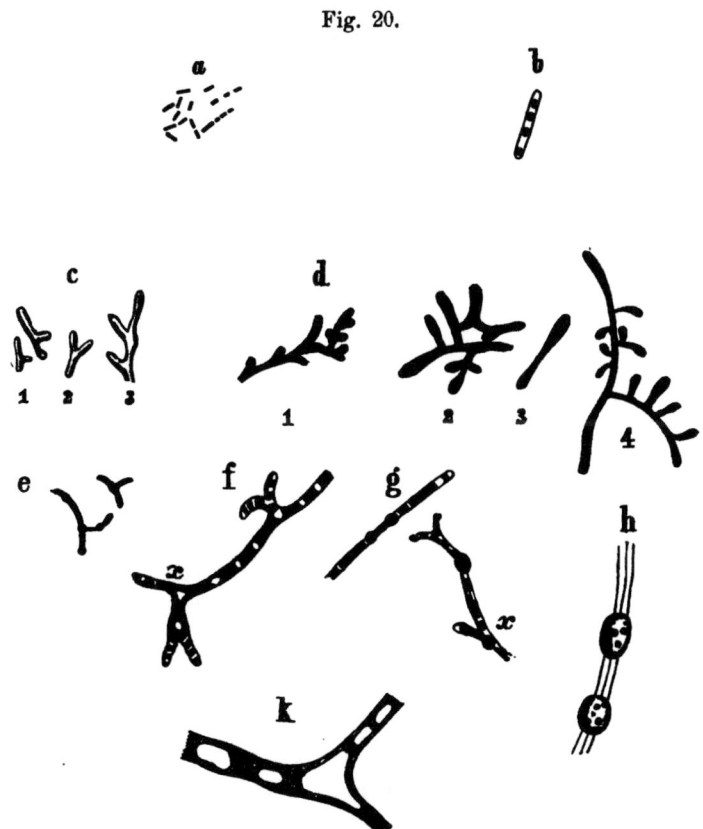

Erreger der Tuberkulose.

a gewöhnliche Formen in Kulturen und Sputum, nach Photogrammen vergr. ca. 1:900.

b Inhalt plasmolysirt, sogen. Kokkothrixform, vergr. 1:1250.

c Randparthie einer frischen Kultur von Säugethiertuberkulose, ungefärbt, vergr. ca. 1:2000.

d gefärbt. 1—3 nach Photogrammen von F. Fischel, 1 Hühnertuberkulose von Glycerin-
agar, 2 u. 3 Säugethiertuberkulose von Eikulturen, 4 Säugethiertuberkulose auf Glycerin-
agar nach Hayo Bruns. 1—3 vergr. ca. 1:1200, 4 vergr. 1:1000.

e, g, h Bildung von Chlamydosporen: e Säugethiertuberkulose, nach Photogramm vergr.
1:900; g aus Sputum, Zeichnung nach Coppen-Jones vergr. 1:1250; h Chlamydosporen von Mucor zum Vergleiche.

f Verzweigung der Fäden nach Coppen-Jones, vergr. 1:1250; bei x sieht man, dass
die Vacuolen sich in die Seitenzweige fortsetzen, wie bei k, einer Hyphe von Penicillium,
welche die »ächte« Verzweigung veranschaulicht.

Arten gar nicht zu den Bacillen gehören. Verzweigungen. Eijkman fand verzweigte Bakterien bei der Melassegährung von
Reis (Fig. 22). Bis jetzt kann man aber
nicht sagen, ob dieselbe nach dem Typus
der falschen Verzweigungen der Cladothricheen d. h. von vielgestaltigen arthrosporen Bakterien oder der ächten Verzweigungen von Pilzen vor sich geht.
Schottelius beobachtete bei der Wun-
derbakterie gelegentlich eine so unregelmässige Theilung, dass man geradezu an
Sprossbildungen von Torula- und Sac-
charomycescharakter erinnert wird und
Wood fand bei Wachsthum des Milzbrandbacillus unter Luftabschluss eine
Art Torulaform, ohne dass man jedoch
bis jetzt damit entwicklungsgeschichtlich
viel anfangen kann. Endlich fanden Koch
und Hosäus eine Bakterienart mit Gal-
lertstielen, die an Diatomeen erinnerte
(Fig. 23). Die übliche Bezeichnung Bakterien und Bakteriologie ist, wie sich
schon aus dem bis jetzt Festgestellten
ergiebt, wenig geeignet, die thatsächlichen
Verhältnisse naturwissenschaftlich richtig
zu umschreiben.

Fig. 21.

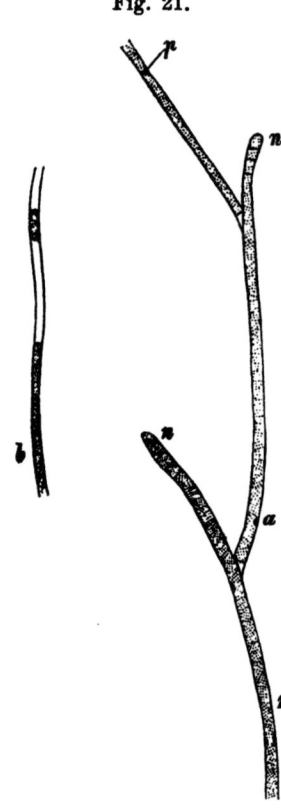

Cladothrix dichotoma Falsche
Verzweigung; die ursprüngliche
Wachsthumsrichtung entspricht
r, a, p; durch seitliche Aus-
biegung und nachheriges diver-
gentes Weiterwachsthum von Glie-
derzellen entstanden die Aeste n,
n; im Scheitel dieser ist der
Aufbau aus cylindrischen Gliedern deutlich. Die falsche Verzweigung ist eine besondere Form
von Verzweigung. b Fadenstück
mit deutlicher Gliederung; im
oberen Theile sind die Glieder bis
auf eines aus der Scheide entleert.
Zeichnung nach de Bary, vergr.
1 : 600.

Der complicirte Bau der Bakterien
und Infusionsthierchen, den Ehrenberg
angegeben hatte, sollte nach seiner Mei-
nung gegen die Urzeugung sprechen. Wenn
wir diese Ehrenberg'sche Auffassung
vom Baue der Bakterien auch nicht mehr
annehmen können, so ist doch immerhin
das, was wir wissen, ausreichend, um die
Idee, dass Bakterien durch Urzeugung
entstehen können, zurückzuweisen. Dazu

sind die Bakterienzellen bereits zu complicirt und von dem Idealbilde einer Zelle schon zu entfernt. Auch die Experimente zu Gunsten einer Urzeugung aus anorganischem oder leblosem Material überhaupt sind stets missglückt. Das einzige, was man weiss, ist, dass bestimmte körnige Protoplasmaelemente das Leben der Zelle überdauern können. Besonders gehören hierher die Wirkungen der sogenannten Fermente oder Enzyme. Die Verdauungsfermente sind ursprünglich gar nichts anderes, als ausgestossenes Zellprotoplasma und erscheinen oft als eine Art Zellschmiere. Auch von Bakterien kennt man nur solche Wirkungen als unabhängig vom Leben der sie bildenden Zellen. Diese Fermentwirkungen machen aber nur einen ganz beschränkten Theil der Lebenserscheinungen aus und die Bildung solcher, die Zellen überlebenden und von ihnen bis zu einem gewissen Grade unabhängigen Fermente ist stets abhängig von der Integrität der Zellen, welche allein das Leben durch legitime Erbfolge weiter führen. Die Angaben über Bildung von Bakterien aus anderen Zellen und deren Bestandtheilen durch „Anamorphose des Protoplasma", also durch eine modificirte Urzeugung beruhen auf Verwechslungen von Zellkörnern in Milch, Blut, Geweben und von Fibrinausscheidungen und künstlich veränderten Kernbestandtheilen mit Bakterien. Fibrinausscheidungen wurden sogar mit Pilzmycelien verwechselt. So hatte F o k k e r Milzbrandbacillen beschrieben, die er durch „Heterogenese" aus Zellen hervorgehen liess, während K o c h nachwies, dass nur eine Verwechselung mit ausgestrichenen Zellkernen vorlag. R o y, B r o w n und S h e r r i n g t o n

Fig. 22.

B. der Melassegährung bei der Arrakfabrikation in Batavia nach V o r d e r m a n n und E i j k m a n.

Fig. 23.

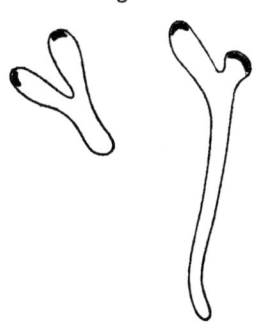

B. pediculatum nach A. K o c h und H. H o s ä u s aus Froschlaich der Zuckerfabriken.

hatten in der Darmwand Fäden gefunden, die sie für Pilzfäden einer Chytridiacee hielten, welche von ihnen als Erreger der Cholera erklärt wurde, bis H. Kühne und ich erkannten, dass es keine Pilz-, sondern Fibrinfäden waren. So hatte Lacerda im Schlangengifte Mikrokokken als die wirksamen Bestandtheile angesprochen, von denen ich nachweisen konnte, dass es körnige Abkömmlinge der Drüsenzellen waren.

Die Fermente sind durch ihre von den sie bildenden Zellen unabhängige Thätigkeit gewissermaassen „aktives" Eiweiss, eine Art Zwischenstufe zwischen todtem Ernährungseiweiss und lebenden Zellen. Eine andere durch die Bakteriologie erkannte Fähigkeit vom aktivem Eiweiss besteht darin, dass dasselbe Bakterien tödtet und die Bakteriengifte in ihrer Wirksamkeit beeinflusst. Diese Fähigkeit der Aktivität wird erreicht durch das Leben der Zellen, aber sie ist davon etwas unabhängig, kann die Mutterzelle überdauern und durch Zusätze von Chloroform, Karbolsäure, Kresol, Toluol oder durch sorgfältiges Trocknen einige Zeit erhalten werden, während Hitze, Belichtung, Fäulniss sie aufhebt. Es ist nun interessant, dass man nach Scholl eine durch Hitze beseitigte Aktivität des Eiweiss theilweise rein chemisch wieder herstellen und so den Unterschied zwischen todtem und lebendem, zwischen passivem und aktivem Eiweiss wieder aufheben kann.

Aber die Urzeugung bleibt mit alledem bis jetzt nur eine, allerdings unumgängliche Hypothese. Der Versuch von Liebig, Thomson und Helmholtz, das Leben auf unserem Planeten von anderen Weltkörpern herstammen zu lassen, umgeht die Frage nur und macht sie noch unklarer.

Von einer anderen Seite nähern wir uns dem Verständnisse des Eiweissaufbaues und auch hier waren bakteriologische Studien grundlegend. Indirect dürften auch diese Ergebnisse das theoretische Postulat einer Urzeugung stützen, indem sie die Grenzen zwischen Thier und Pflanze, zwischen Organischem und Anorganischem weiter verwischen.

Die Lebensäusserungen der Bakterien.

Bei Annahme der **Kant-Laplace**'schen Theorie über die Entstehung der Erde müssen sich die ersten Lebewesen in Bezug auf Sauerstoffgehalt der Luft, Licht und Temperatur unter Bedingungen entwickelt haben, welche von den derzeit herrschenden Existenzbedingungen der Lebewesen stark abwichen. Die Atmosphäre muss sauerstoffärmer, lichtärmer und höher temperirt gewesen sein. Es ist nun interessant, dass sich gerade unter den Bakterien Arten finden, welche ohne Sauerstoff, ohne Licht und bei so hoher Temperatur leben können, wie dies von keiner anderen Gruppe von Lebewesen bekannt ist.

Anaërobiose und Energetik.

Dass Mikrobien oder Kleinlebewesen ohne **freie Luft** leben können, ist wohl die wunderbarste Beobachtung, die wir dem Genie **Pasteur's** verdanken. Bei diesem **Leben ohne Luft oder ohne Luftsauerstoff**, ohne diese „Lebensspeise", wird der Sauerstoff chemischen Verbindungen entnommen, welche dadurch eine Zersetzung und Umlagerung ihrer Bestandtheile erfahren. Pasteur beobachtete diese Erscheinung der **Anaërobiose** zuerst bei Gährungen und knüpfte damit wieder an eine schon einigen Alchymisten bekannte Erscheinung an, welche eine „fermentatio clausa" beschrieben hatten. Stets handelt es sich dabei um Zerlegungen sehr labiler Körper, die unter dem auslösenden Einflusse der von den Gährungserregern übertragenen Bewegungen erfolgen.

Bei dem Aufbau der Körpersubstanz von Lebewesen können wir einige Gruppen von Erscheinungen unterscheiden: die Polymerisationen, bei denen gewissermaassen eine Vervielfältigung einer einfacheren Verbindung vorliegt; die Synthesen, bei denen sich verschiedenartige einfachere Verbindungen zu einer zusammengesetzten vereinigen; die Anhydritbildungen, bei denen ein Körper unter Wasseraustritt entsteht; die Reductionen durch Austritt von Sauerstoff, bezüglich durch Eintritt von Wasserstoff. Die Zerlegungen der organischen Körper in und durch Lebewesen erfolgt durch Lösungen der Polymerisationen; durch Spaltung der synthetischen Körper; durch Hydratation oder Zerlegen unter Wassereintritt und durch Sauerstoffeintritt oder Oxydation.

Zum Verständnisse will ich einige Beispiele geben, wobei ich mich absichtlich zunächst der empirischen Formeln bediene und auf die sogenannte chemische Constitution der Verbindungen nicht achte und die Umlagerungen der Atome oder Atomgruppen unberücksichtigt lasse.

Hydratationen und Anhydritbildungen:

$$3\,C_6H_{10}O_5 + H_2O = C_{12}H_{22}O_{11} + C_6H_{10}O_5\,;$$

3 Stärke,   Wasser,   Maltose,   Dextrin,

$$C_6H_{10}O_5 + H_2O = C_6H_{12}O_6\,;$$

Dextrin,   Wasser,   Traubenzucker.

$$C_{12}H_{22}O_{11} + H_2O = C_6H_{12}O_6 + C_6H_{12}O_6\,;$$

Rohrzucker   Wasser,   Traubenzucker,   Fruchtzucker,
oder Milchzucker,   „   „   Galactose.

Umgekehrt: $C_6H_{12}O_6 - H_2O = C_6H_{10}O_5.$

Traubenzucker, Wasser,   Stärke.

Polymerisationen und Lösungen von Polymeren:

$$6\,.\,CH_2O = C_6H_{12}O_6\,;$$

6 Formaldehyd,   Traubenzucker.

Umgekehrt: $C_6H_{12}O_6 = 2\,C_3H_6O_3\,;$

Zucker,   2 Milchsäure.

Spaltungen und Synthesen:

$$C_6H_{12}O_6 = 2\,C_2H_6O + 2\,CO_2\,;$$

Zucker,   2 Alkohol,   2 Kohlensäure,

oder: $C_6H_{12}O_6 = C_4H_8O_2 + 2\,CO_2 + 2\,H_2\,;$

Zucker,   Buttersäure, 2 Kohlen-   2 Wasserstoff.
säure,

Umgekehrt: $C_2H_5NO_2 + C_7H_6O_2 = C_9H_9NO_3 + H_2O.$

Glycocoll,   Benzoesäure,   Hippursäure,   Wasser.
Amidoessigsäure
oder Leimsüss,

Spaltungen bezw. Synthesen mit einfacher Umlagerung oder Atomwanderung:

$$HCNO + NH_3 = NH_4CNO = CON_2\dot{H}_4;$$

Cyansäure, Ammoniak, cyansaures   Harnstoff.
Ammoniak,

Umgekehrt: $CON_2H_4 + 2H_2O = CO_3(NH_4)_2 = 2NH_3 + CO_2 + H_2O.$

Harnstoff, 2 Wasser, kohlen- 2 Ammoniak, Kohlen- Wasser.
saures Ammoniak, säure,

Reductionen und Oxydationen:

$$H_2CO_3 = CH_2O + O_2;$$

Kohlensäure- Form- Sauer-
hydrat, aldehyd, stoff.

Reduction mit Eintritt von Wasserstoff:

$$CH_2O_2 + H_2 = CH_2O + H_2O;$$

Ameisen- Wasser- Form- Wasser.
säure, stoff, aldehyd,

Umgekehrt: $C_2H_6O + O_2 = C_2H_4O_2 + H_2O;$

Alkohol, Sauer- Essig- Wasser,
stoff, säure,

oder: $C_2H_4O_2 + 2O_2 = 2CO_2 + 2H_2O.$

Essigsäure, 2 Sauer- 2 Kohlen- 2 Wasser.
stoff, säure,

Bei Abwesenheit von Sauerstoff können keine Oxydationen erfolgen und deshalb muss die Energiemenge eine andere sein. Wenn z. B. 1000 g Traubenzucker zu Kohlensäure und Wasser verbrannt oder oxydirt werden, liefern sie 3939 Wärmeeinheiten oder Kalorien, wenn sie jedoch in Buttersäure, Wasserstoff und Kohlensäure gespalten werden, nur 414 Kalorien. Zum Effekte von 3939 Kalorien bedarf man bei voller Verbrennung mit Sauerstoff 1000 g, bei obiger Spaltung ohne Sauerstoff 9514,5 g Zucker. Der Zutritt von reinem Luftsauerstoff erleichtert demnach wohl das Leben, aber er ist nicht dazu nothwendig, da die nöthige Energie auch ohne Oxydation durch einfache Spaltung, Hydratation oder Lösung von Polymerisationen beschafft werden kann, bei denen kein Eintritt von freiem Sauerstoff erfolgt und alle Umlagerungen ausschliesslich mit Hülfe von chemisch gebundenem Sauerstoff vor sich gehen. Sowie man einmal diese Frage vom energetischen Gesichtspunkte

betrachtet, sieht man sofort, dass sich das Leben nach allgemeinen
energetischen Faktoren vollzieht, dass es keine besondere Lebenskraft geben kann. Ob sich das Leben ohne freien Sauerstoff vollziehen kann, hängt nur davon ab, dass geeignete und genügend leicht
spaltbare chemische Körper zugegen sind. Diese sind aber für die einzelnen Mikrobien sehr verschieden. Während Pasteur den Zucker,
Naegeli auch das Pepton, ich selbst genuine Eiweisskörper als
geeignet erkannt hatten, ist es mir auch gelungen, geeignete
anorganische Sauerstoffquellen zu finden und damit das Problem
noch etwas mehr zu vertiefen. Das Leben ohne Sauerstoff hat den
Erfolg, dass das organische Material, welches zerlegt wird, keine
weitgehenden Veränderungen erleidet, dass aber zur Erreichung der
erforderlichen Energiemenge verhältnissmässig viel Material oberflächlich zerlegt werden muss. Darin liegt der mechanische oder
dynamische Grund dafür, dass bei den Gährungs- und Fäul-
nissvorgängen eine geringe Fermentmenge die Bildung
von viel Alkohol oder Buttersäure oder Milchsäure
veranlassen kann, dass Eingriffe von Parasiten im
lebenden Körper aus dem Körpereiweiss heftige Gifte
entstehen lassen. Kleine Ursachen können grosse
Wirkungen auslösen.

Bei Sauerstoffzutritt werden solche unter dem Anstosse von
anaëroben Bakterien gebildete Spaltungskörper durch luftlebige
Mikrobien weiter zerlegt und oxydirt und dadurch beseitigt, also
auch unschädlich gemacht; aus Alkohol entsteht z. B. Essigsäure
und weiter Kohlensäure; die eiweissartigen Gifte werden in harmlose Körper gespalten und verbrannt.

Als Anpassung an die Formen, in denen Sauerstoff geboten
sein kann, finden wir unter den Mikrobien strenge Anaërobien und
das Gegentheil, die reine Aërobiose oder Leben nur mit freiem Luftsauerstoff, und dazwischen liegen die meisten Arten, welche je nach
dem Nährmaterial sowohl mit als ohne freien Sauerstoff leben
können, die man als gelegentliche Anaërobien oder gelegentliche
Aërobien bezeichnet.

Die Frage der Aërobiose und Anaërobiose darf nicht onto-
logisch betrachtet werden. Es handelt sich nur um Anpassungen

an energetische Vorgänge bei der Ernährung. Bei Luftzutritt kann in Folge der dadurch möglichen Oxydation auch schlechtes Nährmaterial mehr Energie liefern, als bei Luftabschluss das beste durch Spaltung. Umgekehrt kann bei gutem, spaltungsfähigem Material trotz Luftzutritt eine Oxydation ausbleiben, weil die durch Spaltung gewinnbare Energiemenge genügt, und es kommt dann erst später und secundär zur Oxydation. Es ist nun thatsächlich auch möglich, streng anaërobe Bakterien an das Luftleben und luftlebige an Anaërobiose zu gewöhnen. Das mir als streng anaërob zugegangene Spirillum rubrum, welches seinen rothen Farbstoff nur bei Luftabschluss bildete, konnte ich in kurzer Zeit aërob kultiviren; dasselbe gelang mit dem Aktinomycespilz und Kitt hat die streng anaëroben Rauschbrandbakterien aërob gezüchtet. Umgekehrt habe ich die Cholerabakterien zur Anaërobiose gezwungen und dadurch erst ihr Wachsthum im Darm und in der Darmwand erklärt. In den extremen Fällen dürfte es vielleicht sogar gelingen, Oxydationserreger dahin zu bringen, dass sie bei Luftabschluss aus den Oxydationsprodukten denselben Körper durch Reduction bilden, dessen Oxydation eben ihre zuerst bekannte Fähigkeit war; z. B. dürften dieselben Mikrobien, welche bei Luftzutritt Ammoniak zu Salpetersäure oxydiren, bei Luftabschluss aus Salpetersäure Ammoniak reduciren; auch für diese Möglichkeit verfüge ich bereits über einige Versuche, die allerdings noch nicht ganz abgeschlossen sind. Das kausal entscheidende´ liegt in der Atomgruppirung der Molekel, die bei Luftabschluss oder Luftzutritt durch einen auslösenden Anstoss getroffen werden. Dazu gebraucht man aber nicht nothwendig Lebewesen, auch andere Bewegungsformen können dies ermöglichen; so erzielte z. B. Duclaux durch Insolation eine Art Alkoholgährung des Zuckers und nach Ritsert bewirken Licht und Luft zusammen eine Oxydation von Fett.

Bei Züchtung von Anaërobien auf gutem Nährmaterial wird das letztere zunächst trotz des Luftzutrittes nur gespalten und erst später tritt Oxydation der Spaltungsprodukte ein. Man muss desshalb auch Aërobien, wenn man sie zum Luftabschlusse zwingen will, im jugendlichem Zustande verwenden. Aus diesem Grunde sind jugendliche Cholerakulturen virulent und werden erst durch längeren

Zutritt von Luft unwirksam. Aus demselben Grunde werden unsere
Kulturen von krankheitserregenden Bakterien auf Gelatine, Agar,
Kartoffeln, in Bouillon allmählich wirkungslos, weil sie sich in
Folge der Beschränkung des Spaltungsstoffwechsels zu stark an den
Oxydationsstoffwechsel anpassen, bei dem die primär gebildeten
Spaltungsgifte durch Verbrennung unschädlich gemacht werden, so
dass schliesslich ihre Bildung mehr und mehr zurücktritt.

Engelmann beobachtete direkt, dass eine Art von Spirillen
eine gewisse Spannung des Sauerstoffs bevorzugte, indem sie sich
stets in einem gewissen Abstande vom Rande und Zentrum eines
Tropfens aufhielt. Wurde die Sauerstoffspannung mittelst Durchleiten von Wasserstoff verringert, so verringerte sich auch der Abstand vom Tropfenrande, wurde die Sauerstoffspannung vermittelst
Durchleiten von Sauerstoff erhöht, so vergrösserte sich der Abstand
der Spirillen vom Tropfenrande.

Entfernt man den Sauerstoff nicht mechanisch, sondern dadurch,
dass man die Luft durch Gase verdrängt, so zeigt sich, dass Kohlensäure und Schwefelwasserstoff in der hierzu erforderlichen Menge
Gifte für Bakterien sind, während Wasserstoff indifferent zu sein
scheint. In der Gährungsindustrie wusste man schon früher, dass
man Most durch Wasserstoff „lüften" kann, dass also beim Lüften
nicht die Sauerstoffzufuhr, sondern die Entfernung der Kohlensäure
das Wichtigere war.

Die Anaërobiose ist von grosser Wichtigkeit für die Technik
und Pathologie. Indem bei der Anaërobiose eine secundäre Oxydation
der gebildeten primären Spaltungsprodukte unmöglich ist, häufen
sich diese an ohne Nebenprodukte. In der Gährungstechnik kommt
dies bei den sogenannten Untergährungen in Betracht.

Bei Seuchen kommt die Möglichkeit, physikalisch gebundenen
Sauerstoff aus dem Blutplasma zu entnehmen, nur nebensächlich in
Betracht, sonst müssten alle Individuen, die an Blutzersetzungen
leiden, an Kohlensäurevergiftung zu Grunde gehen. Diese Kohlen-
säurebildung als Zeichen einer Oxydation kann aber wohl nach
C. Roser zur Erhöhung der Eigenwärme, zum Fieber beitragen.
Dies spielt aber nur allgemein mit, während das Wichtigere,
die Bildung von primären giftigen Spaltungsprodukten ist, die den

einzelnen Seuchen ihre Besonderheiten verleihen. Für die Eiterungen hat kürzlich B r a a t z betont, dass die Mikrobien in den Eiterherden ohne Luftsauerstoff leben. Für Cholera haben H u e p p e und S c h o l l schon früher gezeigt, dass die Kommabacillen bei Luftabschluss verhältnissmässig mehr Gift bilden als bei Luftzutritt und dass die primären, anaërob durch Spaltung gebildeten Gifte durch Luftzutritt zerstört werden. Mit anaëroben Cholerakulturen konnte ich bei Versuchsthieren auch typische Diarrhoeen erzielen, was früher nicht möglich war.

Der Luftabschluss hat noch die weitere Bedeutung, dass durch denselben die Gährfähigkeit und Giftigkeit und Infektiosität von Mikrobien sehr lange erhalten wird. Nach Versuchen von F a j a n s und mir sind anaërobe Cholerakulturen, nach B u n z l - F e d e r n die sehr empfindlichen Pneumoniebakterien nach Wochen und Monaten noch sehr wirkungskräftig, während die bei Luftzutritt gehaltenen Parallelkulturen längst ihre Wirkungen eingebüsst haben.

Licht, Temperatur, Sterilisiren.

Die Anpassung an das L i c h t ist sehr verschieden entwickelt. Während die meisten Arten bei Lichtausschluss leben, werden andere dadurch in eine Art Schlaf versenkt, aus dem Zufuhr von Licht sie nach E n g e l m a n n wieder zur Aufnahme der Schwärmbewegungen bringt, so dass dieser Forscher eine besonders auffallende Art geradezu als Bakterium photometricum bezeichnet hat. Viele Bakterien werden durch das direkte Sonnenlicht vernichtet. Ein besonderer Einfluss der Bakterien-Pigmente auf das Verhalten zum Lichte konnte nicht nachgewiesen werden. Nur von einer Blattgrün führenden Art, dem bakterium chlorinum ist von E n g e l m a n n eine geringe Sauerstoffausscheidung nachgewiesen worden, und Z o p f fand, dass die Kulturen von Purpurbakterien sich an der dem Lichte zugewendeten Seite des Glasgefässes stärker entwickelten. Dieses Pigment ist aber nach E n g e l m a n n ähnlich dem Chlorophyll oder Blattgrün als ein schwach wirkendes Chromophyll aufzufassen, welches die Assimilirung von Kohlensäure ermöglicht.

Als eine ganz besonders auffallende Anpassung an das Luftleben muss die Erscheinung der P h o s p h o r e s c e n z o d e r d e s L e u c h t e n s angesehen werden. Diese besonders von Pflüger, Fischer und Beyerinck erforschte Erscheinung wird an sich zersetzendem Fleisch, Fischen, besonders aber als Meerleuchten beobachtet. Die Erscheinung ist, wie neben Beyerinck kürzlich mein Assistent Weleminsky gezeigt hat, eine Lebensäusserung, die mit dem Tode erlischt, während des Lebens aber an reichen Zutritt von Sauerstoff gebunden ist. Ersetzt man den Sauerstoff durch ein anderes Gas, so hört das Leuchten auf, um mit Zutritt von Sauerstoff wiederzukehren. Diejenigen Leuchtbakterien, welche gelegentliche Anaërobien sind, leuchten nicht im Zustande der Anaërobiose, sondern erst bei Luftzutritt. Die Fähigkeit zu leuchten kann in den Kulturen verloren gehen.

Die auffallenden Bakterienpigmente, unter denen fast alle Farben vertreten sind, gehören ganz verschiedenen organischen Gruppen an. Einige dieser Pigmente entstehen aus Spaltung von Eiweisskörpern und sind zum Theil wohl selbst noch Eiweisskörper; wenigstens gelang es Hoffa und Enoch, aus fluorescirenden Kulturen einen eiweissartigen Körper darzustellen, der, in Lösung gebracht, eine schöne grüne Fluorescenz gab. Andere Pigmente, z. B. der grünfluorescirende rothe Farbstoff der Wunderbakterien stehen den Anilinfarbstoffen nahe. Für den prachtvoll ultramarinblauen Farbstoff der blauen Milch habe ich ermittelt, dass er sich aus Eiweiss, aber auch aus Ammoniak und einem Körper bildet, der sowohl analytisch aus Zucker, als synthetisch aus Milchsäure entsteht. Zopf und Overbeck ermittelten endlich, dass einige Bakterienpigmente zu den Lipochromen oder Fettfarbstoffen gehören; nach Bütschli gehört vielleicht auch das Bakteriopurpurin der Beggiatoen hierher.

Die Anpassungen der Bakterien an die Temperatur sind sehr merkwürdig.

Nach Untersuchungen von Forster und Fischer giebt es im Meere und im Erdboden Bakterien, welche sich bei Null Grad vermehren. So beobachteten sie z. B., dass der M. phosphorescens auf Fischen bei dieser Temperatur in 6 bis 8 Tagen deutliches Leuchten hervorrief, und Zopf beobachtete, dass eine Art im flachen Wasser sogar Sporen bildete, als dasselbe sich schon mit Eis bedeckte. Die meisten

Erd- und Wasserbakterien verfallen bei Sinken der Temperatur in eine Art Kältestarre und vermehren sich nicht mehr, und wachsen und vermehren sich erst bei Temperaturen über 5° und am besten bei circa 20°, die krankheiterregenden bei der Bluttemperatur von circa 37°. Doch beobachtete Globig im Erdboden Arten, welche als Anpassung an die hohe Temperatur der oberflächlichen Bodenstellen durch directe Sonnenbestrahlung zwischen 15 bis 68° und andere, die nur zwischen 54 bis 64° wuchsen, also bei Temperaturen, bei denen sich das Eiweiss meist schon verändert, und van Tieghem beobachtete eine Art, die sogar noch bei 74° wuchs und Sporen bildete und erst bei 77° sich nicht mehr vermehrte. So hohe Temperaturen vermögen nicht einmal die an den Sinterbildungen in heissen Quellen betheiligten Spalt- und Kieselalgen zu ertragen.

Auch die Tödtungstemperaturen schwanken ganz ausserordentlich. Das einfache Frieren vernichtet bereits viele vegetative Zellen, aber viele überleben den Eingriff. Ein häufiger Wechsel von Frieren und Wiederaufthauen wirkt schädlicher als längerer und stärkerer Frost allein. Die Sporen vertragen noch viel niedrigere Temperaturen, und zwar nach Pictet und Young 20 Stunden bei — 120°, und nach neuen Versuchen von Pictet lebten sie wieder auf und vermehrten sich, wenn sie kurze Zeit in gefrorenem Sauerstoff bei — 213° C. eingeschlossen waren. Während nach Duclaux bei einigen Arten sogar die vegetativen Zellen 90 bis 100° ertragen, verfallen die meisten Arten schon bei 42 bis 45° in eine Art Wärmestarre und werden bei Temperaturen von über 55° ebenso wie andere Protoplasten getödtet. Die Sporen der widerstandsfähigsten Arten werden durch siedendes Wasser und ungespannten Dampfe erst nach 6 Stunden, im gespannten Dampfe von 110 bis 120° erst nach einer halben Stunde vernichtet. Im Gegensatz hierzu werden die Verdauungs- und Bakterienenzyme im feuchten Zustande durch Temperaturen über + 70 und von ca. — 100° sicher vernichtet. Diese Enzyme ertragen im trockenen Zustande jedoch Temperaturen bis + 170°. Die Wasserarmuth schützt die Endosporen mit ihrer derben Membran wohl gegen den Einfluss der Temperaturschwankungen.

Noch einige andere Einwirkungen der Temperatur sind bemerkenswerth. Wenn man Milzbrandbacillen zwischen 42 und 43° kultivirt,

tritt nach Pasteur's Ermittelung keine Sporenbildung ein, die
sich sonst einzustellen pflegt, wenn die Art bedrohende Einwirkungen
stattfinden. Lässt man unter diesen Umständen die Kulturen längere
Zeit bei dieser Temperatur, so nimmt die Virulenz, d. h. die Fähigkeit, in Thieren Milzbrand zu veranlassen, ab. Nach Chauveau,
Koch, Gaffky und Löffler entsprechen 20 Tage bei 42° etwa
6 Tagen bei 43° oder 3 bis 4 Stunden bei 47° oder 15 bis 20 Minuten
bei 50 bis 52°, um den gleichen Grad der Abschwächung zu
erzielen. In ähnlicher Weise wirken höhere Temperaturen von 80
bis 100° auf die Endosporen so ein, dass dieselben beim Auskeimen
in ihren ursprünglichen Fähigkeiten, Gährungen oder Krankheiten
zu erregen, herabgesetzt sind. Das hat zuerst Fitz für Buttersäurebacillen, später Arloing und Kitt für die Rauschbrand-
bacillen festgestellt.

Man kann das Verhalten zur Temperatur auch benutzen, um
Bakterien rein zu kultiviren. Wenn in einem Gemische von verschiedenen Bakterien oder von Bakterien mit anderen Organismen
Endosporen von Bakterien vorhanden sind, so sind diese sehr viel
widerstandsfähiger als die anderen Organismen. Erhitzt man ein
solches Gemisch, so werden zuerst diese Organismen und die vegetativen Formen der Bakterien und zuletzt erst die Sporen getödtet,
bei einer Zwischenstufe bleiben aber die Sporen noch lebensfähig,
so dass man diese Sporen bildenden Bakterien von den anderen
Keimen trennen kann. Auf diese Weise hat zuerst Roberts Reinkulturen der sogenannten Heubacillen erreicht, indem er das Heu-
infus eine Stunde lang kochte. Allerdings bekommt man auf diese
Weise nicht immer eine einzige Art rein, sondern alle Keime mit
annähernd gleich widerstandsfähigen Sporen. So kommt es, dass
man unter dem Namen Heubacillen, Kartoffelbacillen nicht eine
bestimmte Art, sondern Sammelspecies begreift, die sich unter Zuhilfe-
nahme anderer Methoden in mehrere wirkliche Arten auflösen lassen.

Wählt man die Temperaturen so niedrig, dass die Keime sich
nicht entwickeln können, so kann man zersetzungsfähige Substrate
vorläufig vor Verderbniss behüten. Das geschieht durch Verwendung
von Eis, durch die kalte Luft in Kühlräumen für Fleisch, durch
Abkühlen von Milch. Zu einem wirklichen Konserviren ist es jedoch

besser, die Keime selbst ganz zu vernichten Man nennt dieses Keimfreimachen allgemein auch Sterilisiren oder, wenn man an den Sonderfall der Wundinfektion denkt, Antisepsis, sonst aber bei den Infektionskrankheiten oder Seuchen Desinfektion oder Entseuchen.

Am sichersten wirkt eine Temperatur über 100 ° und man verwendet gewöhnlich reinen luftfreien Dampf von circa 120 ° Temperatur oder 1 ½ Atmosphäre Spannung. Diesem Einflusse widersteht keine Bakterienspore länger als eine halbe Stunde. Man kann aber auch. ungespannten und durch Strömen luftfrei gemachten Dampf von ca. 100 ° C. verwenden, muss aber dann länger warten. Diese beiden Prinzipien haben in grossen stabilen und in kleinen transportablen Apparaten Verwendung gefunden und die ganze Desinfektionspraxis umgestaltet und das Sterilisiren von Kindermilch im Grossen ermöglicht.

Im Uebrigen kann man durch längeres direktes Kochen oder durch Kochen in einem Wasserbade dasselbe Ziel, nur etwas unbequemer erreichen und oft ist es, wie unsere Hausfrauen vom Einkochen der Früchte her wissen, nothwendig, ein solches Kochen mehrmals an verschiedenen Tagen zu wiederholen. Man nennt dies unterbrochenes oder discontinuirliches Sterilisiren. Den Grund hat zuerst Tyndall erkannt. Manche Keime überstehen das erste Erhitzen und keimen später in der zusagenden Lösung aus. Aber in diesem Jugendzustande sind die Keime weniger widerstandsfähig und werden deshalb bei Wiederholen sicherer getroffen. Das ist so wirksam, dass man sogar in diesem Falle Temperaturen unter 70 bis 75 °, d. h. unterhalb der Gerinnungstemperatur von Eiweiss anwenden und so durch discontinuirliches Erwärmen Blut und andere eiweisshaltige Flüssigkeiten wie Milch, Bier keimfrei machen kann, deren Eiweiss durch Siedetemperaturen gerinnen würde. In diesem Falle der Verwerthung von Temperaturen von 65 bis 68 ° nennt man das Verfahren auch Pasteurisiren.

Die Widerstandsfähigkeit gegen Austrocknen ist sehr verschieden entwickelt und hängt im Allgemeinen von den Arten, der Stärke der Schleimbildung und von den Sporen ab. Cholerabakterien zeigen häufig Differenzen von wenigen Stunden bis zu 8 Monaten

und darüber, und angetrocknete Milzbrandsporen und ähnliche Endosporen sind nach 10 Jahren und mehr noch entwicklungsfähig. Wirkt
die Luft langsam austrocknend auf Kulturen ein, so nimmt deren Giftigkeit schneller oder langsamer ab, wie dies zuerst Pasteur für die
Bakterien der Hühnercholera gezeigt hat und wie man dies besonders
für Pneumonie- und Choleraerreger ermittelte.

F. Cohn ermittelte, dass wenn trockenes Heu oder Baumwollabfälle befeuchtet werden, ihre Temperatur dadurch steigt, dass
sich darin Gährungen durch verschiedene Bakterien, besonders eine
Mikrokokkenart und den Heubacillus, einstellten, welche die Temperatur rapide bis zu 67,2 ⁰ erhöhten. Sind diese in Folge der Befeuchtung in Gährung gerathenen Massen, deren hohe Temperatur
man in Augsburg sogar zum Heizen von Gewächshäusern benutzt
hat, in Verbindung mit anderem staubartig trockenen Material, so
kann sich dies entzünden; derartige Fälle von „Selbstentzündung" beruhen also auf Bakterienwucherungen.

In Bezug auf die Einwirkung der Elektricität auf Bakterien
haben besondere Untersuchungen von Krüger die früheren Arbeiten
ergänzt, nach denen ausschliesslich eine Wirkung der Elektrolyse vorzuliegen schien. Nach Krüger vermag der constante elektrische
Strom, unter möglichstem Ausschlusse der chemischen Wirkung der
Jonen mittels der unpolarisirbaren Elektroden zur Wirkung gebracht,
Bakterien zwar nicht zu tödten, wohl aber ihr Wachsthum vollständig aufzuhalten. Unter Mitwirkung der Jonen zur Anwendung
gebracht, vermag der constante elektrische Strom bei genügender
Stärke, Dichte und Dauer die Bakterien und die Endosporen zu
tödten. In dieser Form wirkt der elektrische Strom derart auf giftige
Bakterienkulturen ein, dass die Giftwirkung beseitigt wird; so behandelte und dadurch entgiftete Kulturen vermögen Impfschutz zu
verleihen.

Desinfektion, Giftwirkungen.

Das Verhalten der Bakterien zu chemischen Mitteln wurde
besonders aus praktischen Gründen versucht, um gegen die Seuchenerreger desinficirende, gegen die Zersetzungserreger antiseptische Mittel zu gewinnen. Schon der ausgezeichnete englische
Militärarzt und Seuchenforscher Pringle hatte im vorigen Jahr-

hundert Versuche mit Seuchenstoffen und Desinfectionsmitteln angestellt. Leider folgte dann eine Periode der rohen Empirie, in der man sich nur vom Geruche leiten liess und aus dem Aufhören eines üblen Geruches auf Vernichtung der Seuchenerreger schloss. In dieser Hinsicht hatte sich besonders Eisenvitriol bewährt, doch hatte sich auch der frische Kalkanstrich der Zimmerwände bei den Militärärzten den Ruf eines Desinfectionsmittels errungen. Erst der Schöpfer der aseptischen Wundbehandlungsmethode, Semmelweis, welcher das Chlor zum Reinigen der Hände bevorzugte, und der französische Apotheker Lemaire begründeten eine neue Periode, indem der letztere erkannte, dass die Desinfektionsmittel die Mikrobien tödten, die ungeformten Fermente aber nicht beeinträchtigen. Als bestes Mittel fand Lemaire die Karbolsäure, welche später von Lister auch zu antiseptischen Zwecken im Wundverbande eingeführt wurde. Jalan de la Croix und Koch brachten dann diese empirische Methode auf die Höhe der Leistungsfähigkeit, wobei Koch scharf zwischen der Wirkung auf vegetative und Dauerformen, zwischen Entwicklungshemmung und Tödtung der Bakterien unterschied. Beide Forscher ermittelten, dass das giftige Quecksilbersublimat das leistungsfähigste aller Mittel war, dass Chlor mehr leistete als Karbolsäure.

So wurden nach Koch die Milzbrandsporen verhindert, auszuwachsen bei einem Gehalte des Nährbodens von 1 Sublimat auf 300 000, von 1 Salzsäure auf 1700, Salicylsäure 1:1500, von 1 Kaliseife auf 1000, Karbolsäure 1:850, Chinin 1:625, Alkohol 1:12,5. Die Tödtung von Milzbrandsporen erfolgte nur durch wenige Mittel innerhalb 24 Stunden, z. B. durch eine 0,2 %ige Lösung von Quecksilbersublimat innerhalb einer Stunde, desgleichen durch 0,2 %iges frisches Chlorwasser, während andere Mittel viele Tage erforderten, z. B. eine 5 %ige Karbolsäure mehr als 40 Tage.

Die Tödtung der vegetativen Formen gelang dagegen mit vielen dieser Mittel im Verlaufe weniger Minuten.

Das Verständniss der Vorgänge wurde gefördert als man erkannte, dass die mechanische Reinigung der Desinfektion vorausgehen muss. Dadurch kamen die Alkalien und Säuren wieder zu Ehren und man sah, dass stärkere Concentrationen der Alkalien, von Aetznatron, Aetzkalk, der in Wasser gelöst Kalkmilch giebt $CaO + H_2O$

$= \mathrm{Ca(OH)_2}$, Soda sogar selbst die Keime tödteten, wobei wohl an direkte Beeinflussung des Eiweisses der Protoplasten zu denken ist. Aus demselben Grunde sind die Säuren Desinfektionsmittel und hierbei zeigte sich, dass die Bakterien gegen die Mineralsäuren, Schwefelsäure, Salpetersäure, Salzsäure, empfindlicher sind als gegen die Pflanzensäuren, wie Weinsäure, Citronensäure und am wenigsten empfindlich gegen die von ihnen selbst gebildeten Säuren wie Essigsäure, Buttersäure, Milchsäure. Werden diese Säuren von den Bakterien gebildet. so hört bei einer, von mir für Milchsäure genauer festgestellten Grenze, ähnlich wie durch den Alkohol bei der Hefengährung, die weitere Entwickelung auf. Neutralisirt man dann die Säure z. B. durch Zusatz von kohlensaurem Kalk, so geht die Zersetzung wieder weiter.

Daraus ergiebt sich sofort die für die Praxis wichtige Regel, dass Aetzkalk und Kalkmilch nur so lange Desinfektionsmittel sind, als genügend Calciumhydroxyd $\mathrm{Ca(OH)_2}$ vorhanden ist, wird diese Verbindung durch die Kohlensäure der Luft oder der Lösungen in kohlensauren Kalk verwandelt, $\mathrm{Ca(OH)_2 + CO_2 = CaCO_3 + H_2O}$, so ist das Mittel kein Desinfektionsmittel mehr, sondern umgekehrt ein Begünstigungsmittel für die Bakterienvegetation. Sogar eine schwach alkalische Reaktion des Nährbodens begünstigt das Bakterienwachsthum.

Auch für die Conservirung von Früchten ist es wichtig zu wissen, dass die Pflanzensäuren die Bakterienwucherungen hemmen, dagegen die Pilzvegetationen ermöglichen.

Der Gehalt des Magensaftes an Salzsäure ist eine wichige, aber individuell und nach den Thierarten sehr verschieden ausgebildete Schutzeinrichtung des Körpers gegen die Invasion von Bakterien. Im nüchternen Zustande, bei Magenkatarrhen und bei Ueberfüllung des Magens reicht die vorhandene Salzsäure nicht aus, so dass z. B. derartige Zustände wie Hunger und sein Gegentheil, aber auch Magenkrankheiten die Cholerainfektion erleichtern.

In stark eiweisshaltigen alkalischen Lösungen wirkt Quecksilbersublimat sehr viel weniger als in wässrigen Lösungen Es bilden sich nämlich Ausscheidungen von Quecksilberalbuminaten und diese sind zunächst unlöslich, so dass einfach ein Theil des

Quecksilbersalzes nicht zur Wirkung kommen kann. Werden diese Quecksilberalbuminate in einem Ueberschusse von Blut oder Blutserum gelöst, so sind sie sehr wirksam, so dass Lister sie sogar zum Wundverbande empfohlen hat In alkalischen Lösungen, wie sie im Blut, Blutserum, Eiter, Gewebssäften vorliegen, werden die löslichen Quecksilberverbindungen in Oxyd- resp. Oxydhydratverbindungen übergeführt, die nur in Lösung bleiben, wenn genügende Mengen von Körpern vorhanden sind, welche die Lösung ermöglichen. Diese Körper sind besonders Alkali-Chloride und Jodide, vor allem Chlornatrium und Chlorammonium. Durch Zusatz einer entsprechenden Menge Kochsalz zum Quecksilbersublimat kann man also in einfachster Weise verhindern, dass Ausscheidungen eintreten. Diejenigen Quecksilberverbindungen, welche wie Cyanide mit Alkalien keine Fällung geben, weil sie sofort Doppelsalze bilden, bedürfen auch keines Salzzusatzes. Das war schon vor mehreren Decennien bekannt und ärztlich verwerthet, aber ganz in Vergessenheit gerathen, bis Liebreich und später Behring wieder darauf aufmerksam machten. Dieses Doppelsalz von Quecksilbersublimat und Kochsalz wird durch kohlensaure Alkalien nicht, wohl aber durch Erdalkalien gefällt, so dass man die Lösung nur mit destillirtem oder weichem, aber nicht mit hartem Wasser herstellen kann. Unter Beachtung der Löslichkeit erweisen sich auch Gold- und Silbersalze sehr wirksam z. B. Goldkaliumcyanid und Silbernitrat oder Höllenstein.

Die reine Karbolsäure oder das Phenol C_6H_5OH ist in Wasser löslich, die rohe Karbolsäure schwer löslich. Dadurch entstanden verschiedene Versuche dieselbe aufzuschliessen, d. h. wasserlöslich zu machen. Zuerst fand ich, dass, wenn man dieses Auflösen mit Schwefelsäure vornimmt, die dabei entstehenden, leicht wasserlöslichen Phenolsulfosäuren, bei denen ein Wasserstoff des Phenol durch HSO_3 ersetzt ist, sehr wirksam gegen Bakterien sind; sie haben unter dem Namen Aseptol auch Einführung in die Desinfektionspraxis gefunden. Hierbei machte ich die im Sinne der Constitutionsauffassung interessante Beobachtung, dass die Orthophenolsulfosäure gegen Milzbrandsporen sehr stark wirkte, die Paraverbindung, welche z. B. durch Erwärmen aus der Orthoverbindung hervorgeht, jedoch nicht, während bei den vegetativen Zellen der Unterschied nicht so gross ist. Laplace stellte durch Mischen von roher Karbolsäure mit Schwefelsäure Mischungen her, welche sehr wirksam waren und zwar wirksamer, wenn sie in der Kälte, als wenn sie in der Wärme hergestellt waren. Das letztere könnte dafür sprechen, dass sich in der Kälte die wirksamere Ortho-, in der Wärme die weniger wirksame Paraphenolsulfosäure bildete, aber auch, wie C. Fränkel meint, dass sich in der Kälte nur Mischungen mit Schwefelsäure, in der Wärme jedoch Sulfosäuren bilden. Mischungen sind nun, wie Rotter zuerst gefunden hat, oft wirksamer, als die einzelnen Bestandtheile, aber Biel hat gefunden, dass sich thatsächlich Sulfosäuren der Kresole auch in der Kälte bilden. Wichtig ist jedoch, dass in der rohen Karbolsäure sich neben Phenol C_6H_5OH in grösserer Menge Kresole $C_6H_4CH_3OH$ finden und diese haben nach C. Fränkel im Allgemeinen eine grössere Desinfektionskraft als Phenol. Die Kresole sind jedoch an sich im Wasser so schwer löslich, dass die Wirkung nicht zum Vernichten aller Bakterien, besonders der Sporen ausreicht.

Da die Aufschliessung mit Mineralsäuren sehr heftig ätzende und zerstörende Verbindungen liefert, hat man versucht die wegen ihrer geringen Löslichkeit für die Desinfektion fast unbrauchbaren Kresole der rohen Karbolsäure anderweitig in wasserlösliche Form überzuführen und dadurch ihre Desinfektionskraft zu verwerthen. Phenole und Kresole sind in Seifenlösungen leicht, Kohlenwasserstoffe schwer löslich. Wenn man nun von einem Theeröl ausgeht, welches viel Kohlenwasserstoffe und wenig Phenole enthält und mischt es mit Seife, so erhält man beim Verdünnen mit Wasser eine Emulsion; dies ist das sogenannte Kreolin. Nimmt man dagegen ein Theeröl, welches weniger Kohlenwasserstoffe und mehr Phenole enthält, und mischt dieses mit Seife, so entsteht beim Verdünnen mit Wasser eine Lösung; dies ist der Fall bei Sapokarbol und Lysol. Auf diese Weise gestatten Mischungen von roher Karbolsäure mit Seife die Desinfektionskraft der Kresole zu verwerthen. Wenn man die an sich in Wasser schwer löslichen Kresole mit ebenfalls schwer löslichen Salzen der Orthooxykarbon- oder Orthooxysulfosäuren mischt, so löst sich das Gemisch in Wasser, so dass also die beiden schwer löslichen Verbindungen sich gegenseitig leicht

löslich machen. So sind Kresole und salicylsaures Natrium vereinzelt
in Wasser schwer, gemischt leicht löslich. Statt des salicylsauren
Natrium erwies sich kresotinsaures Natrium als besser und diese
Körper wurden von mir als Solveole bezeichnet; sie sind neutral,
ätzen nicht. Kresolnatrium ist leichter löslich als Kresol, aber
etwas weniger wirksam, ähnlich wie Phenolnatrium weniger wirksam
ist als Phenol, aber in Kresolnatrium löst sich eine grosse Menge
Kresol und man erhält so alkalische wässerige Lösungen von Kresol
in Kresolnatrium mit beliebig hohem Procentgehalte an Kresol. Diese
Körper nannte ich Solutole. Die Wirksamkeit aller dieser Präparate
hängt einmal von ihrem Gehalte an Kresol ab, der wegen der
Wasserlöslichkeit sehr hoch werden kann, während Kresol selbst nur
zu ca. $1/2$ bis $1\,^0/_0$ in Wasser löslich ist, und weiter von den Lösungs-
mitteln. Das absolut neutrale Solveol ist deshalb ein besseres anti-
septisches Mittel bei Wunden als die ätzende Karbolsäure und gestattet höheren Gehalt an Kresol als eine Lösung dieser in Wasser.
Lysol emulgirt Fette durch seine Seife, während das alkalische Solutol
in Ritze eindringt, Fette verseift und Eiweisskörper löst, also die
Desinfektionskraft der Kresole mit der Reinigungskraft der Alkalien
verbindet.

Auch die Salicylsäure $C_6H_4COOH.OH$ ist ein kräftiges Desinfektionsmittel. Die Constitutionsformeln der letztgenannten Körper,
Phenol, Kresol, Salicylsäure und die Phenolsulfosäuren haben die Vermuthung nahegelegt, dass die Desinfektionskraft mit der
Complicirtheit und der Labilität der Atomgruppen im Molekel zusammenhängt, indem diese labilen Atomgruppen in Atomgruppen der labilen Eiweissmolekel der Organismen leichter schädigend
eingreifen, als schwerer bewegliche Atomgruppen. Man müsste eigentlich erwarten, dass chemische Körper mit Eintritt solcher Atomgruppen, welche den labilen Charakter erhöhen, auch giftig wirken.
Wenn man also vom Phenol oder Monooxybenzol C_6H_5OH ausgeht, müsste die Giftigkeit zu den Dioxybenzolen $C_6H_4(OH)_2$ und
noch mehr zu den Trioxybenzolen $C_6H_3(OH)_3$ zunehmen. Nun
sind Ortho-Dioxybenzol oder Brenzkatechin, die analoge Metaver-
bindung oder Resorcin und die Paraverbindung oder Hydrochinon
wohl giftig, aber doch nicht gut als giftiger denn Phenol zu be-

zeichnen. Dasselbe gilt von den Trioxybenzolen unter denen Pyro-
gallol, Oxyhydrochinon und Phloroglucin sogar als weniger giftig
als Phenol bezeichnet werden dürfen. Das Phenol ist aber ein sehr
reaktionsfähiger Körper, so dass es sich vielleicht nur um eine scheinbare Ausnahme handelt.

Von isomeren Körpern müsste der chemisch labilere auch der
giftigere sein, z. B. sollten die Isonitrile oder Isocyanide oder
Carbylamine, denen eine hypothetische Isocyanwasserstoffsäure oder
Isoblausäure von der Formel CN . H (genauer $C \equiv \overset{v}{N} - H$ oder nach
Anderen $= C = \overset{\text{iii}}{N} - H$) zu Grunde liegt, weil labiler auch giftiger
sein als die Nitrile oder Cyanide, denen die Blausäure von der
Formel H . CN (genauer $\overset{\text{iii}}{N} \equiv C - H$) zu Grunde liegt. Die Senf-
öle, welche von der hypothetischen Isoschwefelcyanwasserstroffsäure
S . CN . H abgeleitet werden, sind ungiftig, die Rhodanverbindungen,
welche von der Schwefelcyanwasserstoffsäure S . H . CN abgeleitet
werden, sind giftig. Auch eines der heftigsten Gifte, die Blausäure
H . CN, gehört als Ameisensäure-Nitril zu den Nitrilen. Sie ist allerdings sehr labil, so dass diese Ausnahmen vielleicht nur scheinbare sind. Ich wähle diese Beispiele, um zu zeigen, dass wir in
diesen Fragen erst in eine strengere naturwissenschaftliche Auffassung eintreten, aber noch ganz in den Anfängen der Entwicklung
von Gesetzen stehen. Vielleicht erklären sich scheinbare Ausnahmen
von der angenommenen Regel auch daraus, dass der molekulare
Aufbau der Zellen zu grosse Verschiedenheiten im Bau des labilen
Eiweiss der Protoplasten geführt hat, dass chlorophyllhaltige und
chlorophyllfreie Zellen, dass die Zellarten der verschiedenen Organe
und Gewebe in Thieren und Pflanzen durch Anpassungen Abweichungen
bieten, denen die Atomgruppirungen den Chemikalien Rechnung
tragen müssen.

Im Allgemeinen hat sich ergeben, dass die Desinfektionsmittel,
deren Wirkung eben eine Giftwirkung auf Protoplasma ist, das Protoplasma der menschlichen und thierischen Zellen mehr schädigen als
die Bakterienzellen. Trotzdem ist eine innere Antisepsis bis
zu einem gewissen Grade denkbar.

Behring hatte für eine Reihe Substanzen gefunden, dass
ungefähr der sechste Theil derjenigen Menge, welche in Blutserum

die Entwicklung von Milzbrandbacillen aufhob, auf das Körpergewicht der Versuchsthiere berechnet, bei subcutaner Anwendung das Thier sicher tödtete, dass demnach Entwicklungshemmung auf Bakterien und Giftwirkung auf Menschen und Thiere einander parallel gehen. Aber abgesehen davon, dass diese Regel für einige Körper noch nicht als Gesetz für alle gelten kann, gehen nach den bisherigen Versuchen diese entwicklungshemmenden Eigenschaften und die desinficirenden nicht parallel, ebenso sind die directen Aetzwirkungen und Gerinnungen in Blut und Säften verschiedenartig. Die Giftigkeit kann damit zu einer relativen werden. In diesem Sinne sind gegenüber einigen Bakterien die Kresole als etwa zwei bis viermal weniger giftig oder zwei bis viermal so stark desinficirend zu bezeichnen als Karbolsäure, d. h. man erreicht mit der Hälfte bis dem vierten Theil Kresol so starke Desinfektionswirkung wie mit einem Theil Phenol. Auch bei gleicher Giftigkeit beider Körper gebraucht man eben von Kresol nur die Hälfte bis den vierten Theil und erreicht so eine geringere Vergiftungsgefahr. Auch das sehr kräftig desinficirende Jodtrichlorad JCl_3 gehört nach Behring zu den relativ ungefährlichen Mitteln, indem noch eingetretener Desinfektion das Jod als Jodnatrium, das Chlor als Chlornatrium auftritt. Schon 1886 hatte ich bereits gefunden, dass die Orthophenolsulfosäure bei ebenso kräftiger Desinfektionswirkung wie die des Phenols weniger ätzt und weniger giftig wirkt.

Diese Wirkungen liegen in der Richtung einer specifischen Desinfektion, d. h. die Mittel wirken auf die Bakterien mehr schädigend als auf die Zellen des menschlichen Organismus. Eine noch höhere Stufe dieser Art haben wir vielleicht vor uns, wenn wir Chinin mit Erfolg gegen Wechselfieber, Quecksilberpräparate gegen Syphilis oder Salicylsäure gegen Rheumatismus geben. Das Suchen nach solchen specifischen Mitteln ist gewiss nicht hoffnungslos, wenn man beobachtet, dass Chinin für niedrige Thiere oder Algen ein stärkeres Gift ist als Strychnin oder Morphium, während es bei höheren Thieren gerade umgekehrt ist; Chinolin ist nach Donath für Sprosspilze unschädlich, für Fäulnissbakterien ein Gift.

In einer später zu besprechenden Weise sind ganz besonders die Aldehydgruppe COH und die Amidogruppe NH_2 für den

Aufbau organischer Substanz, speciell des Eiweiss und für die
Aktivität des Eiweiss des Protoplasmas aller Zellen von ent-
schiedener Bedeutung. Oscar Löw hat daraufhin vorausgesagt
und dann durch viele, auch durch Andere bestätigte Versuche bewiesen, dass alle Substanzen, welche in diese Gruppen
eingreifen, Gifte sind, weil sie die Labilität der
aktiven Eiweissmolekel herabsetzen und so das Leben
aufheben. Solche allgemeinen Protoplasmagifte müssen
auch Bakteriengifte sein, also auch zur Antisepsis oder Desinfektion
oder zum Sterilisiren geeignet sein. Solche Körper, welche selbst
in grosser Verdünnung in Aldehydgruppen eingreifen und deren Giftwirkung auf Protoplasten und Bakterien durch Löw, Marpmann
und H. Buchner erwiesen wurde, sind z. B. Cyanwasserstoff oder
Blausäure HCN, Diamid N_2H_4, Hydroxylamin NH_2OH, Phenyl-
hydrazin $(C_6H_5)NH . NH_2$, Schwefelwasserstoff H_2S. Derartige Körper,
welche in grosser Verdünnung in Amidogruppen eingreifen und
deren Giftwirkung resp. Desinfektionsfähigkeit erwiesen wurde, sind
nach Löw, Buchner, Kitasato und Weyl salpetrige Säure N_2O_3
freies Cyan oder Dicyan C_2N_2, Formaldehyd $H . COH$, Acetaldehyd
$CH_3 . COH$, Benzaldehyd (Bittermandelöl) $C_6H_5 . COH$.

Leicht oxydable Gifte können in geringen Mengen unschädlich
sein, weil sie bei Anwesenheit von Sauerstoff öder bei Luftzutritt
oxydirt werden wie z. B. Alkohol, während andere wie Salicylsäure,
Indol, Phenol sich mit anderen Körpern zu ungiftigen oder weniger
giftigen Produkten verdichten oder paaren.

Die Bedeutung der Labilität der Atomgruppen für die Giftigkeit geht auch daraus hervor, dass Körper, welche bei einer bestimmten Concentration bei Zimmertemperaturen von ca. 15° noch
keine schädigende Einwirkung auf Bakterien zeigen, diese bei Erhöhung der Temperatur auf Bluttemperatur von 37° und noch
sichere bei 50 bis 60° vernichten, was von Henle, Behring
Heiden, Hammer für Milzbrandsporen ermittelt wurde. Die
Temperatur erhöht die Intensität der Schwingungen der beweglichen
Atomgruppen im Eiweiss, bis die Molekel bei der Erstarrungs- und
Tödtungstemperatur gewissermassen zerreissen und aus dem Zustande
des aktiven oder genuinen und labilen lebenden Eiweiss in den

starren, inaktiven Zustand des todten Eiweiss übergehen. Dass in Wirklichkeit diese Vorstellungen richtig sind geht auch daraus hervor, dass S c h o l l in einem Falle durch Behandeln mit Kali die durch Hitze aufgehobene Aktivität von Serumeiweiss wieder herstellen konnte; in anderen Fällen scheint das aktive Eiweiss gleichsam ein Anhydrit des todten Eiweiss zu sein, da ersteres wenigstens durch Hydratation in einen inaktiven Zustand übergeht; in noch anderen Fällen erscheint das aktive Eiweiss als ein Polymerisationsprodukt des todten, inaktiven Eiweiss. In allen Fällen aber ist gegenüber dem inaktiven, todten Eiweiss, mit dem bis vor Kurzem der Chemiker allein arbeitete, das lebende, genuine und aktive Eiweiss ungemein complicirt gebaut und durch die Labilität seiner Atomgruppen mit zahlreichen Bewegungsmöglichkeiten ausgestattet. Durch Uebertragung dieser Bewegungen, die sich aus der Labilität der Atomgruppirung in seinen Molekeln ergeben, vermag das aktive Eiweiss aber auch seinerseits auf andere labile chemische Körper und auf anderes labiles Eiweiss einzuwirken, d. h. als Gift oder Desinfektionsmittel zu wirken. Längst schon kennt man in dieser Hinsicht die Wirkung der sogenannten ungeformten Fermente oder Enzyme. Dieselben zerlegen theils durch hydrolytische Spaltung Eiweiss, Fette und Kohlehydrate; so bilden sich aus Albuminaten Albumosen und Peptone, aus neutralen Fetten Fettsäuren und Glycerin, z. B.:

$$(C_{18}H_{35}O)_3 C_3H_5O_3 + 3 H_2O = 3 C_{18}H_{36}O_2 + C_3H_8O_3,$$

Tristearin, Stearinsäure, Glycerin,

ferner:

$$C_{44}H_{90}NPO_9 + 3 H_2O = 2 C_{18}H_{36}O_2 + C_3H_9PO_6 + C_5H_{15}NO_2,$$

Lecithin, Stearinsäure, Glycerin- Cholin.
phosphorsäure,

Beispiele für die Hydrolyse von Kohlehydraten habe ich schon früher S. 34 angeführt. Andere Enzyme, wie z. B. ein im Blute sich bildendes und das Lab bewirken Gerinnungen von Eiweissstoffen. Derartige Wirkungen kennt man auch von Bakterien und man kann sie von den Zellen trennen und die Enzyme der Bakterien isolirt zur Wirkung bringen. Durch H u e p p e und F e r m i wurden sowohl Milchzucker, als Stärke hydratisirende, als Kaseïn gerinnenmachende, als Eiweiss lösende Enzyme von Bakterien nachgewiesen und K o c h hat sogar die Fähigkeit mancher Bakterien, Leim zu peptonisiren, zu lösen und zu verflüssigen, benutzt, um daraufhin Gruppen unter den Bakterien zu trennen.

Noch interessanter ist es, dass **lebendes aktives Blutserum** und aktive Gewebssäfte, frische Milch etc. **die Fähigkeit besitzen, Bakterien zu tödten,** und so eine ausserordentliche Aktivität erkennen lassen. Das hat zuerst H. Buchner richtig erkannt und bewiesen, indem er durch Erwärmen dieser Substanzen auf 60—70° diese Wirkung aufzuheben vermochte. Dann hat Behring erkannt, dass aktives Blutserum Bakteriengifte in ihrer Wirkung aufheben kann. Die Aktivität dieser Säfte kann man gerade wie die von Enzymen durch Zusatz von Karbolsäure, Thymol, Kresol, Tolud, Chloroform zum Theil erhalten und einzelne dieser aktiven Eiweisskörper wirken auch ähnlich wie Enzyme, so dass zwischen dieser neu entdeckten Gruppe und der älteren keine scharfe Grenze zu ziehen ist. Sorgfältig getrocknet vertragen beide Gruppen höhere Temperaturen, während ihre Wirkung im feuchten Zustande durch Erhitzen aufgehoben wird. Auch viele der „specifischen" Bakteriengifte gehören in diese Gruppe der Enzyme und aktiven Eiweisskörper.

Behring hat zuerst erkannt, dass ein angeblich antiseptischer, also gegen die Bakterien wirkender Körper, das abscheulich riechende Jodoform nur unter der seltenen Voraussetzung antiseptisch wirkt, dass es Jod abspaltet, dass es aber in der Regel nur dadurch wirkt, dass es die Wirkung der Bakteriengifte aufhebt. In dieser Beziehung habe ich gefunden, dass das Tribromphenol — Wismuth, welches wenig, im Verbande aber gar nicht riecht, und welches ein kräftiges Desinfektionsmittel ist, in noch viel höherem Grade als Jodoform Bakteriengifte zu beseitigen vermag.

Hochinteressant ist die von Naegeli entdeckte und als „oligodynamisch" bezeichnete Wirkung von Spuren von metallischem Kupfer, welches Algenprotoplasma zu tödten vermag. Aehnlich haben Miller und Behring festgestellt, dass metalisches Gold und Kupfer auch die Entwicklung von Bakterien aufzuheben vermögen, trotzdem sich keine nachweisbaren Spuren lösen. Wenn ich von diesen noch wenig aufgeklärten Erscheinungen und von den

Körpern absehe, welche auch in starken Verdünnungen in lebenswichtige Atomgruppen des lebenden Eiweiss eingreifen, hat sich noch
ein allgemein giltiges Resultat für die Wirkung von Chemikalien
auf Protoplasten ergeben. Arndt, Schulz und ich haben unabhängig von einander dieses „biologische Grundgesetz" ermittelt, nach dem jeder Körper, der in bestimmter Concentration Protoplasma tödtet und vernichtet, in geringeren
Mengen die Entwicklungsfähigkeit aufhebt, aber in
noch geringeren Mengen, jenseits eines Indifferenzpunktes, umgekehrt als Reiz wirkt und die Lebenseigenschaften erhöht.

In Einklang hiermit steht es, wenn Chamberland, Roux
und Phisalix ermittelten, dass man durch bestimmten Zusatz von
Karbolsäure oder Chromsäure zu Milzbrandkulturen deren Fähigkeit,
Endosporen zu bilden, aufheben und ihre Virulenz in bestimmter
Weise herabsetzen, also die Milzbrandbacillen abschwächen kann.
Smirnow und Flügge haben aber weiter gezeigt, dass überhaupt
abgeschwächte Mikrobien chemischen Eingriffen gegenüber weniger
widerstandsfähig sind als wirkungskräftige oder virulente Kulturen;
so wuchs z. B. bei Zusatz von 4 Tropfen $2\,^0/_0$iger Salzsäure zu
Nährgelatine der virulente Milzbrand gut, der wenig abgeschwächte
mit starker Verzögerung, der stark abgeschwächte aber gar nicht
mehr. Bei der Abschwächung von pathogenen Bakterien hat Hammer
gefunden, dass die Sporen schon Einbusse an Virulenz zeigen, ehe
ihre Entwicklungsfähigkeit gelitten hatte, und ebenso erhielt Behring
noch Kulturen, wenn die Sporen Thiere nicht mehr tödteten.

Chemismus der Nährsubstrate.

Bis vor wenigen Jahren galt es als ein unerschütterter Satz
der Biologie, dass nur die Blattgrün oder Chlorophyll führenden
Pflanzen im Stande sind, Kohlensäure zu zerlegen, wobei sie
Sauerstoff frei machen, den Kohlenstoff jedoch zum Aufbau von
Zellstoff, Stärke oder Zucker verwenden. Die Energie zu diesem
Aufbau liefert die Sonnenstrahlung. Die Blattgrün freien Pflanzen
und alle Thiere sollten ausser Stande sein, Kohlensäure zu assi-
miliren. Die Assimilirung der Kohlensäure geht so vor sich, dass

sich aus Wasser und Kohlensäure Formaldehyd bildet; durch Polymerisation entsteht aus Formaldehyd Zucker, und zwar erhält man durch Multiplication dieser Aldehydformel mit 6 die empirische Formel vom Traubenzucker:

$$I \quad H_2 CO_3 = CH_2 O + O_2$$

Kohlen-   Form-   Sauer-
säurehydrat, aldehyd,   stoff.

$$II \quad 6 . CH_2 O = C_6 H_{12} O_6$$

6 . Form-   Zucker.
aldehyd,

Löw ist es nun bei Ausgang von Formaldehyd schon vor E. Fischer's Aufsehen erregenden Synthesen der Kohlenhydrate gelungen, den ersten Formose (Acrose) genannten Zucker aus seinen Elementen aufzubauen. Der organischen Chemie ist bereits die Synthese von Polysacchariden wie Maltose und Dextrin aus Traubenzucker, ferner die von Glycosiden gelungen, d. h. von complicirten Verbindungen von Zucker mit anderen organischen Körpern. Als Beispiele für die Zerlegung von Maltose, Dextrin oder Stärke verweise ich auf S. 34. Für die Zerlegung von Glycosiden können folgende Beispiele gelten:

$$C_{20} H_{27} NO_{11} + 2 H_2 O = 2 C_6 H_{12} O_6 + C_6 H_5 . COH + HCN ;$$

Amygdalin,   Wasser,   Traubenzucker, Bittermandelöl, Blausäure;

$$C_{27} H_{22} O_{17} + 4 H_2 O = C_6 H_{12} O_6 + 3 C_7 H_6 O_5.$$

Gerbsäure,   Wasser Traubenzucker, Gallussäure.

Nach den neuen synthetischen Arbeiten sind die mehrfachen Kohlehydrate wie Stärke, Dextrin, Rohrzucker, Malzzucker oder Maltose, Milchzucker als Glycoside der einfachen Zucker aufzufassen. Dadurch gewinnt die Erscheinung, dass aus Kohlehydraten unter dem Einflusse der Blausäure neue Kohlehydrate entstehen und Blausäure auch als Spaltungsprodukt auftreten kann, ein grosses Interesse. Man erkennt, wie unter dem Einflusse von Polymerisationen eines der heftigsten stickstoffhaltigen Gifte, die Blausäure HCN, ungiftig und für den Aufbau organischer Substanz wichtig werden kann, worauf Pflüger zuerst hingewiesen hat; so ist z. B. Adenin ein normaler Bestandtheil der Zellen höherer und niederer Organismen, nach seinem Entdecker Kossel $H_5 C_5 N_5$, also gleichsam 5 fache Blausäure 5 . HCN. Seiner Constitution nach ist es Amidohypoxanthin $C_5 H_4 (NH) N_4$ und bildet beim Schmelzen mit Kali thatsächlich Cyankalium KCN.

Unter dem Einflusse starker Salzsäure bildet aber der Traubenzucker auch Polysaccharide, z. B. bildet sich aus Traubenzucker Isomaltose und weiter ein Dextrin.

Durch Verbindung derartiger Synthesen mit Ammoniak NH_3 oder der daraus abgeleiteten Amidogruppe NH_2 entsteht aber Eiweiss. Nach Oscar Löw gewinnt man dadurch etwa folgende Vorstellung über die Bildung von Eiweiss durch Polymerisation, Synthese, Anhydritbildung, Reduction und Verdichtung der so entstandenen Molekel, wobei nur die wichtigeren Zwischenstufen berücksichtigt sind:

I. $H_2CO_3 = CH_2O + O_2$ oder irgend eine andere Bildung von

Kohlensäure-hydrat   Form-aldehyd   Sauer-stoff

Formaldehyd,

II. $4\ CH_2O + NH_3 = C_4H_7NO_2 + 2\ H_2O$,

Form-aldehyd   Ammoniak   Aldehyd der Asparaginsäure, d. h. einer Amidosäure   Wasser

III. $3\ (C_4H_7NO_2) = C_{12}H_{17}N_3O_4 + 2\ H_2O$,

IV. $6\ (C_{12}H_{17}N_3O_4) + 6\ H_2 + H_2S = C_{72}H_{112}N_{18}SO_{22} + 2\ H_2O$.

einfachster Ausdruck für Eiweiss

Wie man vom passiven todten Eiweiss zum aktiven lebenden Eiweiss gelangt und wie es Scholl geglückt ist, in einem Falle ein durch Hitze passiv gewordenes Eiweiss wieder aktiv zu machen, habe ich bereits erwähnt. Kürzlich ist es Lilienfeld und Wolkowicz gelungen bei Ausgang von Amidoessigsäureäthylester eine Art Leimpepton und durch Verbindung dieser Synthese mit Aethylester von Leucin und Tyrosin einen dem Eiweiss ähnlichen, allerdings Schwefelfreien Körper aufzubauen.

In letzter Instanz wird man stets wieder als unterstes Glied einmal auf Ammoniak NH_3, resp. die Amidogruppe NH_2 und auf Formaldehyd hingewiesen. Das Formaldehyd CH_2O können wir nun, um die näheren Beziehungen seiner Atome besser zu verstehen auch schreiben $CH.OH$ oder, um die Aldehydgruppe COH zum Ausdruck zu bringen, $H.COH$.

Wenn man Ammoniak als Stickstoffquelle besitzt, so sollte man erwarten, dass auch alle anderen chemischen Körper, welche Formaldehyd vorgebidet ent-

halten oder dasselbe durch einfache Umlagerung von
Atomen bilden können, auch als Material zur Synthese
von Kohlehydraten oder der stickstofffreien Gruppe
von Eiweiss dienen können. Die Erfahrung hat dies nun in
der That in weiten Grenzen bestätigt. Zunächst gilt dies von allen
Körpern, welche die Gruppen CH.OH oder H.COH respective
COH selbst enthalten oder durch Austritt von Wasserstoff bilden
CH$_2$OH — H = CHOH.

Ich muss nur darauf aufmerksam machen, dass das Formaldehyd
selbst, wie schon erwähnt, weil es selbst in grosser Verdünnung im
freien Zustande in Amidogruppen eingreift, ein Protoplasmagift ist,
dass es aber in Verbindungen z. B mit schwefligsaurem Natron
(Na$_2$SO$_3$) die Giftwirkung verliert und das Protoplasma nährt. So
hat schon längst Pasteur Weinsäure verwerthet; auch von Bernsteinsäure und Apfelsäure gilt ähnliches. Neelsen und ich fanden
dasselbe von Milchsäure und ich konnte schliesslich eine ganz einfache Lösung mit milchsaurem Ammoniak angeben, in der die
Bakterien der sogenannten blauen Milch synthetisch denselben
blauen Farbstoff bilden, der in Milch analytisch gebildet wird. Nach
Uschinsky bilden die Cholerabakterien und Diphtheriebacillen in
einer ähnlichen Lösung auch synthetisch Gifte. In ähnlicher Weise
kann bisweilen auch der fertige Zucker in derartige Synthesen eintreten.

Wenn ich jetzt die Constitutionsformeln neben den empirischen
schreibe, so zeigt sich sofort ein Unterschied zwischen Weinsäure
und Apfelsäure, welche CHOH enthalten, gegenüber Bernsteinsäure,
und ebenso zwischen Milchsäure und Propionsäure:

Weinsäure C$_4$H$_6$O$_6$ = CHOH.COOH — CHOH.COOH,
Apfelsäure C$_4$H$_6$O$_5$ = CHOH.COOH — CH$_2$.COOH,
Bernsteinsäure C$_4$H$_6$O$_4$ = COOH.CH$_2$ — CH$_2$.COOH,
Milchsäure C$_3$H$_6$O$_3$ = CH$_3$ — CHOH.COOH,
Propionsäure C$_3$H$_6$O$_2$ = CH$_3$ — CH$_2$.COOH.

Während Weinsäure, Apfelsäure und Milchsäure CHOH ent-
halten und sofort Formaldehyd liefern, bezüglich die Aldehydgruppe
COH bilden können, vermögen Bernsteinsäure und Propionsäure diese
Gruppe nur durch Oxydation, durch Sauerstoffzutritt zu liefern

$CH_2 + O = CHOH$. Die ersteren Körper sind nun in der That einmal überhaupt bessere Nährkörper für Bakterien als die letzteren und dann können die ersteren unter allen Umständen und ganz besonders auch bei Anaërobiose oder Luftabschluss nähren, die letzteren nur bei Luftzutritt. Als Beispiel für die Verwerthbarkeit bei Anaërobiose und Aërobiose führe ich nach Löw nur Weinsäure an, für welche bei Luftabschluss gilt:

$$\underset{\text{Weinsäure}}{C_4H_6O_6} = 2\ \underset{\substack{\text{Form-}\\\text{aldehyd}}}{CH_2O} + \underset{\substack{\text{Wasser-}\\\text{stoff}}}{H_2} + 2\ \underset{\substack{\text{Kohlen-}\\\text{säure}}}{CO_2},$$

bei Luftzutritt kommt die Formel zur Geltung:

$$\underset{\text{Weinsäure}}{C_4H_6O_6} + \underset{\substack{\text{Sauer-}\\\text{stoff}}}{O} = 2\ \underset{\substack{\text{Form-}\\\text{aldehyd}}}{CH_2O} + \underset{\text{Wasser.}}{H_2O} + 2\ \underset{\substack{\text{Kohlen-}\\\text{säure.}}}{CO_2}.$$

Die bessere oder schlechtere Nährfähigkeit ist also eine rein chemische Eigenschaft, von der ich hier wenigstens eine Seite dargelegt habe. Derartige schlecht nährende Körper sind nur mit Sauerstoff verwerthbar, weil sie bei ihrer Zerlegung ohne Sauerstoff weder die chemischen Componenten zum Aufbau, noch die Spaltungsenergie liefern können.

Nachdem ich früher schon den energetischen Gesichtspunkt hervorgehoben habe, zeigt sich jetzt auch deutlich in chemischer Hinsicht, dass bei der Anaërobiose nicht etwa Sauerstoff herausgenommen wird, sondern nur eine Atomumlagerung erfolgt, wobei oft das Hydroxyl (OH) die Oxydation des Kohlenstoffs zu Kohlensäure übernimmt und wobei Wasserstoff als solcher auftritt oder wasserstoffreichere Reductionsproducte entstehen oder der Wasserstoff sich mit Schwefel zu Schwefelwasserstoff verbindet. Die Labilität der Atomgruppirung ist also der innere, primäre wahre Grund der Spaltung, die in derartigen Fällen unabhängig vom Sauerstoff ist und deshalb anaërob vor sich gehen kann.

Ganz ähnlich ist es, wenn ein chemischer Körper nach seiner Zusammensetzung bereits die Elemente zum Formaldehyd und Ammoniak enthält. So ist z. B. Asparagin das Amid der Amidobernsteinsäure und enthält als solches Stickstoff, der in ähnlicher Weise wie der von Ammoniak verwerthet werden kann, und ausserdem das Material zu Formaldehyd. Asparagin ist Asparaginsäure-Monamid $C_4H_8N_2O_3 = CH_2 \cdot CONH_2 \cdot CHNH_2 \cdot COOH$, bei dem in die Carboxylgruppe COOH das Hydroxyl OH durch die Amidogruppe NH$_2$ und in der Gruppe CH$_2$ ein H durch NH$_2$ ersetzt, also ein Theil der synthetischen Arbeit schon unter Verdichtung des Molekels geleistet ist. Asparagin ist also dem Formaldehyd und Ammoniak gegenüber bereits eine höhere Stufe auf dem Wege zum Eiweiss. Umgekehrt entsteht Asparagin durch Oxydation aus Eiweiss und Schützenberger fand bei der künstlichen Zerlegung von Eiweiss einen in Beziehung zur Bernsteinsäure stehenden Körper von der empirischen Formel C$_4$H$_7$NO$_2$, den Löw als ein Umlagerungsprodukt des noch hypothetischen Aldehyds der Asparaginsäure oder der Amidobernsteinsäure C$_4$H$_7$NO$_4$ = CH$_2$.COOH.CHNH$_2$.COOH auffasste und dessen Bedeutung für den Aufbau von Eiweiss er in der oben angegebenen Formel über den Aufbau von Eiweiss wahrscheinlich machte Nach Löw's Auffassung liegt in dem aus den dargelegten Synthesen sofort verständlichen Nebeneinandervorkommen der sehr reaktionsfähigen Aldehyd- und Amidogruppen der chemische Grund für die Labilität des aktiven Eiweiss und aus diesem Grunde sind auch alle Körper, welche noch in starker Verdünnung in diese beiden Gruppen eingreifen, Protoplasmagifte; cfr. S. 52. Es wurde nun von Neelsen, Naegeli und mir ermittelt, dass Asparagin eines der besten Mittel zur Ernährung von Bakterien ist, die daraus organische Farben und, wie kürzlich Uschinsky genauer feststellte, auch eiweissartige Gifte bilden können. Der Nährwerth des Asparagins ist so gross, dass selbst einige Warmblüter wie Rinder Asparagin in gewissen Grenzen als Sparmittel für Eiweiss verwerthen können, während beim Menschen Leim der niedrigste derartige Körper ist.

Die Ermittelungen über die Gährungen wurden in Pasteur's Hand sogar Ausgang zu Vorstellungen, die später die Ansichten über die Zusammensetzung der chemischen Körper ganz umgestalten sollten. Pasteur fand nämlich bei solchen Gährungen neben rechtsdrehender aktiver Weinsäure die sogen. aktive Linksweinsäure; diese beiden Säuren vereinigen sich zu der optisch inaktiven Traubensäure. Pasteur entdeckte den Grund in dem asymmetrischen Bau des chemischen Molekels und daraus entwickelten Le Bel und van't Hoff die Theorie des asymmetrischen Kohlenstoffatoms und die moderne Stereochemie. Die Zerlegung inaktiver

Substanzen durch Gährung und dadurch die Herstellung der optisch aktiven Componenten hat sich trotz aller Fortschritte der Synthese als eine wichtige und schnelle Methode in der organischen Chemie Bürgerrecht erworben und noch erhalten. Schardinger entdeckte auf diese Weise die Linksmilchsäure, welche vorher nie auf chemischem Wege erhalten worden war und deren Existenz man nur aus dem Bekanntsein der inaktiven Milchsäure und der aktiven Rechtsmilchsäure vermuthete. In dieser Beziehung ist es weiter sehr beachtenswerth, dass Bakterien, Hefen und Pilze bei der Einwirkung auf inaktive Körper eine ganz scharfe Auswahl treffen. Wenn Hefen oder der gemeine grüne Pinselschimmel auf Traubensäure, also auf eine Mischung von Rechts- und Linksweinsäure einwirken, verbrauchen sie die Rechtsweinsäure, die linksdrehende Modification bleibt übrig; ähnlich ist es bei Methylpropylkarbinol und Leucin. Wenn dieser Schimmel auf inaktiven Amylalkohol oder auf Mandelsäure wirkt, so wird dagegen die linksdrehende Modifikation verbraucht, die rechtsdrehende bleibt übrig, während isolirt verabreicht, auch diese, in der Mischung oder inaktiven Form nicht angegriffenen Körper zur Ernährung des Schimmels dienen können und dabei verbrannt werden.

Sowohl der rechtsdrehende Traubenzucker als der linksdrehende Fruchtzucker werden durch Hefen in Alkoholgährung versetzt; in einer Mischung beider, wie sie im Invertzucker des Honigs vorliegt, wird dagegen der Traubenzucker vergohren, der linksdrehende Zucker bleibt unvergohren. Ebenso ist es bei einem Gemisch der rechtsdrehenden, aus Milchzucker gewonnenen Galactose mit Fruchtzucker und zwar trotzdem isolirt der Fruchtzucker durch die meisten Hefen leichter angegriffen wird als die Galactose. Bei der Gährung macht sich demnach zunächst die geometrische Anordnung der Atome im Molekel deutlich als entscheidend bemerkbar.

Behufs Gewinnung dieser Konstitution des Molekels erfolgt aber auch im dynamischen Sinne ein verschieden grosser Aufwand von Energie zur stärkeren oder schwächeren Verbindung der Atome, die also entsprechend auch wieder umgekehrt schwerer, oder leichter gelöst werden kann. Wenn man nun zwei Zuckerarten gleicher Gruppe und gleicher empirischer Zusammensetzung, z. B. sechswerthige Zucker oder Hexosen, betrachtet, welche alle die gleiche empirische Formel $C_6 H_{12} O_6$ haben, so kann man diese unterscheiden als Aldehydzucker oder Aldosen mit der sie kennzeichnenden Gruppe COH und als Ketonzucker oder als Ketosen mit der Gruppe CO. So ist z. B. Traubenzucker als Aldose $CH_2 (OH) . (CH . OH)_4 . COH$, während Fruchtzucker als Ketose die Formel $CH_2 (OH).(CH . OH)_3 . CO . CH_2 OH$ zukommt. Wenn man nun zwei solche Aldehydzucker verwerthet, bei denen die innere Festigkeit des Molekels durch die gegenseitige Lagerung der Atomgruppen bestimmt ist, wie es z. B. Traubenzucker und Galactose sind, so hat der labiler aufgebaute Traubenzucker nach Stohmann einen grösseren Energiegehalt als die stabilere Galactose, und bedarf demnach zur Zerlegung einer geringeren Energiezufuhr als letztere. Der Traubenzucker ist aber nach Versuchen, die ich früher angestellt habe, durch Hefen leichter vergährbar als die Galactose, so dass auch im dynamischen Sinne eine Auswahl erfolgt, die ebenfalls im Molekel vorgesehen ist. Auch bei sogenannten Ketonzuckern oder Ketosen findet sich dies; nach Stohmann hat unter den hierhergehörigen Hexosen der labilere Fruchtzucker einen grösseren Energiegehalt als die stabilere Sorbinose. Der erstere ist leicht vergährbar, die letztere nicht. E. Fischer und H. Thierfelder haben dies neuerdings wiederum ermittelt und mit Rücksicht auf mehrere neuere Zuckerarten erweitert.

Die berühmten Untersuchungen von E. Fischer über die sogenannte Konstitution oder geometrische Atomgruppirung der Zuckermolekel bedürfen einer Ergänzung durch die besonders von Stohmann ermittelten dynamischen oder Energieverhältnisse derselben Molekel, aber auch durch die biologischen Ermittelungen, wie sie zuerst Pasteur gebracht hat. Mit Kenntniss von je zwei dieser Gruppen vermochte ich schon früher die andere Gruppe für einen Fall anzugeben, ehe die Sache direkt ermittelt war. Ich führe dies nur an, um zu zeigen, wie der exakt arbeitende Biologe an Schärfe der Vorhersage, prinzipiell wenigstens, nicht schlechter dasteht als der Physiker oder Astronom. Sein Denken ist ebenso gut ein mathematisches, nur ist das Material meist zur unmittelbaren, mathematischen Zeichensprache zu komplizirt. Aber die prinzipielle Feststellung einer solchen Möglichkeit ist das, was uns die Beruhigung über die Art unseres Arbeitens giebt. Wir brauchen uns durch den Hochmuth, der oft in einer einseitigen mathematischen Formelsprache liegt, nicht mehr imponiren zu lassen, als wirklich an der Sache ist. Es gibt auch eine Mathematik ohne deren übliche Zeichen, und umgekehrt haben schon weiter sehende Physiker, wie R. Mayer, Helmholtz, E. Mach, erkannt, dass auch die physikalische Beobachtung eine zum Verständnisse unentbehrliche physiologische Seite hat, so dass wir in der monistischen Erkenntnisstheorie ein einigendes Band besitzen, nicht nur zwischen allen Naturwissenschaften, sondern auch zwischen Naturwissenschaften und den sogenannten Geisteswissenschaften.

Während blattgrünfreie Zellen von Thieren und Pflanzen nach der landläufigen Vorstellung sich nur von organischen Substanzen im Wege des analytischen Stoffwechsels ernähren sollen, hatte Dujardin schon 1841 ermittelt, dass Bakterien ihre Leibessubstanz aus oxalsaurem Ammoniak aufbauen können. Die Oxalsäure ist $C_2H_2O_4 = COOH.COOH$, so dass daraus die Bildung von Formaldehyd durch einfache Atomumlagerung nicht vor sich gehen kann. Es dürfte wohl, da die Oxalsäure als Ammoniaksalz in Betracht kommt, durch den Wasserstoff des Ammoniaks $2\,NH_3 = 2\,NH_2 + H_2$

Ammoniak   Amido Wasser-
stoff

unter Bildung der Amidogruppe eine Reduction erfolgen:

$$COOH.COOH + H_2 = CHOH + CO_2 + H_2O,$$

Oxalsäure   Wasser-   Form-
stoff   aldehyd

so dass dann die weitere Synthese von Eiweiss aus diesem Formaldehyd und aus der Amidogruppe vor sich geht.

Auch Ameisensäure kann nicht einfach durch Atomumlagerung in Formaldehyd übergehen und doch hat O. Löw die geradezu diese wichtige Thatsachenreihe abschliessende Entdeckung gemacht, dass eine Bakterienart, welche Formaldehyd zum Aufbau ihres Körpers verwerthete, auch Ameisensäure verwenden kann. Ameisensäure ist CH_2O_2 oder der Constitution nach weil sie sowohl sauere als reducirende Fähigkeiten besitzt, entweder $H.COOH$ oder aber in Bezug auf die Aldehydgruppe $HO.COH$.

Verbindungen, welche sowohl die Aldehydgruppe COH als die Carboxylgruppe $COOH$ enthalten, sind Aldehydsäuren. Wir können 2 Molekel Ameisensäure also einfach $2.H.COOH$ oder $2.HO.COH$

schreiben, aber vielleicht auch als Aldehydsäure nach ihren Wirkungen
als $HO.COH — H.COOH$ auffassen. In Organismen können eben
Reaktionen neben einander verlaufen, die der Chemiker nur isolirt in
gesonderten Reagensröhrchen darstellen kann. Es können in diesem
Falle unmittelbar liefern;

$$I \quad HO.COH — H.COOH = COH.COOH + H_2O,$$
$$\text{Ameisensäure} \quad \text{Ameisensäure} \quad \text{Glyoxylsäure} \quad \text{Wasser}$$

$$II. \quad COH.COOH = CHOH + CO_2.$$
$$\text{Glyoxylsäure} \quad \text{Formaldehyd} \quad \text{Kohlen-säure.}$$

Glyoxylsäure als einfachste Aldehydsäure würde also von der
Ameisensäure zum Formaldehyd führen können und Königs hat
schon angegeben, dass in den grünen Pflanzen die Glyoxylsäure
durch Verdichtung von 2 Molekeln Ameisensäure entsteht. Allerdings könnte man anch, wie oben für Oxalsäure von mir angegeben
wurde, auch dnrch Reduction von der Ameisensäurc zu Formaldehyd
gelangen:

$$H.COOH + H_2 = CHOH + H_2O$$
$$\text{Ameisensäure} \quad \text{Wasser-stoff} \quad \text{Form-aldehyd} \quad \text{Wasser}$$

$$\text{bezüglich} \quad HO.COH + H_2 = H.COH + H_2O.$$
$$\text{Ameisensäure} \quad \text{Wasser-stoff} \quad \text{Form-aldehyd} \quad \text{Wasser.}$$

Vom Formaldehyd an aufwärts vollzieht sich die Synthese der
Kohlehydrate resp. des stickstofffreien Theiles des Eiweisses in
grünen Pflanzen und in chlorophyllfreien Organismen grundsätzlich
gleichartig.

Man könnte hiernach annehmen, dass Formaldehyd
die unterste Grenze bezeichnet, bei der blattgrünfreie
Organismen organische Substanz aufbauen können, dass
aber zur Assimilation von Kohlensäure in Verbindung
mit Ammoniak nur das Blattgrün oder Chlorophyll
geeignet ist. Aber auch diese Schranke besteht nicht.
Einer meiner Schüler, Heraeus, machte zuerst die von ihm aber
nicht sofort verstandene Beobachtung, dass sich auch farblose Bakterien bisweilen durch kohlensaures Ammoniak ernähren lassen. Als
ich die Sache wieder aufnahm, gelang es mir, den Zusammenhang
zu finden. Diese Fähigkeit kommt nämlich nur den nitrificirenden
Mikrobien zu, welche Ammoniak zu salpetriger und Salpetersäure

oxydiren. Ich ermittelte, dass gerade diese Verbrennung die
Energie zur Synthese und Assimilirung der Kohlensäure liefert
und dass sich dieselbe durch Formaldehyd vollzieht. In Folge dieser
ganz anders gearteten Energiegewinnung ist dieser Vorgang unabhängig vom Lichte, ja er vollzieht sich im Dunkeln sogar
besser. Daraus erkennt man aber, wie ich sofort weiter schloss,
dass die Assimilirung von Kohlensäure eine Proto-
plasmathätigkeit ist und dass sich die Chlorophyll-
function als eine Anpassung an das Lichtleben aus
einfachen Vorstufen entwickelt hat. Hiermit in Einklang
steht die Ermittelung von Pringsheim, dass das Chlorophyll nur
ein physikalischer Schutzapparat des assimilirenden Zellprotoplasmas
gegen zu starke Sonnenstrahlung ist, die eben schliesslich jedes
ungeschützte Protoplasma tödtet. Das letztere ist später durch die
Bakteriologie in grosser Ausdehnung ermittelt worden. Dass schliesslich alle Energie der Erde von der Sonne stammt, hat mit der Entwickelung der einzelnen Anpassungserscheinungen nichts zu thun;
das erste Leben auf der Erde muss bei der Dunsthülle derselben
ohne direkte Insolation vor sich gegangen sein und erst später
konnte es sich mit der direkten Sonnenstrahlung abfinden. Die
ganze Entwicklungsgeschichte der Lebewesen spricht gegen die für
die frühere Botanik unerlässliche Annahme, dass Chlorophyll der
erst erschaffene aller organischen Körper ist. Weiter steht damit
in Einklang die Ermittelung von Engelmann, dass es ausser dem
Blattgrün auch andersfarbige Chromophylle bei niedersten Pflanzen
giebt, die genau ihrer physikalischen Absorptionskraft entsprechend
zur Assimilation von Kohlensäure geeignet sind. Unter den Kieselalgen finden sich solche Farbstoffe und auch das Bakteriopurpurin
der Beggiatoen ist nach Engelmann ein solcher, die Kohlensäure-
assimilation ermöglichender Farbstoff. Das Chlorophyll, welches schon
bei einer Bakterienart, dem bakterium chlorinum von Engelmann
gefunden wurde, wurde nur als das geeignetste Chromophyll quantitativ durch Anpassung und Auslese begünstigt. In diesen von
Pringsheim, Engelmann und Hueppe ermittelten Thatsachen
und Anschauungen liegt eine grundsätzliche Erweiterung der Pflanzen-
physiologie.

Die Thatsache, dass nitrificirende Bakterien kohlensaures Ammoniak, aber auch freie Luftkohlensäure und Ammoniak zur Assimilation verwenden können, wurde zwei Jahre später von dem russischen Forscher Winogradsky bestätigt, in wichtigen Einzelheiten ergänzt, während er den chemischen Vorgang der Synthese in gröbster Weise verkannte, indem er meinte, dass sich zuerst Harnstoff bildet, während in Wirklichkeit Harnstoff erst in Ammoniak verwandelt werden muss, ehe er in die Eiweisssynthese eintreten kann. Frankland jr. und Löw haben dagegen nach dieser Beziehung vielleicht eine Berichtigung meiner ersten Auffassung gebracht. Ich hatte nämlich keine salpetrige Säure als Zwischenstufe gefunden und deshalb eine direkte Oxydation des Ammoniaks angenommen:

$$\text{I.} \quad NH_3 + 2\,O_2 = HNO_3 + H_2O \quad \text{und}$$
Ammoniak Sauerstoff Salpetersäure Wasser

$$\text{II.} \quad CO_2 + H_2O = H_2CO_3 = CH_2O + O_2,$$
Kohlen- Wasser Kohlensäure- Form- Sauer-
säure   hydrat   aldehyd   stoff

während Löw annimmt:

$$\text{I.} \quad 2\,NH_3 + 2\,O_2 = 2\,HNO_2 + 2\,H_2,$$
Ammoniak Sauerstoff salpetrige Wasser-
                         Säure   stoff

$$\text{II.} \quad CO_2 + 2\,H. = CH_2O + H_2O.$$
Kohlen- Wasser- Form- Wasser.
säure   stoff   aldehyd

Die weitere Synthese von Kohlehydraten resp. Eiweiss vollziehen sich in der früher dargelegten Weise. Vielleicht kommen beide Möglichkeiten in Betracht, da ich wenigstens schon salpetrige Säure ganz vermisst habe, während Winogradsky jetzt sogar zwei Bakterienarten annimmt, von denen die eine nur Ammoniak zu salpetriger Säure, die andere salpetrige Säure zu Salpetersäure oxydirt. Um 1 mgr Kohlenstoff in organische Verbindung überzuführen ist nach Winogradsky die Oxydation von 35,4 mgr Stickstoff nöthig. Die Sache hat auch ein praktisches Interesse indem man durch Zusetzen oder Impfen mit Boden, der nitrificirende Bakterien enthält, manche Bodenarten im Ertrage steigern kann. Umgekehrt geben Burri und Stutzer an, dass auch bei der Reduction der Nitrate durch Nitrit zu Ammoniak zwei Bakterien symbiotisch thätig sein können.

Diese Entdeckung hat noch eine weitere interessante Folge. Die französischen Forscher Schlösing und Müntz hatten es schon früher wahrscheinlich gemacht, dass sich Mikrobien an der Verwitterung der Felsen betheiligen. Da aber chlorophyll-freie Mikrobien Kohlensäure, die unter diesen Umständen allein als Kohlenstoffquelle in Betracht kommen konnte, nicht assimiliren sollten, nahmen sie als derartige Quelle — Alkohol an und bemühten sich zu zeigen, dass Alkohol ein ungemein weit verbreitetes Produkt sei und überall auf der Erde vorkomme. Die Sache war fremd und so geistreich, dass sogar ernsthafte deutsche Zeitschriften sie ihren Lesern schleunigst berichteten und den Spott jeder gesunden Kritik gar nicht merkten. Die an der Verwitterung der Felsen betheiligten Mikrobien vermögen gerade so wie die im Boden und den Zwischen-decken unserer Wohnungen Salpeter bildenden Bakterien auch kohlen-saures Ammoniak zu assimiliren. Erst mehrere Jahre, nachdem die Sache durch mich in Deutschland bekannt war, entschlossen sich Schlösing und Müntz auf die Arbeit von Winogradsky hin ihre Ansicht zu ändern.

Dass es aber ausser der Sonnenstrahlung und der Oxydation von Ammoniak noch andere Energiequellen zur Ermöglichung von organischen Synthesen giebt, hat Winogradsky ermittelt. Er fand, dass die Eisenbakterien, Crenothrix und Leptothrix ochracea, welche die gefürchtete „Wasserkalamität", die z. B. früher einmal in der Berliner Leitung vom Tegeler See bestand, bewirken, ihre Energie durch Oxydation von Eisenoxydulverbindungen zu Eisenoxydverbin-dungen gewinnen können, z. B. von Ferrocarbonat zu Ferrihydroxyd

$$2 \, FeCO_3 + 3 \, H_2O + O = Fe_2(OH)_6 + 2 \, CO_2.$$

Die Einlagerung von Eisen in den Scheiden von Crenotheix war schon vorher von Zopf als Lebenserscheinung dieser Bakterien erkannt worden. Auf diese Weise betheiligen sich die Eisenalgen und Eisenbakterien an der Bildung der in alten Morästen abgelagerten Eisenphosphate und Eisenkiese und gehören zu den Gestein und ganze Erdschichten bildenden Mikroorganismen. Ferner können die durch Bakteriopur-purin gefärbten und die farblosen Schwefelbakterien, Beggiatoen, durch Verbrennung von Schwefelwasserstoff und von Schwefelkörnern zu Schwefelsäure ihre Energie gewinnen. Darauf dürfte das Auftreten der Schwefelkörner und deren Wiederverschwinden in den Beggia-toen beruhen. Die Bildung von Schwefelwasserstoff durch Ab-

spaltung aus Eiweiss oder durch Reduction von Sulfaten erfolgt
durch verschiedene Bakterienarten; die Oxydation dürfte in 2 Phasen
vor sich gehen:

$$\text{I.}\quad 2\ H_2S + O_2 = 2\ H_2O + S_2,$$

Schwefel-
wasserstoff $\qquad\qquad$ Schwefel

$$\text{II.}\quad S_2 + 2\ H_2O + 3\ O_2 = 2\ H_2SO_4.$$

Schwefel $\qquad\qquad\qquad\qquad$ Schwefelsäure

Bei der Reduction von Sulfaten durch Beyerinck's Spirillum
desulfuricans kann sich der Schwefelwasserstoff mit Eisensalzen
umsetzen unter Bildung von Schwefeleisen. In diesen Fällen reicht
jedoch kohlensaures Ammoniak zur Synthese nicht aus, so dass wir
physiologisch bereits eine höhere Stufe vor uns haben, doch dürften
sich vielleicht nach Engelmann unter den oft prachtvoll purpur-
roth gefärbten Beggiatoen Uebergangsglieder finden.

Noch in einer anderen Weise betheiligen sich Bakterien an der
Bildung von Erdschichten. Wenn Zellulose unter Wasser bei
Luftabschluss durch Bakterien zerlegt wird, so kann sich Essigsäure,
Buttersäure, Kohlensäure, aber auch Kohlenwasserstoff, Methan
(Sumpfgas oder Grubengas) und Kohle bilden, so dass man in diesen
bakteriellen Prozessen den Beginn der Kohlenbildung zu
sehen hat, deren bakterielle Beziehungen von van Tieghem auch
in alten Kohlen mikroskopisch wahrscheinlich gemacht wurden:

$$\text{I.}\quad 21\ C_6H_{10}O_5 + 11\ H_2O = 26\ CO_2 + 10\ CH_4 + 12\ H$$

Zellulose $\quad$ Wasser $\quad$ Kohlensäure $\quad$ Methan oder $\quad$ Wasser-
$\qquad\qquad\qquad\qquad\qquad\qquad\qquad$ Sumpfgas $\qquad$ stoff

$$+\ 19\ C_2H_4O_2 + 13\ C_4H_8O_2,$$

Essigsäure $\qquad$ Buttersäure

$$\text{II.}\quad C_6H_{10}O_5 + 4\ H_2O = 3\ CO_2 + 3\ H_2O + 4\ H_2 + C_3H_4,$$

Zellulose $\quad$ Wasser $\quad$ Kohlensäure $\quad$ Wasser $\quad$ Wasser- $\quad$ Kohlen-
$\qquad\qquad\qquad\qquad\qquad\qquad\qquad\qquad$ stoff $\qquad$ wasserstoff

$$\text{III.}\quad C_3H_4 + 2\ H_2 = C + 2\ CH_4.$$

Kohlen- $\quad$ Wasser- $\quad$ Kohle $\quad$ Grubengas
wasserstoff $\quad$ stoff

Bei Mineralquellen, die aus Moor oder Braunkohlenlagern kommen,
hält Gintl die aus derartigen Vermoderungsprocessen herstammende
Kohlensäure für die Hauptquelle der Kohlensäure dieser natürlichen
Mineralwässer.

Blachstein hat ermittelt, dass auch bei den Bakterien die
übrigen anorganischen Salze oft von grösster Bedeutung
sind und die richtige Wahl derselben mit darüber entscheidet, ob
krankheitserregende Bakterien ihre Giftigkeit behalten. Kühne und

noch genauer Proskauer gelang es dann sogar, die Tuberkelbacillen zur Vegetation zu bringen, wenn sie, bei Glycerin oder
Stärke als Grundlage der Nährlösungen noch Asparagin oder milch-
saures, weinsaures, apfelsaures und selbst oxalsaures Ammoniak
oder bei einer anderen Kohlenstoffquelle sogar andere Stickstoffsalze
nahmen.

Die Fähigkeit, je nach dem Nährmaterial die Körpersubstanz
und mit ihr für die einzelnen Arten besonders charakteristische
organische Farben oder Gährungsprodukte oder Gifte fast gleich
leicht analytisch und synthetisch darzustellen, ist bei den
Bakterien so auffallend vorhanden, wie wir es bei anderen Lebewesen
bis jetzt nicht kennen, so dass sie physiologisch mehr als
morphologisch eine Art Zwischenstufe zwischen Thier- und
Pflanzen darstellen. Wir wissen ja allerdings, dass jede Thier- und
Pflanzenzelle sowohl analytisch als synthetisch arbeitet und dass der
früher angenommene schroffe Unterschied, nach dem die Thiere
Oxydations-, die Pflanzen Reduktionsmechanismen sein sollen, in
dieser Weise nicht zutrifft, aber immerhin sind die Differenzirungen
beträchtlich.

Aber auch bei den Bakterien machen sich schon Differenzirungen
bemerkbar. Wenn auch einzelne Arten ebenso leicht synthetisch wie
analytisch zu arbeiten scheinen, sind andere Arten mehr an diese,
andere mehr an jene Arbeitsweise angepasst. Bei der Zerlegung
der abgestorbenen organischen Substanz, die sich in Form der Fäulniss und Verwesung als Zwischenglied im Kreislauf
von Thier und Pflanze eingeschoben findet, vermögen einzelne
Arten besser die komplizirten Verbindungen zu zerlegen, während
andere die Endprodukte verarbeiten.

Nach den Ermittelungen von Heraeus, Hueppe und Winogradsky stehen in letzter Hinsicht die nitrificirenden Bakterien
am tiefsten, ihnen schliessen sich die Eisen- und Schwefelbakterien
an. Durch die schönen Untersuchungen von Hellriegel und Wil-
farth wissen wir, dass wir in den Wurzelknöllchen von
Leguminosen und einigen anderen Pflanzen Bakterien zu sehen
haben, die mit den Pflanzen eine innige Verbindung,
eine Symbiose eingegangen sind, mit deren Hilfe diese

Pflanzen gerade auf schlechtem Boden befähigt werden, den Stickstoff der Atmosphäre zur Eiweisssynthese zu verwenden, während
ihr Blattgrün ihnen die synthetische Verwerthung der Kohlensäure
der Atmosphäre gestattet. In der Verwerthung dieser Entdeckung
ist einer der schönsten Fortschritte der Landwirthschaft zu
erblicken und durch Impfen mit Boden, der die Knöllchen-Bakterien
enthält und durch Kultiviren der entsprechenden Nutzpflanzen lässt
sich der Ertrag mancher armer Böden ohne Düngung beträchtlich
steigern. In Deutschland hat Schulz auf Lupitz sich grosse Ver-
dienste nach dieser Richtung erworben. Ohne eine solche direkte
bakterielle Hilfe müsste zur Existenz der Pflanze dem Boden der
Stickstoff in Form von Salpeter künstlich zugeführt werden oder
aber es müsste durch Dünger reichlich organische Substanz zugeführt
werden, aus der sich durch bakterielle Zerlegung Ammoniak bilden
kann und dieses Ammoniak müsste erst im Boden durch nitrificirende
Bakterien zu Salpeter oxydirt werden.

Wird organische Substanz zerlegt, so betheiligen sich meist
mehrere Arten von Mikrobien daran derart, dass einige Arten gemeinsam und gleichzeitig wirken. Man bezeichnet dies als
Symbiose. Bei der Bereitung von Reisbier in Japan betheiligen
sich auf diese Weise Aspergillus Oryzae, der die Stärke des gekochten
Reis invertirt oder verzuckert, während darauf Bakterien aus dem
Zucker Milchsäure und Hefen daraus Alkohol bilden. Nach Juhler
ist diese Hefe vielleicht nur die Sprossform des Aspergillus selbst
und nicht eine andere Sprosspilzart. Bei der Arrak-Bereitung in
Java und bei Reisbier in China liefert nach Eijkman eine Mucorart
das invertirende Ferment, während die Gährung der Melasse durch
Hefen unbekannter Art und durch eine verzweigte Bakterienart (Fig. 22)
veranlasst wird. Bei der Bereitung des eurasischen Kumys aus Stuten-
milch und des Omeïre aus Kuhmilch in Südwest - Afrika wirken
Bakterien und Hefen zusammen, um aus Milchzucker Milchsäure
und Alkohol zu bilden. Ein wirkliches Zusammenwachsen findet sich
bei den Kefirkörnern, einer Symbiose von Bakterien und Hefen, welche
gemeinsam eine Gährung des Milchzuckers der Kuhmilch mit Bildung
von Milchsäure und Alkohol veranlassen; diese Kefirkörner werden
im Kaukasus seit Jahrhunderten künstlich gezüchtet. Nach Unter-

suchungen von D u c l a u x, A d a m e t z, G r o t e n f e l t, B e y e r i n c k giebt es allerdings auch Hefen, die Alkohol und Milchsäure aus Milchzucker bilden, also allein eine derartige alkoholische Gährung der Milch hervorrufen können.

Dann folgen andere Arten, die für die weiteren Prozesse geeigneter sind; ein solches Aufeinanderfolgen nennt man M e t a b i o s e. Die Endglieder, welche den Anfängen und dem Ende der Zerlegung am besten angepasst sind, treten dann oft in einen gewissen Gegensatz oder A n t a g o n i s m u s. Ein solcher Gegensatz besteht also einmal ausserhalb in der Zerlegung des organischen Materials zwischen den Erregern der Anfangsstadien der Eiweissfäulniss und den synthetisch arbeitenden nitrificirenden Bakterien, aber auch oft zwischen krankheitserregenden und fäulnisserregenden Bakterien. Ein anderer Gegensatz besteht zwischen den Arten, welche bei Luftzutritt und denen, die bei Luftausschluss leben, worauf P a s t e u r schon längst hingewiesen hat.

Aktives Eiweiss, Ptomaïne, Leukomaïne.

Bei der Zerlegung von Eiweiss bilden sich Körper, die chemisch selbst noch als Eiweiss gedeutet werden müssen und die heftige G i f t e sind. Gerade durch solche Gifte kommt die Wirkung der meisten krankheitserregenden Bakterien zu Stande. Giftige Eiweisskörper wurden zuerst 1884 von B r u y l a n t und V e n n e m a n, dann 1886 von W e i r - M i t c h e l l und E. T. R e i c h e r t im Schlangengifte, von W a r d e n und W a d d e l l, von S i d n e y M a r t i n und später von K o b e r t und S t i l l m a r k in Pflanzen nachgewiesen, auch die Giftigkeit des Blutserums vom Aal war 1888 durch M o s s o beobachtet. Diese Beobachtungen, die allem widersprachen, was man von solchen Nährstoffen, wie es die Eiweisskörper sind, annehmen durfte, wurden anfangs wenig beachtet oder sogar von B r i e g e r als grobe chemische Irrthümer bezeichnet. Man hatte sich mit dem Begriffe aktiver Eiweisskörper noch wenig vertraut gemacht, trotzdem P f l ü g e r ihn 1875 angedeutet, L ö w 1887 klar ausgesprochen hatte, und die älteren Arbeiten über Fermente waren nicht beachtet worden.

N e n c k i und später, aber viel eingehender B r i e g e r und V a u g h a n war es nämlich gelungen, aus Faulflüssigkeiten, gefaultem

Fleisch, Fischen, Muscheln, altem Käse, verdorbener Milch und aus
Bakterienkulturen chemisch definirbare organische Basen darzustellen,
welche giftig wirkten und deshalb eine Zeit lang als die wahren
Bakteriengifte aufgefasst wurden. Diese Gifte sind sehr interessant weil
sie zum Theil vielleicht als Leichengifte oder Ptomaïne wirken und
gerichtsärztlich in Betracht kommen können, oder welche, wenn sie
im menschlichen Körper selbst gebildet und nicht durch Spaltungen
und Oxydation unschädlich gemacht und beseitigt werden, dort als
Selbstgifte oder Leukomaïne zur Wirkung kommen. Aber sie sind
es nicht, denen die eigentliche Giftwirkung der Bakterien zuzu-
schreiben ist.

Man kennt schon über 50 solcher Ptomaïne, deren empirische
Formel bekannt ist, und darunter einige, deren genaue chemische
Zusammensetzung feststeht. Der erste dieser Körper war das von
Nencki dargestellte Collidin $C_8H_{11}N$. Trimethylamin $C_3H_9N = (CH_3)_3N$
veranlasst einen Geruch wie von Heringslake. Interessant wurde
besonders das von Brieger aus gefaulten Leichentheilen und Cholerakulturen dargestellte Cadaverin $C_5H_{14}N_2$ dadurch, dass Ladenburg
es synthetisch darstellte und als Pentamethylendiamin $(NH_2)_2(CH_2)_5$
erwies. Das als Oxydationsprodukt von Kreatin bereits bekannte
Methyl-Guanidin $C_2H_7N_3 = (NH)_2 . C(NH_2)CH_3$ wurde auch aus
Faulflüssigkeiten und Bakterienkulturen isolirt. Am interessantesten
ist die Cholingruppe. Cholin $C_5H_{15}NO_2$ entsteht bei der hydroly-
tischen Spaltung des Gehirnfettes, des Lecithins, S. 53; seiner Constitution nach ist Cholin Trimethyloxäthylammoniumoxydhydrat
$= (CH_2)_2 . OH . N(CH_3)_3 . OH$. Aus Gehirn stellten Liebreich und
Bayer auch das Neurin $C_5H_{13}NO$ dar und Bayer erkannte das-
selbe als Trimethylvinylammoniumoxydhydrat $= C_2H_3 . N(CH_3)_3 . OH$.
Cholin ist nur sehr wenig giftig, Neurin aber stark giftig; durch
Wasseraustritt und dadurch herbeigeführte Atomumlagerung wird aus
einem wenig giftigen ein sehr giftiger Körper: $\underset{\text{Cholin}}{C_5H_{15}NO_2} - \underset{\text{Wasser}}{H_2O}$
$= \underset{\text{Neurin}}{C_5H_{13}NO}$; Cholin wurde durch Bayer auch künstlich in Neurin
übergeführt.

Durch Oxydation kann aus Cholin das ungiftige, im Safte der
Runkelrübe nachgewiesene Betaïn oder Trimethylglycocoll und das

sehr giftige im Fliegenschwamm (agaricus muscarius) von Schmiede-
berg und in Faulflüssigkeiten von Brieger. nachgewiesene Muscarin
hervorgehen:

$$C_5H_{15}NO_2 + O_2 = C_5H_{11}NO_3 + H_2O,$$
Cholin Betaïn

$$C_5H_{15}NO_2 + O = C_5H_{15}NO_3.$$
Cholin Muscarin

Bei der gemeinsamen Grundlage von Trimethyläthylammonium-
hydrat $CH_3.CH_2.N(CH_3)_3.OH$ können die Constitutionsformeln nach
Vaughan einen Begriff geben, wie die Verwandtschaft dieser ungiftigen, wenig und sehr giftigen Substanzen sich gestaltet:

$$
\begin{array}{llll}
CH_2OH & CH_2 & CO.OH & CH_2.OH \\
| & \| & | & | \\
CH_2 & CH & CH_2 & CH.OH \\
| & | & | & | \\
N(CH_3)_3.OH & N(CH_3)_3.OH & N(CH_3)_3.OH & N(CH_3)_3.OH. \\
\text{Cholin} & \text{Neurin} & \text{Betaïn} & \text{Muscarin}
\end{array}
$$

Viel genannt wurde auch das Spermin, welches nach Kobert
identisch mit Piperazin oder Diäthylendiimin $(NH)_2(CH_2)_4$ sein soll
während Poehl dies bestreitet und ihm die Formel $(C_5H_{14}N_2)_x$
zuspricht.

Das von Vaughan in Käse entdeckte Tyrotoxicon scheint von
Buttersäure oder Butylaldehyd abzustammen. Interessant ist es,
dass sich auch ein Farbbase oder Farbptomaïn gefunden hat, das
Pyocyanin $C_{14}H_{14}NO_2$, welches die Farbe des blauen oder blaugrünen
Eiters bewirkt und von Ledderhose dem Anthracen verwandt
gehalten wird.

Bei der Darmfäulniss können vielleicht als Produkte der bakteriellen Zersetzung ähnliche Körper basischer Art aus dem Darm-
inhalte abgespalten werden, die giftig sind, aufgesaugt werden und
so als Selbstgifte oder Leukomaïne zur Geltung kommen. Vielleicht
ist etwas derartiges bei den als Koma und Tetanie bezeichneten
Krankheitssymptomen im Gang. Ausserdem entstehen im Körper
Produkte der regressiven Metamorphose, welche in grösseren Mengen
angehäuft als Selbstgifte und Ermüdungsstoffe wirken. Diese Stoffe
sind z. Th. verwandt mit den Ptomaïnen.

Bei den Vergiftungen mit zersetztem Fleisch oder Wurst, mit
Käse oder Milch dürften nach Versuchen in meinem Laboratorium
die Ptomaïne nicht oder nur untergeordnet in Betracht kommen und

giftige Eiweisskörper das entscheidende sein. Solche giftige Eiweisskörper bilden sich in den Anfängen der Eiweissfäulniss stets. Dieselben sind als aktive Eiweisskörper aufzufassen, haben zum Theil
enzymartige Wirkungen und ihre Giftigkeit wird entsprechend durch
höhere Temperaturen aufgehoben.

Christmas und Hankin ermittelten als erste, dass auch
krankheitserregende Bakterien solche primäre eiweissartige Gifte bilden oder noch genauer ausgedrückt
Gifte bilden, die man bis jetzt nicht von den Eiweisskörpern trennen kann. Auch diese Gifte sind als aktives Eiweiss
aufzufassen, hierher gehören die Gifte bei Diphtherie, Tetanus und
Cholera. Auch die Wirkung dieser Gifte wird durch Erhitzen aufgehoben, das aktive Eiweiss in ein passives umgewandelt.

Ich lege den Schwerpunkt auf „aktiv", nicht auf „Eiweiss".
Unsere bisherige Eintheilung der Eiweisskörper, wie sie besonders
von Hoppe-Seyler und W. Kühne ausgearbeitet wurde, bezieht
sich nnr auf „passive" Eiweisskörper. Diesem Schema fügen sich
manche der „aktiven" Eiweissstoffe, die wir als Gifte kennen, gar
nicht recht. Einzelne dieser Körper sollen aber auch in diesem
Sinne überhaupt keine Eiweisskörper sein. Züchtet man nämlich
die betreffenden Bakterien auf eiweissfreien Nährböden z. B. mit
milchsaurem Ammoniak oder Asparagin, so tritt wohl meist Giftwirkung auf, aber es gelingt nicht immer, Eiweissreaktionen der
filtrirten Lösungen zu erhalten. Demgegenüber ist aber daran festzuhalten, dass das Gift stets nur einen geringen Bruchtheil der
ganzen Lösung ausmacht. In eiweisshaltigen Lösungen hat man
stets etwas Gift neben viel ungiftigem Eiweiss, beurtheilt aber die
Intensität der Reaktion oft fälschlich nach letzterem, weil wir kein
chemisches Trennungsmittel kennen, um giftiges aktives und un-
giftiges passives Eiweis derselben Gruppe zu unterscheiden Wenig
giftiges Eiweiss in anderer Lösung kann sich aber unseren Reaktionen
auf Eiweiss entziehen. So bringt z. B. ein Theil Lab zwei Millionen
Theile Kaseïn zur Gerinnung; in einer für Meerschweinchen tödtlichen Dosis von Tetangift ist nach Vaillard nur 0,00025 Gr. festes
Gift enthalten und nach Kobert und Stillmark sind 0,00003 Gr.
Ricin pro 1 Kgr. Thier bei intravenöser Injection tödtlich. So geringe

Mengen können sich den groben Reaktionen der Eiweiss-Chemie entziehen, auch wenn sie im Thierversuche sich deutlich zu erkennen
geben.

Aus diesen Gründen kann, ja muss man vorläufig diese Gifte
nach der Art ihrer Wirkungen als „aktives Eiweiss" auffassen. Nachgewiesen sind sie unter den koagulirbaren Eiweisskörpern, die deshalb der Hitze gegenüber weniger widerstehen als die unter die
Gruppe der Albumosen und Peptone gehörigen Gifte. Die ausserordentliche „Aktivität" erinnert an die der Enzyme, so dass Roux
das Diphtheriegift und Nencki ganz allgemein alle diese Gifte als
enzymartig bezeichnet hat. Auch die Enzyme fügen sich dem
Schema nicht ganz. Der Thatsache der ausserordentlichen „Aktivität"
gegenüber wäre noch zu überlegen, ob man diese Gifte nicht im
früher begrenzten Sinne Enzyme nennen darf, oder ob man nicht
wegen der Erkenntniss einer viel weiter verbreiteten Aktivität der
Eiweisskörper nach Nencki's Vorschlag den Begriff der Enzyme
lieber weiter fassen soll.

Wirkung der Bakterien auf das Substrat.

Von den ältesten Beobachtern über Infusionsthierchen, zu denen
lange Zeit auch die Bakterien gerechnet wurden, von denen ich
nur Leeuwenhoek, O. F. Müller, von Gleichen-Russworm,
Ehrenberg und Dujardin anführen will, bis zu Ferdinand
Cohn, Josef Schröter und Robert Koch gab es stets Forscher,
welche eine strenge Konstanz von Formen und Arten unter
den Bakterien annahmen. Diese Beobachter bestimmten die
Gattungen und Arten ausserdem, wie im ersten Abschnitt dargelegt
wurde, direkt nach den Formen und kamen so zu Formgattungen und Formarten, deren einzelne Formen stets gleich sein
sollten. Wurden in dieser Idee bei Wechsel der Ernährungsbedingungen andere Formen beobachtet, so wurden diese nur auf
das Eindringen der Keime anderer Arten zurückgeführt. Traten
ausserdem andere Wirkungen auf, so galt dies erst recht als ein
Beweis dafür, dass fremde Keime sich eingeschlichen hatten. Reine
Formen und reine Wirkungen sollten sich stets decken. In diesem
Sinne hatte F. Cohn die Bakterien nach ihren Wirkungen in

farbstoffbildende oder chromogene, gährungserregende
oder zymogene und krankheitserregende oder pathogene Arten eingetheilt und so durch physiologische Merkmale ein weiteres Eintheilungsprinzip für seine Formarten besonders
dort gewonnen, wo die Formen wegen ihrer Kleinheit keine weitere
Unterscheidung gestatteten. Manche der so gewonnenen Arten sind
allerdings Sammelspecies, die sich bei genauerer Kenntniss der Entwickelung in mehrere Arten auflösen; dahin gehören z. B. B. termo,
B. subtilis oder Heubacillus, B. mensentericus oder Kartoffel- und
Erdbacillus; solche Namen werden dementsprechend bald in einem
weiteren, bald in einem engeren Sinne gebraucht.

Indem man so zunächst das Unterscheidende scharf
betonte, erkannte man, dass es unter den Bakterien so gut wie
unter Spaltalgen oder Pilzen verschiedene Gattungen und Arten
gibt. Diese Ermittelungen bildeten, unterstützt durch eine sorg-
fältige von J. Schröter begonnene, von Klebs und besonders
von R. Koch genial weiter gebildete Methodik, die vorzüglichste
Grundlage für alle weiteren Forschungen. Die Ermittelungen von J. Schröter und Hueppe über die Pigmentbakterien,
von Pasteur, F. Cohn, Fitz, Duclaux und Hueppe über die
Gährungs- und Fäulnissprocesse, von Davaine, Pasteur, R. Koch,
Gaffky und Löffler über krankheitserregende Bakterien haben
die unerschütterliche Grundlage der modernen Bakteriologie gelegt.

Anfangs nahm man an, dass bei jeder typischen Gährung oder
Infektionskrankheit ein einziger Mikroorganismus ursächlich betheiligt
sei. Aber schon Mitscherlich hatte entdeckt, dass die Hefen
der Ober- und Untergährung verschieden sind, ich fand dann, dass
es nicht eine Art, sondern eine ganze Reihe von Bakterienarten giebt,
welche aus Zucker Milchsäure bilden, und Aehnliches wurde später
für alle anderen Zersetzungen ermittelt. Die Art des Zuckers ist
dabei so bestimmend über das, was geschieht, dass man sich auch
vom bakteriologischen Gesichtspunkte ausdrücken könnte, dass jeder
Milchsäureerreger bestimmt Zucker zu bevorzugen scheint. Auch
bei der Oxydation des Alkohols zu Essigsäure hat Hansen neben
dem von Kützing und später von Pasteur entdeckten Erreger
noch einen dritten festgestellt. Für die Krankheitserregung wurde

Aehnliches in einer später genauer darzulegenden Weise ermittelt. Der Begriff der „specifischen" Erreger von Gährungen, Farben, Seuchen hat sich damit gegen früher sehr stark verschoben.

Als Zersetzungen, welche durch die erregenden Anstösse von Bakterien hervorgerufen werden, über deren chemische Seite vorher das Wichtigste mitgetheilt ist, kennen wir besonders die Milchsäuregährung des Zuckers, bei der häufig als Nebenprodukte Alkohol und Essigsäure auftreten; ferner die Alkoholgährung des Zuckers, bei der nebenbei stets Milchsäure entsteht; die Buttersäuregährung von Zucker und milchsauren Salzen; die Bildung von Alkohol und Buttersäure aus Glycerin; die schleimige Gährung von Zucker mit Bildung von Gummi oder Mannit; die Dextrangährung der Kohlehydrate; Schleimbildung aus Eiweissarten; die Bildung von blauer und rother Milch, welche letztere in verschiedener Weise erfolgen kann; die Bildung von blauem Käse; die Fluorescenz und Phosphorescenz von Kulturen; die Bildung von Ammoniak und Schwefelwasserstoff; die Bildung von Salpetersäure und Essigsäure.

Ueber das Vorkommen und die Herkunft der Bakterien kann man ganz allgemein sagen, dass sie oder ihre Keime fast überall zu finden sind. Im Boden, im Wasser, in der Luft findet man sie. Aber man bemerkt auch bald Unterschiede. Im Boden sind es die oberflächlichen Theile, in denen sich durch den Wechsel von Feuchtigkeit und Trockenheit, von ab- und zunehmender Temperatur begünstigt, nicht nur enorme Mengen, sondern auch zahlreiche Arten von Bakterien finden. Im Boden sind sie an der Zersetzung der organischen Stoffe, an der Ueberführung derselben in Ammoniak, an der Oxydation dieses Ammoniaks zu Salpetersäure, an der Bildung von Kohlensäure betheiligt, so dass wir in den Bakterien die wichtigsten Erreger der Fäulniss und Verwesung genannten Zersetzungen zu sehen haben. Der Boden wirkt aber auf die Bakterien wie ein Filter, so dass die Zahl derselben nach unten schnell abnimmt und der Boden in einer Tiefe von 4 bis 6 m bereits keimfrei ist. Vom Boden gelangen die Bakterien in das Wasser, in dem wir überall Keime derselben finden, wenn dasselbe nicht aus der keimfreien Tiefe stammt. Im Wasser sind die Bakterien ebenfalls an der Zerlegung der organischen Substanzen betheiligt, zum

Theil allerdings auch an der Umwandlung anorganischer Verbindungen von Schwefel und Eisen. Im Schlamme der Flüsse und Seen, wo Sauerstoffmangel herrscht, veranlassen sie die Bildung von Sumpfgas, Wasserstoff, Schwefelwasserstoff und rufen so die Anfänge der Kohlenbildung hervor. Die Zahl und die Menge der Arten hängt im Boden und Wasser auch davon ab, ob viel zersetzungsfähige Substanzen vorhanden sind. In der Nähe unserer Wohnungen, in Niederungen von Flüssen und Seen, in den Flussdeltas ist dies in hohem Maasse der Fall und dort treffen wir auch die intensiveren Zersetzungen mit zahlreichster Bakterienvegetation. Manche Arten wie B. termo, Heu- und Erdbacillen sind dabei scheinbar in der ganzen Welt verbreitet, andere sehr selten oder von ganz localer Bedeutung. So scheint die Heimath der Kommabacillen der asiatischen Cholera in den berüchtigten Sunderbunds des Ganges zu liegen. So haben vermuthlich auch andere derartige Fäulnissherde ihre bakteriologischen Besonderheiten, die sie zur Heimath besonderer Krankheitserreger machen. Die Erreger von malignem Oedem und Starrkrampf findet man häufig in Gartenerde. Die überaus seltenen Bakterien der Blutwunders habe ich in einem Brunnen bei Wiesbaden gefunden. Andere solcher seltenen Arten treten gelegentlich einmal auf unseren Nahrungsmitteln auf, ohne dass wir ihre Herkunft ermitteln können, um dann jahrelang nicht mehr wiederzukehren.

Zu den selteneren Arten müssen im Allgemeinen auch die Gährungs- und Krankheitserreger gerechnet werden, wenigstens insofern, als sie sich in diesen ihren besonderen Fähigkeiten auf die Dauer nur zu halten pflegen, wenn sie öfters Gelegenheit haben, Gährungen oder Krankheiten hervorzurufen. Das setzt aber eine wenn auch noch so primitive Industrie oder eine gewisse Anhäufung von Menschen und Thieren voraus.

Während es nicht gelingt, mit noch so kräftigen Luftströmen Keime vom feuchten Erdboden oder von Wasserflächen abzuheben, treten die Keime beim Austrocknen des Bodens oder der Wasserränder mit dem Staub, sonst nur beim Zerstäuben von Wasser in die Luft. Je nach dem Grade der Verunreinigung sind sie auch in der Luft ganz verschieden vertheilt, nach den Höhen nehmen sie ab und B. Fischer konnte sie in der Luft des Meeres in einiger Entfernung vom Lande nicht mehr finden.

Praktische Ergebnisse für die Technik.

Auch praktisch sind diese bakteriologischen Ermittelungen von Einfluss gewesen. Wie die Gährungsgewerbe durch die Forschungen von Pasteur und Hansen über Hefen einen Ausbau erfuhren, haben die grundlegenden Arbeiten von Duclaux und Hueppe über die Zersetzungen von Milch und Käse einen vollständigen Umschwung im Molkereigewerbe angebahnt. Die daneben einhergehenden Verbesserungen durch Einführung der Separatoren, der besseren Stallhaltung und Fütterung brauche ich nur anzudeuten, um mich gegen den Vorwurf einer einseitigen Auffassung zu schützen.

Am bekanntesten ist die Sterilisirung der Milch. Bis zu meiner Arbeit galt es als feststehend, dass man Milch mit den üblichen Temperaturen nicht sterilisiren kann. Ich ermittelte, dass und unter welchen Bedingungen man Milch unterhalb der Siedetemperatur sterilisiren kann — man nennt dieses Verfahren, dessen Anwendbarkeit auf Milch Pasteur als unmöglich erklärt hatte und um dessen Ausarbeitung sich auch Tyndall verdient gemacht hat, Pasteurisiren: weiter stellte ich fest, wann Milch bei Siedetemperatur keimfrei gemacht werden kann und dass man zu wirklicher transportfähiger Dauermilch die Temperatur von 120° nöthig hat oder das Kondensiren wählen muss. Nachdem Soxhlet ganz kurz vor Erscheinen meiner Arbeit noch die von einigen Industriellen beobachtete günstige Beeinflussung der Milch durch Pasteurisiren auf die nachträgliche Abkühlung derselben zurückgeführt hatte, hat er auf Grund meiner Feststellungen später die unter seinem Namen gehende Behandlung sterilisirter Kindermilch eingeführt, die thatsächlich nichts weiter als eine industrielle Verwerthung meiner Ermittelungen ist, die ich Jedem freigestellt hatte.

Naegeli hatte wie vor ihm schon Pasteur beobachtet, dass sterilisirte Milch nachher nicht sauer, sondern gerade umgekehrt alkalisch wird und hatte angenommen, dass dabei die Säureerreger durch die Hitze modificirt und umgezüchtet würden. Ich konnte feststellen, dass die Säurebildner durch die Hitze vernichtet werden, dass aber daneben in der Milch widerstandsfähige Sporen von anderen Bakterien vorkommen, welche der Hitze widerstehen, nachher auskeimen und dabei die Milch alkalisch und bitter machen. Die Bakterienarten, welche hierbei in Betracht kommen und die der Mehrzahl nach zur Sammelgruppe der Heu- oder Kartoffelbacillen gehören, wurden später noch von Löffler, Weigmann, Krüger, Flügge erforscht, und Flügge und ich ermittelten, dass einige dieser Bakterien ausserdem eiweissartige Gifte bilden können.

Die Milch wird dabei ausserdem durch Bildung von Pepton meist bitter, doch scheint es nach v. Freudenreich, dass einzelne Bakterien dabei vielleicht noch andere Bitterstoffe bilden können.

Bei der Milchsäuregährung, um die sich meine Schüler Scholl und Grotenfelt, später noch Weigmann, Krüger, Conn, Kaiser verdient machten, stellte zuerst Grotenfelt, später auch Weigmann genauer fest, dass einige Milchsäureerreger in Milch und Zuckerlösungen einen feinen aromatischen Geruch veranlassen. Ich hatte den deutschen milchwirthschaftlichen Verein bereits 1889 darauf hingewiesen, dass die Milchwirthe solche reinkultivirten Arten von Milchsäurebakterien überall dort zur Säuerung des Pasteurisirten Rahms verwerthen sollten, wo man Butter aus saurem Rahm macht, was in Deutschland überall nördlich des Main und in Skandinavien der Fall ist. Grotenfelt hat in Finnland diese Rahmsäuerung eingeführt, Weigmann hat sie in Holstein empfohlen, Storm und Böggild haben sie in Dänemark mit solchem Erfolge eingeführt, dass Butter aus solchem Rahm in den letzten Jahren dort überall die ersten und meisten Preise errungen hat. In Deutschland, wo das Verfahren von meinem Laboratorium ausgegangen ist, ist man in der Verwerthung der Sache noch weit zurück, woran zum Theil der Umstand Schuld trägt, dass die Milchwirthe die Sache nicht energisch genug selbst förderten, sondern zu einseitig nach Staatsunterstützung riefen. Wie nothwendig aber ein energisches Aufraffen der Landwirthe mit oder ohne Staatsunterstützung ist, ergiebt sich aus der ganzen Lage der Butterfrage. Der Ersatz der Butter durch „Kunstbutter", die eigentlich Margarine sein sollte und aus Rinderfett hergestellt werden müsste, hat aus dem einfachen Grunde die Frage nicht lösen können, weil gutes Rinderfett selbst theuer ist, weil desshalb ausnahmslos in der Margarinefabrikation ein oft ekelhafter theilweiser Ersatz durch andere Fette platzgegriffen hat und weil desshalb thatsächlich die Margarine überall weit über ihren Werth bezahlt wird und kein billiger Ersatz für Butter ist. Andererseits wird die Butter in den kleinen Wirthschaften oft so schlecht und mit so ungenügender Reinlichkeit behandelt, dass es diesem Indifferentismus der Producenten gegenüber immerhin begreiflich ist, wenn die Konsumenten oft die stets appetitlich präparirte Margarine vorziehen.

Auch am Reifen des Käses sind Bakterien betheiligt, die das Reifen, d. h. die Umwandlung des Käsestoffes und die Bildung aromatischer Körper bewirken, aber auch solche, welche „Krankheiten" des Käses, d. h. eine schlechte Reifung und Giftbildung bewirken können. Diese Studien wurden besonders von Vaughan, von Freudenreich, Adametz, Beyerinck gefördert, und, wenn man von der Verwendung von „Edelpilz" d. h. einer Varietät des grünen Pinselschimmels bei Roquefort und Gorgonzola absieht, so hat Persyn, mit angeregt und theilweise durch mich unterstützt, zuerst reine Massenkulturen von Bakterien zur Erzeugung eines vorzüglichen, wiederholt preisgekrönten Edamer Käses verwendet.

Das Ranzigwerden der Butter unter Bildung von Fettsäure beruht nach Duclaux und Ritsert auf der Oxydation des Fettes durch den Sauerstoff der Luft bei Gegenwart von Licht, z. Th. aber auch nach Krüger und v. Klecki auf Säurebildung aus Milchzucker. Die erstere Zersetzung kann durch sorgfältigen Abschluss der Butter gegen Licht und Luft, die letztere durch Salzen und Erhitzen verhütet werden. Früher wurde die erstere Art der „Rancidität" mit der letzten Art der „Acidität" meist durcheinander geworfen.

Nach Haenlein dürfen wir hoffen, dass auch die Gerberei aus der Bakteriologie praktischen Nutzen ziehen wird. Auch die Lösung der Leinstengel im Wasser als Vorbereitung zur Flachsröste beruht auf einem bakteriologischen Zersetzungsvorgange, dessen genaueres Studium vielleicht noch besonders geeignete Bakterienarten zu isoliren und in Reinkulturen zu verwenden gestattet.

In den Fällen, in denen Reinkulturen von Bakterien zur Erzielung einer bestimmten und gewollten Wirkung verwendet werden, handelte es sich stets darum, eine bestimmte Art von Bakterien zu gewinnen und die Konstanz dieser Art zur Erzeugung ganz bestimmter Produkte zu benutzen. Man könnte also denken, die Konstanz der Farben oder Gährung oder Krankheit erregenden Bakterien sei eine vollkommene und die Art der Bakterien sei die wahre Ursache der Wirkung.

Wirkungscyklen und Anpassung.

Die Sache ist aber doch etwas anders. Perty, Billroth, Naegeli haben bereits die Artkonstanz der Bakterien verneint und Billroth führte alle krankheitserregenden Bakterien auf eine von ihm Kokkobakteria septika genannte Art zurück, während Naegeli Form und Wirkung der Bakterien schrankenlos in einander übergehen lassen wollte. Zuerst gelang es nun Buchner, die Milzbrandbacillen so zu behandeln, dass dieselben keine Krankheit mehr bewirkten, sondern sich wie einfache Fäulnissbakterien verhielten, was er allerdings nicht ganz richtig deutete, und als Umwandlung der Milzbrandbacillen in Heubacillen auffasste. Dann beobachtete Pasteur, dass die Bakterien der Hühnercholera ihre Fähigkeit, Krankeit zu erregen, einbüssen können.

Aehnliches wurde später für die meisten Krankheitserreger ermittelt. Fitz stellte dasselbe zuerst für Bakterien der Buttersäuregährung fest, und ich ermittelte mit Scholl und Grotenfelt dasselbe für die Milchsäureerreger, während Schottelius und Scholl es für Pigmentbakterien sicher stellten.

Die Fähigkeit der Bakterien, bei ihrem Wachsthum auf todten Substraten oder in lebenden Organismen Farben, Gährungsprodukte, Gifte zu bilden oder Krankheit zu veranlassen, ist thatsächlich wandelbar. Diese Fähigkeit kann abnehmen, aber sie kann auch unter Umständen zunehmen.

Die Bakterien stehen bei und zur Deckung ihres Nahrungs-
und Energiebedarfs in einem Abhängigkeitsverhältnisse von den Ernährungsbedingungen. Bleiben diese gleich, so bleibt auch die
Wirkung der Bakterien eine gleiche. Aendern sich die Existenzbedingungen, so kann dreierlei passiren. Entweder die Bakterien
passen sich nicht an und sterben ab, oder sie bilden Dauerformen
welche die Art bis zum Eintritt besserer Verhältnisse erhalten, oder
sie ändern sich nach Form und Wirkung und passen sich damit
den neuen Verhältnissen an. Die Bedingungen, unter denen
die Bakterien leben, entscheiden darüber, ob dieselben veränderlich oder unveränderlich sind. Die
Arten der Farben, Gährungen und Krankheiten erregenden Bakterien sind damit thatsächlich nicht als Arten im naturhistorischen Sinne, sondern als Ernährungsmodifi-
kationen ermittelt.

Auf diese Weise kann man vollständige „Wirkungscyklen" erkennen. So bilden z. B. nach Fitz die Buttersäurebacillen aus Sac-
charaten Buttersäure als Hauptprodukt und Butylalkohol als Neben-
produkt, während sie aus Glycerin neben Buttersäure reichlich normalen
Butylalkohol und als Nebenprodukte Propylglycol und Milchsäure
bilden. Die Rotzbakterien bilden auf Kartoffeln unter Abnahme
der Giftigkeit ein braunes Pigment; die gelben Eiterkokken (Staphylokokkus pyogenes aureus) bilden eine goldgelbe Farbe, rufen Eiterungen hervor und bewirken in Zuckerlösungen die Entstehung von
Milchsäure; die Kommabacillen der Cholera asiatica veranlassen
Cholera beim Menschen, bilden auf Kartoffeln einen gelben bis braunen
Farbstoff und rufen in Zuckerlösungen die Bildung von Linksmilchsäure hervor; das gewöhnliche Darmbakterium (b. coli commune)
vegetirt in der Regel als harmloser Saprophyt im Darm, veranlasst
aber auch schwere Erkrankungen und Entzündungen, bildet in Zuckerlösungen eine Milchsäuregährung und auf Kartoffeln ein gelbes bis
braunes Pigment. Der Mikrokokkus prodigiosus erregt auf stärke-
haltigen Substanzen wie Kartoffeln, Hostien das Entstehen rother,
später grün fluorescirender Flecken, welche früher als Wunder-
erscheinung des Blutens der Hostien aufgefasst wurden, aber bei
höheren Temperaturen bewirkt er, ohne Farbe zu bilden, eine kräftige

Milchsäuregährung. Schon die einfache Möglichkeit, Parasiten oder Gährungserreger auf verschiedenen todten Nährböden in Reinkulturen zu gewinnen und fortzupflanzen, d. h. als harmlose Saprophyten zu gewinnen, zeigt, dass es unmöglich ist, die Bakterien nach ihren Wirkungen in physiologische Arten zu trennen und specifisch zu sondern.

Das ist so ziemlich das Gegentheil der Vorstellungen, welche in vorsichtiger Weise Ferdinand Cohn und Schröter, in schroffer Weise R. Koch darlegten. Nach letzterer Auffassung würde der an sich konstante Bacillus die „Ursache" der typischen oder specifischen Gährung oder Seuche sein und er allein würde das Gleichbleiben der Wirkungen ergeben.

In Wirklichkeit passt sich der Bacillus den Bedingungen an und bleibt gleich, so lange diese gleich bleiben, ändert sich aber, wenn diese sich ändern. Das Gleichbleiben der äusseren Bedingungen, mit denen sich die Bakterien auseinandersetzen müssen, entscheidet über das Gleichbleiben der Wirkungen. Welche Bedeutung das hat, giebt vielleicht folgende Ueberlegung. Wenn Jemand eine Bakterienkrankheit bekommt, z. B. Tuberkulose, so kann man nach Koch nur den Tuberkelbacillus beschuldigen. Gerade das hat in den Augen der urtheilslosen Menge, aber auch vieler bequemer Aerzte die Bakteriologie so populär gemacht. Man brauchte sich nicht mehr um die eigenen Fehler und Sünden zu bekümmern. Kam etwas, so war man moralisch gedeckt und im Vollbewusstsein des eigenen Werthes wies man jetzt so auf die Bakterien, wie vorher auf die Erkältung. Jetzt müssen wir diesen Wahn und Selbstlug zerstören mit dem Hinweise darauf, dass die Bakterien nur Gährungen erregen, wenn sie unter geeigneten Bedingungen gährfähige Substanzen treffen, nur Krankheit und Seuche erregen, wenn sie eine Krankheitsanlage vorfinden, die wir als Sünden Anderer, durch Erbschaft oder durch eigenes und fremdes Verschulden besitzen. Wo keine Anlage zur Seuche vorhanden ist, kann uns der Bacillus höchst gleichgültig sein. Wir haben kein Recht mehr länger auf die schlechten Bakterien zu schimpfen, sondern müssen uns selbst in's Gebet nehmen und bessern.

Es ist nicht damit gethan, dass man sich — das nöthige Kleingeld vorausgesetzt — elf Monate im Jahre unvernünftig benimmt, dann zu einem medicinischen Tetzel geht und sich als Ablass eine vierwöchentliche Badereise verschreiben lässt. Für die Mehrzahl der Menschen ist es richtiger, wenn sie durch eine verständige Lebensweise sich in eine Verfassung bringen, dass ihnen die Bakterien nichts anhaben können. Das ist in kurzen Worten der praktische Sinn der bakteriologischen Ermittelungen über Koch hinaus. Weniger bequem, aber naturwissenschaftlich richtiger!

Diese Bedeutung der Bedingungen geht auch weiter daraus hervor, dass, wenn man krankheitserregende oder gährungserregende oder farbenbildende Bakterien längere Zeit unter Bedingungen züchtet, unter denen sie diese Wirkung nicht ausüben können, sie allmählich sich den neuen Bedingungen so vollkommen anpassen, dass sie ihre ursprüngliche Wirkung ganz verlernen. In unseren Laboratorien sind auf diese Weise durch das fortwährende Züchten in Nährgelatine oder Bouillon manche Krankheits- und Gährungserreger zu harmlosen Saprophyten geworden. Wartet man nicht zu lange, so kann man durch entsprechende Rückübertragung unter Wahl der ursprünglichen Bedingungen die abgeschwächten Bakterien wieder an ihr ursprüngliches Wirken gewöhnen.

Die Bakterien passen sich bei Aenderung der Bedingungen auch der Form nach an die Verhältnisse an. So bilden sich beim Strahlenpilz die charakteristischen Formen nur im thierischen Organismus; so sind z. B. die sogenannten Tuberkelbacillen gar keine Bacillen im Sinne der Systematik der Bakterien, sondern eine parasitische Wuchsform einer vielgestaltigen Pilzart. In dieser Beziehung wurde nun festgestellt, dass es Arten der Bakterien gibt, die einen kleinen Formenkreis durchlaufen, während andere Arten viele Formen in ihrem Entwicklungsgange zeigen, worüber besonders Untersuchungen von Zopf und Winogradsky Aufklärung gebracht haben. In der ersten Zeit wurde die Vielgestaltigkeit der Arten mit der Veränderlichkeit der einzelnen Formen nach dem Substrate meist durcheinandergeworfen; eine Verirrung, der ich schon vor Jahren ein Ende machte, indem ich zeigte, dass vielgestaltige Arten verhältnissmässig formbeständig, und dass umgekehrt die Formen einfacher Arten sehr veränderlich sein können. Werthvolle Einzelheiten haben noch Buchner, Gruber und Metschnikoff ermittelt.

Wenn man nun künstlich die Wirkungen der Bakterien beeinflusst, z. B. wenn man krankheitserregende Bakterien so abschwächt, dass sie auf Thiere weniger oder nicht mehr von Einfluss sind, so kann die Form sich dabei im Sinne einer Entartung ändern und die Art wirkt nicht nur mangelhafter, sondern sie wächst auch schlechter. Aber man kann die „specifische" Wirkung herabsetzen, indem die Formen dabei kräftig bleiben oder sogar kräftiger wachsen. In diesen Fällen haben sich die Krankheitserreger der Fäulniss angepasst und sind einfache Saprophyten geworden.

Die Fähigkeit der Bakterien, Farben, Gährungen, Gifte zu bilden und Seuchen zu erregen erweist sich bei genauerem Forschen als ein Anpassungsverhältniss und diese Thatsache gestattet, die so überaus verwickelte Frage der Ursachen der Seuchen naturwissenschaftlich zu betrachten, während die Koch'sche Auffassung von der Artkonstanz der „specifischen" krankheitserregenden Bakterien als „Ursache" der Seuchen von vornherein auf eine naturwissenschaftliche Darlegung verzichtet. Mit Aufgeben des durch die thatsächlichen Ermittelungen der letzten zehn Jahre widerlegten Standpunktes von Koch ist die Bakteriologie von dem naturhistorischen zu dem naturwissenschaftlichen Standpunkte übergegangen und fortgeschritten.

Kurze Beschreibung der wichtigsten krankheits-
erregenden Bakterien.

Den Ausgangspunkt dieser Ermittelungen bildet die Beobachtung, dass sich bei einigen Seuchen ganz bestimmte, der Form nach scharf gekennzeichnete Bakterien fanden, z. B. nach Obermeier bei Rückfallfieber schraubige Fäden, nach Koch beim Milzbrand Stäbchen, bei Rothlauf Kettenkokken. In dieser Art der Forschung, die man auch Bakterien-Jägerei genannt hat, wurden allmählich bei vielen seuchenartigen Erkrankungen, aber auch bei sogenannten Organkrankheiten wie Lungenentzündung und bei constitutionellen Krankheiten wie Schwindsucht, Mikrobien, meist aus der Klasse der Bakterien gefunden und zwar so, dass man dieselben ursächlich bei diesen Krankheiten betheiligt erkannte. Hierzu hat Koch drei Nachweise gefordert 1. sollen diese Mikrobien sich bei der Krankheit in einer Zahl und Anordnung finden, dass ihre Anwesenheit alle Symptome erklären kann, 2. sollen dieselben rein kultivirt werden und 3. sollen die Reinkulturen, auf Versuchsthiere übertragen, dieselbe Krankheit hervorrufen.

Dieser Beweis konnte nun für viele solcher Bakterien geführt werden, z. B. für die Erreger von septikämischen Krankheiten wie Milzbrand, für die Tuberkulose. Dagegen versagten die Beweise 2 und 3 schon bei Rückfallfieber, der Beweis 1 konnte für Tetanus und Diphtherie, der Beweis 1 und 3 für Cholera nicht gebracht werden.

Man musste also weiter gehen. Das erste, was erkannt, aber in seinem ausschlaggebenden Werthe nicht beachtet wurde, war die Krankheitsanlage. Nur wenn das Thier für die betreffende Seuche disponirt war, konnte man ihm künstlich die Seuche beibringen. War keine Disposition vorhanden, so erkrankte das Thier nicht oder in anderer Weise. Dann wurde beobachtet, dass einzelne Bakterien nicht mechanisch durch ihre Anwesenheit und Vermehrung in den Organen zur Wirkung gelangten, sondern chemisch durch die Bildung von Giften. Es ist auffallend, dass K o c h, der schon 1878 die erste derartige Beobachtung machte, 1880 noch seine 3 Forderungen so schroff aufstellen konnte. Dann ergab sich, dass man nicht alle bei Séuchen mikroskopisch wahrnehmbaren Bakterien kultiviren konnte, so dass dann weder Reinkulturen noch Uebertragungen derselben auf Thiere möglich waren. Weiter stellte sich heraus, dass die Formen nicht stets deutlich, typisch, specifisch waren, so dass die einfachen Formmerkmale der früheren Zeit oft versagten und weitere differentialdiagnostische Merkmale gesucht werden mussten. Manche Bakterien sind für gewöhnlich unschädlich, können aber unter besonderen Umständen seuchenartige Erkrankungen veranlassen.

Nach diesen Ermittelungen stösst jede Eintheilung zur Zeit auf unüberwindbare Schwierigkeiten. Gruppirt man nach den Gattungen der Bakterien, so reisst man die Krankheitsgruppen auseinander, gruppirt man nach den Krankheiten, so trennt man die Bakteriengattungen von einander. Oft weiss man nicht, ob man auf die Organerkrankung und die Lokalisation in einzelnen Organen oder Geweben oder auf die Allgemeinwirkung das Hauptgewicht legen soll. Die Gründe für diese vielen, auf den ersten Blick überraschenden Besonderheiten werden sich später, wenn ich zur naturwissenschaftlichen Besprechung der Aetiologie übergehe, sehr einfach darstellen lassen. Vorläufig möge deshalb die folgende Uebersicht genügen. Ich werde zunächst von Infektion oder infektiösen Organismen sprechen, wenn einige wenige übertragene Keime sich im Menschen oder Versuchsthiere zahlreich vermehren, von giftigen oder toxischen Bakterien, wenn wenige übertragene Keime im Wirthsorganismus Gifte bilden und von Intoxication oder Vergiftung, wenn nur die direkt übertragene Giftmenge entscheidet. Virulenz ist allgemein die Fähigkeit im menschlischen Organismus zu wachsen oder Gifte zu bilden.

Eine Gruppe von Bakterien wirkt durch Gifte, welche sie ausserhalb des Menschen bei der Zersetzung von todtem organischem Material bilden, ohne selbst im Thierkörper zu wuchern. Diese Gruppe von Thatsachen

wurde zuerst von Panum 1874 sicher gestellt. Hierher gehören
viele Fäulnissbakterien, wobei es jedcch vorkommen kann, dass
diese Bakterien später, wenn der Körper durch die Gifte geschwächt
ist, auch zur Vermehrung im Organismus gelangen.

Proteus, von Hauser 1885 entdeckt, wurde früher vermuthlich zur Sammelspecies B. termo gestellt; er bildet kugelige Zellen,
Stäbchen, die sich zu langen Fäden vereinigen; er gehört also zu
den Arthrobakterien. Die vegetativen Stäbchenformen haben zahlreiche diffuse Geiseln; keine Gram'sche Färbung; verflüssigt die
Gelatine unter aashaftem Gestank. Hunde erkranken bei intravenöser
Injection mit blutigem Erbrechen und blutigen Diarrhoen und ik-
terischer Verfärbung der Sklera. Dieselbe hämorrhagische Enteritis
stellt sich bei filtrirten Kulturen ein, so dass also eine reine Vergiftung vorliegt. Kaninchen und Meerschweinchen verhalten sich
bei intravenöser und intraperitonealer Infektion ähnlich. Bei Mäusen
dagegen vermehrten sich die Bakterien auch in den Organen und
werden bei öfterem Passiren dieser Thiere virulenter, so dass schliesslich
bei Mäusen eine reine Infektion vorliegen kann. Beim Menschen
findet sich der Proteus bei jauchigen und stinkenden phlegmonösen
Prozessen, bei sog putrider Intoxication, im Harn beim fieberhaften
Ikterus und in einigen Fällen von Hadernkrankheit.

Pyocyaneus, von Gessard entdeckt, ist in Stäbchen- und Faden-
form bekannt und als ein Arthrobakterium aufzufassen und durch die
blaugrüne bis lauchgrüne Farbe der Kulturen ausgezeichnet, über Pyocyanin cfr. S. 73. Bei Kaninchen ruft er meist nur eine allgemeine
Vergiftung hervor; bisweilen ist er jedoch sehr virulent und es erfolgt
eine Vermehrung im Organismus, so dass schon eine richtige Infektion
vorliegt. Bei Kindern ist er in Fällen von allgemeiner hämorrhagischer
Sepsis und bei schweren Diarrhoen gefunden worden, wobei jedoch die
Giftwirkung bestimmender als die Vermehrung war. Gelegentlich fand
er sich auch bei Entzündungen seröser Häute, während er auf
Wunden sich mehr durch die Färbüng des Verbandmateriales als
durch eine Wucherung bemerkbar macht.

Bei diesen beiden Fäulnissbakterien ist schon der Unterschied
zwischen Vergiftung, giftigen Bakterien und infektiösen Bakterien
nicht scharf durchzuführen und nur für das Vorkommen beim

Menschen können sie als wesentlich durch Giftwirkung thätig in Betracht kommen. Nach dieser Hinsicht will ich noch kurz erwähnen, dass Bakterien, welche für den Menschen und höhere Thiere ganz wirkungslos sind und weder infektiös noch giftig wirken, für niedere Thiere wie Insekten infektiös sein können z. B. der sogenannte Heubacillus für Fliegen.

Ferner können Bakterien, die im obigen Sinne weder infektiös noch giftig sind, in grösseren Mengen für die Versuchsthiere und zwar für Warmblüter tödtlich wirken. Das Bakterienprotoplasma oder Bakterien-Proteïn ist in grösseren Mengen als ein heterogenes fremdes aktives Eiweiss für die Thiere giftig, wie ich dies für eine ganze Reihe von harmlosen Bakterien und für andere Eiweissarten experimentell nachgewiesen habe; früher hatten schon Landois, Daremberg, Buchner ermittelt, dass das Blutserum einer Art die Blutkörperchen einer anderen Art auflöst; so tödten nicht lebender M. prodigiosus oder Heubacillus die Thiere so gut wie todte krankheitserregende Bakterien und zwar so gut wie infektiöse und giftige Bakterien. Bei den Versuchsanordnungen ist deshalb neben dem mit übertragenen Gifte, welches auch ohne Bakterien also z. B. nach Entfernen der Bakterien von den giftigen Kulturlösungen durch Filtration zur Wirkung gelangt, auch die Menge des übertragenen Bakterienprotoplasmas mit zu beachten.

Der Uebergang von der Infektion zur Intoxication, von der Seuche zur Vergiftung, ist also ein mehrfacher und verschiedenartiger und oft kommen alle diese Dinge neben einander vor. Wenige Bakterien — in vielen Fällen experimentell sicher gestellt, eine einzige z. B. bei subcutaner Infektion sehr virulenter Milzbrand bei weissen Mäusen oder Hühnercholera bei jungen Kaninchen — genügen zur Infektion. Die Bakterien vermehren sich und überwuchern die Organe, dabei bilden sie Gifte oder Toxine, welche den Wirthsorganismus krank machen; aber im Maasse der Vermehrung sterben auch die älteren Keime ab und wirken als fremdes Protoplasma schädlich. Indem sich die Bakterien vermehren, greifen sie das Eiweiss des Körpers an und spalten aus demselben Gifte ab, was sowohl ausserhalb der Bakterienzellen, als innerhalb derselben vor sich gehen kann, aber zunächst eine reine Spaltung, ein anaërober Vorgang ist. Aber die Bakterien können auch im Blute oder Gewebssaft den

absorbirten Sauerstoff verzehren und dafür Kohlensäure bilden. Es findet
also auf diese Weise eine Kohlensäureüberladung des Blutes und Wärme-
bildung statt, welche letztere sich in der Temperatursteigerung d. h.
im Fieber äussert, worauf C. Roser zuerst hingewiesen hat. Aber
die durch die Bakterien gebildeten Gifte können auch die Wärmeregu-
lirungszentren erregen und so mehr typisch auf die Temperatur
wirken. Meist sind am Resultate, d. h. dem Krankheitsvorgange
und seinen Symptomen alle diese Wirkungen oder mehrere derselben
gleichzeitig betheiligt, woraus sich die individuellen Abweichungen
von dem traditionellen Krankheits-Schema ergeben. Man darf
sich die „specifischen" Wirkungen der Bakterien nicht
zu einfach und schematisch vorstellen. Stets handelt
es sich um eine Wechselwirkung, einen Kampf der
complicirten Bakterienzellen mit den complicirten
Körperzellen. Im Allgemeinen meint man unter der „specifischen" Giftwirkung von Bakterien die Wirkung des ausserhalb oder
innerhalb der Bakterienzellen aus dem Eiweiss abgespaltenen Giftes
oder Toxines. Das Bakterienprotoplasma vermag ähnlich, wie dies
bereits bei Farbbakterien direkt von mir ermittelt war, auch solche
„specifischen" Gifte aus Eiweis abzubauen, aber auch aus den Elementen z. B. aus milchsaurem Ammoniak oder Asparagin aufzubauen.
Diese Gifte sind also nach ihren Wirkungen nicht identisch mit
der allgemeinen Wirkung des Bakterienprotoplasmas als Proteïn.
In letzterer Hinsicht habe ich gezeigt, dass diese Giftwirkung des
Proteïns, auch wenn sie von Bakterien ausgeübt wird, stets in
der Herabsetzung der Temperatur besteht, während die
„specifische" Giftwirkung bald in Steigerung der Temperatur, bald in
Herabsetzung derselben besteht, sich aber in anderen Fällen in anderen
Symptomen z. B. Lähmungen oder Krämpfen oder Nekrosen äussert,
denen gegenüber die Einwirkung auf die Temperatur nebensächlich ist.

Noch vor etwa 10 bis 12 Jahren war es überaus leicht, die
krankheitserregenden Bakterien zu beschreiben und zu definiren,
z. B. Milzbrandbacillen sind Mikrobien, welche sich stets typisch bei
Milzbrand im Organismus finden und bei Uebertragung wieder Milzbrand veranlassen. Heute ist nur noch das erste einigermaassen
richtig, aber in Bezug auf die Uebertragung kann man fast ebenso

gut sagen, dass Milzbrandbakterien keinen Milzbrand veranlassen, ein sonderbarer Widerspruch, der sich aber sehr einfach löst. Die Virulenz der Bakterien schwankt und das erschwert den Abschluss von vielen Untersuchungen. Auf diese Dinge gehe ich erst später im Zusammenhang ein, erwähne sie aber schon jetzt, um die grossen naturwissenschaftlichen Mängel der üblichen schematischen Darstellungen hervorzuheben, nach der specifische Bakterien angeblich die „Ursache" specifischer Seuchen sein sollen.

Neben den Intoxicationen durch ausserhalb gebildete, in·den Thierkörper eingeführte Bakteriengifte stehen unmittelbar die septikämischen, pyämischen, phlegmonösen und erysipelatösen Processe. Wenn man Versuchsthieren Faulflüssigkeiten intravenös, subcutan oder interperitoneal einbringt, so sterben die Thiere nicht immer an den mit übertragenen Giften, sondern in den Faulflüssigkeiten können sich, besonders zu Anfang der Eiweissfäulniss, Bakterien finden, die sich im Organismus der Versuchsthiere vermehren. Verläuft dieser Vorgang im Blute, so nennen wir dies Septikämie; die sichtbaren Veränderungen gehen nicht über Blutungen oder Hämorrhagien hinaus. Treten jedoch ausserhalb der Blutgefässe mehrfache metastatische Lokalisationen in Form von Eiterungen hinzu, so sprechen wir von Pyämie. Verläuft die Wucherung in der Haut, so erhalten wir Rothlauf oder Erysipel, verläuft sie subcutan, so entstehen Phlegmonen. Eine scharfe Grenze gibt es dabei aber nicht und dieselbe Bakterienart ruft bald dies, bald jenes hervor.

Milzbrand (Fig. 24). Die Milzbrandbacillen wurden zuerst 1849 von Pollender, 1850 von Davaine und Rayer beobachtet, von Davaine und besonders von Koch, der auch die Sporenbildung entdeckte, genau erforscht. Die Milzbrandbacillen sind unbewegliche Stäbchen, je nach dem Kulturmedium von 1—1,5 μ Breite und ca. 5—10 μ Länge; die Grösse und selbst die Form der Stäbchen wechselt nach den Ernährungsbedingungen. Im Blute sind sie isolirt oder in kurzen Fäden vorhanden, die jedoch ausserhalb und in Kulturflüssigkeiten zu langen verfilzten Scheinfäden auswachsen. Die abgeschwächten Milzbrandbacillen können auch im Blute lange Fäden bilden, ähnlich wie der Bacillus des malignen Oedems. Er färbt sich nach Gram. In

Kulturen ist der Milzbrandbacillus wenig anspruchsvoll, er gedeiht in Gelatine, Agar, Bouillon, auf Kartoffeln und bildet überall leicht erkennbare Fadengewirre. In Bouillon bildet er in der Tiefe, nicht an der Oberfläche, Wolken von verschlungenen Fäden. Er wächst zwischen 12—42° C., am besten bei Bluttemperatur; über 42° machen sich Störungen im Wachsthum bemerkbar. Die Endosporen bilden sich zwischen 18 und 42° und zwar mit steigender Temperatur schneller und zahlreicher. Der Organismus ist ein typischer Bacillus. Zur Sporenbildung gehört Zutritt von Sauerstoff, so dass dieselbe nur ausserhalb des Thierkörpers erfolgt.

Im Blute beobachtet man bei den Färbungen, dass die einzelnen Stäbchen nicht abgerundet, sondern scharf abgesetzt oder sogar gelenkartig wie Bambusstäbe aufgetrieben sind, während die ungefärbten frischen Stäbchen in den Kulturen, aber auch im Blute oft abgerundet

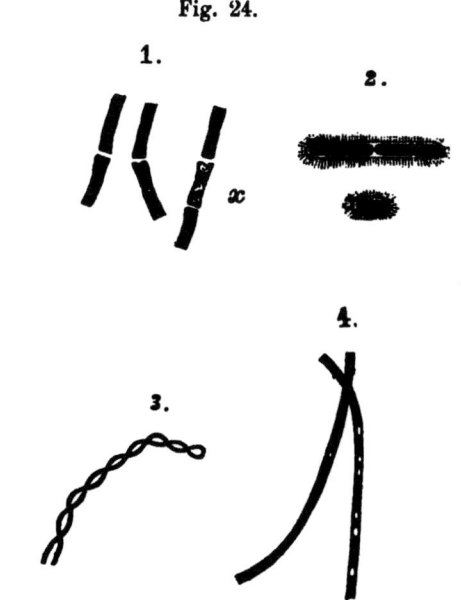

Fig. 24.

Milzbrandbacillen nach Photogrammon.
Fig. 1. Aus Milzsaft mit Vesuvin gefärbt, vergr. 1 : 1200.
Fig. 2. Mit Kapseln im Blute, vergr. 1 : 1000.
Fig. 3. Rand einer Kultur, Umschlingungen der Fäden, sogen. Spirulinen. vergr. 1 : 300.
Fig. 4. Sporenbildung in ungefärbten frischen Präparaten, vergr. 1 : 500.

sind; oft sieht man im Blute auch deutliche Kapselbildungen um die Bacillen. Die europäischen Schafrassen, Rinder, Ziegen, Pferde, sowie Edel- und Rehwild sind sehr empfänglich für Milzbrand, die algerischen Schafe sind immun. Die Landrassen der Schweine und Wildschweine scheinen immun, die besseren Rassen wenig empfänglich zu sein. Hunde bekommen nur bei intravenöser

Infektion Allgemeinerkrankung, bei subcutaner Application entstehen Abscesse; junge weisse Ratten sind empfänglich, alte bekommen in der Regel nur örtliche Abscesse und nur bei grösseren Mengen ausserdem öfters auch Septikämie.

Gewöhnliche Frösche und Laubfrösche sind bei Zimmertemperatur gegen Milzbrand immun, erliegen aber bei Steigerung der Temperatur, wobei jedoch die Laubfrösche widerstandsfähiger sind; Kröten erliegen auch bei Zimmertemperatur. Haushühner sind immun, können aber durch Abkühlen, Tauben ausserdem auch durch Hungern für Milzbrand empfänglich gemacht werden.

Der Mensch ist nur mässig empfänglich und an der Injectionsstelle entsteht stets eine örtliche Affection in Form des Karbunkels sowohl an der Haut als Pustula maligna, als im Darm als Mykosis intestinalis. Der Karbunkel heilt oder aber es kann von ihm aus zur Allgemeininfektion und zur Septikämie kommen.

Die Infektion von der Lunge kommt bei Leuten vor, die sich mit Zerzupfen und Sortiren von Wolle beschäftigen. Diese Form nennt man Woolsorter's disease oder Hadernkrankheit. In einigen Fällen von Hadernkrankheit handelt es sich nicht um Milzbrandbacillen, sondern um Proteus. Die Infektion von der Haut aus erfolgt durch den Stich von Insecten, die an milzbrandkranken Thieren gesaugt und die Stäbchen aufgenommen haben, oder aber durch Uebertragung von Sporen bei Leuten, die mit Häuten hantiren. Der Lungen- und Darmmilzbrand ist stets auf Infektion mit Sporen zurückzuführen. Buchner zeigte experimentell, dass die Inhalation von Sporen leicht zur Allgemeininfektion ohne Lokalisation in der Lunge führt, während die Inhalation von Bacillen zuerst eine Lungenentzündung bewirkt. Der rein contagiöse Wundmilzbrand tritt nur sporadisch auf oder betrifft nur einzelne Fälle einer Epidemie. Die Sporeninfektionen bei den Thierepidemien erfolgen stets abhängig von Aussenverhältnissen, indem sich die Sporen auf abhängigen Theilen von Wiesen oder dort bilden, wo Milzbrandkadaver verscharrt wurden. Die Stallepidemien sind darauf zurückgeführt, dass Heu von solchen Oertlichkeiten verfüttert wurde.

Die intrauterine Infektion täuscht oft Vererbung vor. Die gesunde Placenta wird von den Bacillen nicht passirt, wohl aber geschieht dies, wenn ihre Gefässe verletzt sind, also bei Hämorrhagien. Das Placentagewebe von Kaninchen neigt mehr hierzu als das von Schafen, so dass bei den ersteren häufig, bei den letzteren sehr selten eine intrauterine Infektion erfolgt. Die Hämorrhagien können gelegentlich wohl von einem Vollpfropfen der Kapillaren mit Bacillen durch Platzen derselben herrühren, also mechanischer Art sein, dürften aber in der Regel auf Giftwirkung zu beziehen sein. Hankin, Brieger und C. Fränkel stellten aus Kulturen eine giftige Albumose dar, während neuerdings Marmier die Eiweissnatur des Giftes bestreitet.

Bei dem Karbunkel kommt es meist zu einer Mischinfektion mit anderen Mikrobien, die dann secundär zu anderen Septikämien oder zu Pyämie führen können; auf diese Weise kommt es vor, dass Leute, die bereits vom Milzbrand geheilt waren, nachträglich doch sterben.

Schweinerothlauf und Mäuse-Septikämie. Die Bakterien sind äusserst feine Stäbchen von 0,1—0,2 μ Dicke und 0,8—1,0 μ Länge. Endo-Sporenbildung ist nicht mit Sicherheit beobachtet, die Bacillennatur ist also noch unsicher. In Gelatine wachsen sie im Stiche in Form einer Bürste, während die einzelnen Kolonien fast wie Knochenzellen aussehen; auf Kartoffeln wachsen sie nicht; auf Agar nicht so charakteristisch wie in Gelatine; nach Gram bleiben sie gefärbt. In Schweinen rufen sie einen reinen kutanen Rothlauf hervor, der in grossen Flecken auftritt: secundär folgt ein Uebergang ins Blut, in dessen Zellen die Bacillen eingeschlossen sind (Fig. 25 B), doch kommen sie auch im freien Zustande vor. Kaninchen bekommen an der Infektionsstelle ebenfalls Erysipel und von da ausgehend später Septikämie. Hausmäuse und besonders die weissen Mäuse sind überaus empfänglich und erkranken von vornherein an Septikämie; nach dem Tode findet man die Mäuse in charakteristischer Stellung mit gekrümmtem Rücken sitzend verendet.

Die edlen Schweinerassen sind viel empfindlicher als die Landschweine, während Rinder, Schafe, Pferde, Fleischfresser, Meerschweinchen und besonders auch Feld- und Waldmäuse geradezu unempfindlich sind. Die virulenten Kulturen werden durch Passiren von Kaninchen weniger, durch Passiren von Tauben mehr virulent. Die natürliche Infektion der Schweine dürfte durch die Nahrung erfolgen und die Bacillen gelangen mit den Excrementen nach aussen z. B. in Faulflüssigkeiten. In letzteren verlieren sie in Folge der Concurrez mit anderen Mikrobien allmählich ihre Virulenz. Aus solchen Faulflüssigkeiten isolirte K o c h die Bakterien 1878 als Erreger der Mäuseseptikämie, während L ö f f l e r 1882 die Kulturen aus Schweinen gelangen.

S e p t i k ä m i a h ä m o r - r h a g i c a. Unter diesem Namen habe ich Krankheiten zusammengefasst, deren Erreger je nach ihrer ersten Auffindung zunächst für ganz verschiedene Arten gehalten worden waren. Hierhin gehören die Erreger der Kaninchenseptikämie von K o c h, die sich zu den bei den grösseren Hausthieren gefundenen hierher gehörigen Arten gerade so verhalten wie Mäuseseptikämie zum Schweinerothlauf, ferner die Hühnercholera von P e r - r o n n c i t o und P a s t e u r, die Wild- und Rinderseuche von B o l l i n g e r, K i t t und H u e p p e und die

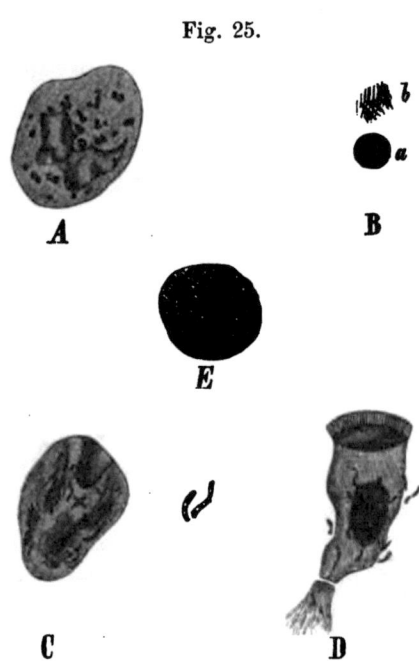

Fig. 25.

A

B

E

C   D

In Zellen eingeschlossene Bakterien nach Photogrammen; die Zellkerne sind in Folge der Präparation etwas verändert.
A Gonokokken aus Trippereiter; vergr. 1 : 1000.
B Schweinerothlauf 1 : 800; a Blut-Zelle mit Stäbchen, b scheinbar freie Kolonie von Stäbchen, die jedoch einer ursprünglichen Zelle entspricht.
C Lepra in der Unterhaut; sogenannte Leprazelle. Die Zelle ist mit Leprastäbchen vollgepfropft, so dass man oft den Kern nicht sieht und deshalb freie Kolonien von Bakterien vorgetäuscht werden. 1 : 1000; daneben einige freie Leptostäbchen, in Folge von Plasmolyse in Form von Kokkothrix.
D Darmepithelium mit Cholerabakterien nach van E r m e n g h e m. 1 : 700.
E Tuberkelbakterien in einer Eiterzelle im Sputum. 1 : 1000.

deutsche Schweineseuche, welche L ö f f l e r als solche beschrieben hat.

Die Erreger sind in Form von Kugeln, Kurzstäbchen und längeren Stäbchen bekannt, in denen durch Plasmolyse bei der Färbung meist Polkörner entstehen; es sind arthrospore Bakterien, die sich nach G r a m entfärben. Das Wachsthum in Gelatine auf Agar und Kartoffeln ist wenig charakteristisch, die Bakterien sind unbeweglich. In Peptonlösungen bilden sie Phenol und Indol. Die Bakterien rufen bei grösseren Thieren von der Haut aus phlegmonös-erysipelatöse, von der Lunge aus pneumonische Processe hervor während man im Darm nur selten stärkere Veränderungen findet; von den Einbruchstellen aus erfolgt sekundär eine Allgemein-Infektion in Form von Septikämie. Bei Hühnern tritt bei Verfüttern Enteritis, bei intramuskulärer Anwendung eine schollige Necrose der Muskulatur ein, an beide schliesst sich oft die Allgemeininfektion an. Bei wenig empfänglichen Thieren bilden sich nur örtliche Abscesse und Necrosen.

Ist der Organismus an Säugethiere angepasst, so ist er für diese relativ virulenter als für Geflügel, ist er für Geflügel angepasst, so ist es umgekehrt, so dass man in den Extremen zwei besondere Varietäten von Säugethier- und Geflügel-Septikämie vor sich zu haben glaubt, die man aber ineinander überführen kann; auch bei natürlichem Vorkommen ergeben solche Schwankungen der Virulenz Abweichungen in den Angaben der Autoren. Die Unterschiede im Verhalten der Schweine und Rinder in den Stallungen ergeben sich aus den Differenzen in der Stallpflege und Fütterung, wobei die Schweine mehr gefährdet sind, so dass man öfter Schweineseuchen als Rinderseuchen beobachtet. Wo im Freien Wildschweine neben anderem Wild vorkommen, erkranken stets alle empfänglichen Arten. Diese Wildseuche wurde früher stets für Milzbrand gehalten. Die Krankheit ist übertragbar auf Rinder, Hausschweine, Wildschweine, Pferde, Edel-, Dam-, Rothwild, Kaninchen, Meerschweinchen, für welche ganz besonders das obige über die Virulenz gilt, ferner auf Mäuse, dann auch auf Hühner, Tauben, Gänse, für welche letztere Arten von Geflügel ebenfalls das über Virulenz Ge-sagte zu beachten ist. Dieser Krankheit steht wohl auch die Büffelseuche in Italien nahe, deren Erreger Indol, jedoch kein Phenol bilden.

Verschieden hievon ist der Erreger der Schweinepest, den Selander zuerst genauer ermittelte. Diese Bakterien sind der Form und der Kultur nach ähnlich, aber sie sind lebhaft beweglich, und sie gelatiniren die Milch unter Alkalibildung nach Hueppe, Caneva und Bunzl-Federn, während die Bakterien der Septikaemia hämorrhagia die Milch unter Säurebildung zur Gerinnung bringen, so dass hiermit eine einfache und sichere Differential-Diagnose möglich ist. Identisch hiermit ist die amerikanische Schweineseuche oder Hogcholera von Salmon und Swineplague von Billings. Ob in Amerika daneben noch die deutsche Schweineseuche vorkommt ist etwas unklar geblieben, während umgekehrt die skandinavisch-amerikanische Schweinepest wenigstens sporadisch schon in Deutschland beobachtet ist. Die Krankheit tritt besonders als schwere Darmaffection auf.

Eine dritte von Rietsch und Joubert entdeckte Gruppe hat der Form nach ähnliche, aber lebhaft bewegliche Bakterien, welche die Milch durch Säurebildung zur Gerinnung bringen und in Peptonlösungen Phenol und Indol bilden. Diese Seuche wurde in Südfrankreich bei Schweinen als aus Algier eingeschleppt beobachtet. Aehnliche Organismen fand Eberth in Fällen von Frettchenseuche und spontaner Kaninchenseptikämie. Der Unterschied gegenüber der ersten Gruppe liegt in der Beweglickeit der Bakterien und darin, dass die Schweine mehr an Enteritis leiden, ähnlich wie bei der Schweinepest.

Seit zwei Jahren wurde in Norddeutschland öfters eine Seuche bei Ferkeln beobachtet, mit Diphtherie des Dickdarms. Nach Deupser waren stets bewegliche Bakterien vorhanden. Leider wurde die so überaus einfache Differentialdiagnose zwischen Schweinepest und algierisch-französischer Schweineseuche nicht gestellt.

Diese Erkrankungen der Schweine zeigen die Bedeutung der Bakteriologie für die Diagnose in auffallender Weise. Die deutsche Schweineseuche hat ihre Heimath vermuthlich in den Alpen, so dass ihre epidemische Ausbreitung im Jahre 1895 bis nach Ungarn und Serbien wenig Auffallendes hat. da sporadische Fälle schon seit Jahren vorgekommen, aber mit Milzbrand oder Schweinerothlauf verwechselt worden sein dürften; den ersten Fall in Böhmen habe ich im Sommer 1895 beobachtet.

Die Eiterbakterien im strengen Sinne sind die Staphylokokken, welche ihren Namen von Ogston erhielten, weil die Kokken im Gewebe oft traubenförmig angeordnet sind; in den Kulturen sind es Mikrokokken, welche gelbe, orange, weisse Farben zeigen und hiernach auch als st. pyogenes aureus, citreus oder albus unterschieden werden; sie verflüssigen die Gelatine und bringen Milch zur Gerinnung; sie färben sich nach Gram. In Röhrchen subcutan eingeführt, wirken sie auf weisse Blutkörperchen positiv chemotaktisch, d. h. sie locken dieselben direkt an. In Kulturen dieser Bakterien wurde von Christmas der erste giftige Eiweisskörper bakterieller Herkunft ermittelt. In Thieren rufen sie je nach der Virulenz lokale Eiterungen, Pyaemie oder aber auch Septikaemie hervor, beim Menschen sind sie in Abscessen und bei der Knochenmarkentzündung beobachtet. Die Fähigkeit der Eiterbildung ist aber durchaus nicht auf diese Mikrobien beschränkt.

Wenn durch mechanische Insulte oder durch Bakteriengifte Körperzellen vernichtet sind, so lockt dieses nekrotische Gewebe die weissen Blutkörperchen an, welche an die Aufgabe angepasst sind, die Saftbahnen freizuhalten, und welche dabei das resorptionsfähige Material für den Körper verwerthen helfen. Das Auswandern der weissen Blutkörperchen erscheint in dieser Phase als ein wichtiger Akt der Ernährung. Werden aber die angelockten weissen Blutkörperchen, indem sie in den Bereich von Bakteriengiften gelangen, durch solche Gifte gelähmt, so werden sie an der Rückwanderung gehindert und dadurch zu örtlichen Eiterzellen. Hiernach begreift man jetzt, dass ausser den Eiterbakterien auch andere Bakterien, dass ausser Bakteriengiften auch andere Gifte, wie Sublimat, Eiterbildung bewirken können.

Am häufigsten findet man bei schweren Eiterungen den sog. Streptokokkus pyogenes s. Erysipelatis, also eine in Ketten angeordnete Kokkenform, welche sich auch nach Gram färbt. Je nach der Virulenz rufen diese Streptokokken einfaches oder bullöses Erysipel der Haut, Eiterungen verschiedener Organe, aber auch schwere erysipelatöse, kriechende Lungenentzündungen, und schwere Kindbettfieber hervor. Dieselben Streptokokken bewirken auch heftige Anginen mit diphtheritischen Belägen und besonders die Diphtheritis nach Scharlach. Die bei der sog. Framboesia, einer tropischen Hautkrankheit, nachgewiesenen Streptokokken sind wohl nicht die Erreger dieser Krankheit, sondern vermuthlich Erysipelkokken, die durch Verletzung der Wucherungen in die Haut eingedrungen sind.

Bei Zahncaries findet man alle möglichen Arten von Eitererregern. Nach Miller wird erst durch Säuren, die sich im Munde in Folge bakterieller Zersetzungen bilden, der Zahnschmelz angegriffen, dann dringen die Eiterbakterien aus dem Munde in die entkalkte organische Zahnsubstanz ein. Sind auf diese Weise Lücken geschaffen, so können dann von den schlechten Zähnen aus auch andere Mikrobien wie z. B. von Tuberkulose und Aktinomykose eindringen.

Bei den grossen Virulenzschwankungen der eitererregenden Staphylokokken und Streptokokken und andererseits bei der grossen Verschiedenheit in der Disposition des Menschen, darf man wohl vermuthen, dass diese viel verbreiteten Bakterien bei den einen Eiterungen innerer Organe oder multiple äussere Abscesse, bei anderen Anginen oder Katarrhe der Schleimhäute, bei anderen rheumatische Processe bewirken, d. h. dass sie bei jenen auf Erkältung zurückgeführten Processen aetiologisch betheiligt sind, bei denen wir noch nicht von specifischen Seuchen sprechen.

Man kann solche Bakterien, die schon bei Gesunden vorkommen, ohne ihnen etwas zu schaden, Wohnparasiten nennen. Wird jedoch durch Entbehrungen oder plötzliche Eingriffe wie Verbrennungen oder Erkältungen eine oft ganz örtliche Krankheitsanlage, eine Schwächung der Gewebe geschaffen, so genügt einer solchen Disposition gegenüber die Virulenz dieser ubiquitären Bakterien, um ihre schädlichen Einwirkungen zu entfalten.

Bei Vorhandensein einer Disposition der Gewebe rufen die verschiedensten Mikrobien Entzündungen und Eiterungen hervor. So findet man bei der Entzündung der Herzklappen Staphylokokken, Streptokokken, Gonokokken, Typhus-, Pneumonie- und Tuberkelbakterien; ähnlich ist es bei Entzündungen der Gelenke und serösen Häute.

Sind durch andere Krankheiten wie Tuberkulose oder Scharlach die Gewebe verändert, so nisten sich secundär Staphylokokken oder Streptokokken ein und bewirken Nachkrankheiten oder Misch-infektionen; so findet man nach Scharlach häufig auf den Schleim-häuten diphtheritische Beläge mit Streptokokken. Bei Tuberkulose treten Einschmelzungen des Lungengewebes, Vereiterungen ein mit Streptokokken, Staphylokokken. Koch und Gaffky fanden in einem solchen Falle auch den Mikrokokkus tetragenus, d. h. zu vier tafelförmig angeordnete, mit einer Kapsel umgebenen Kokken, die vielleicht in den Entwickelungskreis einer Sarcina hineingehören; man müsste ihn also richtiger Merista oder Sarcina septika nennen; er färbt sich nach Gram. Das Wachsthum auf den gewöhnlichen Nährböden bietet keine auffallenden Eigenthümlichkeiten; Gelatine wird nicht verflüssigt. Weisse Mäuse und Meerschweinchen er-liegen in Form einer Septikaemie, während graue Mäuse und Feldmäuse immun erscheinen.

Aus gewöhnlichem Sputum hat zuerst Pasteur, aus pneumo-nischem Sputum Talamon ein septisches Bakterium gezüchtet, von dem dann A. Fränkel nachwies, dass es der Erreger der ge-nuinen, fibrinösen Pneumonie des Menschen ist. Die Bakterien erscheinen oft deutlich lanzettförmig, oft zu zweien ange-ordnet, sodass man sie auch Diplokokkus lanceolatus genannt hat. Es sind Arthrobakterien, die gegen Austrocknen so empfindlich sind, dass sie nach einigen Tagen bereits ganz wirkungslos werden. Gegen Luft abgeschlossen, z. B. in Eikulturen, erhält sich ihre Virulenz nach Bunzl-Federn viele Wochen, selbst Monate, ihre Lebensfähigkeit sogar viele Monate; sie färben sich nach Gram. Bei Kaninchen rufen sie eine typische reine Septikaemie hervor, im virulenten Zustande auch bei weissen Mäusen und Meerschweinchen, doch bedarf man meist grösserer Mengen; Hunde erliegen dem Gifte, nicht der Infektion. Beim Menschen rufen sie die typische fibrinöse Pneumonie hervor, die bisweilen Uebergänge in Septikaemie zeigt; ausserdem finden sie sich bei Entzündungen der serösen Häute, der Pleura, der Hirnhaut, bei Mittelohrentzündungen. Sie finden sich auch als Wohnparasiten bei Gesunden, sodass oft schon durch eine Erkältung die Gelegenheit zum Invasivwerden geboten sein kann; dies sind Fälle, in denen ein Gesunder plötzlich in Folge von Erkältung eine Lungenentzündung erwirbt.

Bei atypischen Fällen von Lungenentzündung haben sich Erysipel-Streptokokken gefunden und Friedländer fand eine arthrospore Bakterie, die Kapseln bildet, in denen sich Kokken und Stäbchen finden können, Bakterium capsulatum pneumoniae (Fig. 4, D); diese Art entfärbt sich nach Gram. In Kulturen zeigt sie in Gelatine ein nagelförmiges Wachsthum und die Gelatine bräunt sich oben; im Gegensatze zu dem Diplokokkus lanceolatus ist er wenig empfindlich. Bei Mäusen und Meerschweinchen ruft er ebenso leicht, bei Kaninchen erst in grösseren Mengen Septikaemie hervor.

Dass gelegentlich Kapselbildungen bei verschiedenen Bakterien auftreten, habe ich schon bei den Milzbrandbacillen angegeben; regelmässiger treten Kapselbildungen bei anderen Arten auf, die man geradezu als Kapselbakterien beschrieben hat. Der Typus ist die Friedländer'sche Pneumoniebakterie. Identisch und wohl nur durch Virulenzschwankungen von ihm verschieden ist die Rhinosklerombakterie, die Fritsch zuerst in den Nasengeschwülsten gesehen hat, R. Paltauf und Eiselsberg zuerst kultivirt haben.

Aus Sputum des Menschen wurden von Kreibohm der b. crassus sputigenus gezüchtet, der für Mäuse und Kaninchen virulent ist und sich nach Gram färbt. Weichselbaum züchtete bei Endocarditis mit eitrigen Infarcten einen anderen Kapselbacillus, Mandry aus Bronchialschleim, Kockel aus vereiterten Lebercysten und Meningitis, Fasching aus eitriger Schleimhaut des Nasenrachenraumes, Abel aus Ozaena. Während alle diese Befunde von Kapselbacillen noch ungenau sind, gelang es R. Pfeiffer aus peritonitischen Exsudaten eines Meerschweinchens eine Art zu züchten, die dem Blute und den Säften der Versuchsthiere eine fadenziehende Beschaffenheit verlieh.

Chiari hat dann in einem Falle von Cystitis des Menschen, die zu eitriger Nierenentzündung und von da zu Pyaemie geführt hatte, eine Kapselbakterie meist in Stäbchenform gefunden, die sich nach Gram nicht färbte. Diese Bakterien tödteten weisse Mäuse bei subcutaner und interperitonealer Infektion durch Pyaemie; Meerschweinchen bekamen subcutan ausgedehnte Eiterungen, intraperitoneal Peritonitis und Allgemeininfektion; Kaninchen bekamen subcutane Eiterungen, intravenös Septikaemie und, in die Nieren injicirt, eitrige Nephritis mit folgender Septikaemie.

Während Entzündungen der Gehirnhäute durch verschiedene Bakterien wie Diplokokkus lanceolatus pneumoniae, Erysipelstreptokokken, Tuberkelbakterien, B. coli commune hervorgerufen werden können, hat zuerst Weichselbaum und kürzlich wieder H. Jaeger wahrscheinlich gemacht, dass die epidemische Genickstarre, meningitis cerebrospinalis epidemica durch eine besondere Art, diplokokkus intracellularis, hervorgerufen wird. Die Bakterien färbten sich in Kulturen und Ausstrichpräparaten nach Gram, in Schnitten entfärbten sie sich aber; die Bakterien bilden Kapseln, lassen sich leichter als die Lanzettbakterien fortzüchten; weisse Mäuse waren refractär; doch sind die Versuche noch zu ungenügend, um ganz überzeugend zu sein.

Die Influenzabakterien wurden von R. Pfeiffer nachgewiesen. Sie sind noch etwas feiner als die B. der Mäuseseptikaemie, etwa 2—3 Mal so lang als breit, ohne Kapseln, entfärben sich nach Gram. Ihre Kultur in Form feinster glasartiger Tröpfchen gelingt am besten auf Blutserum oder Blutagar, wenn denselben Hämoglobin beigefügt ist; eine etwas leichter kultivirbare Art, Pseudoinfluenzabacillen genannt, ist vielleicht nur eine wirkungslos und saprophytisch gewordene Varietät. Von Thieren erwiesen sich nur Affen als empfänglich, während Vergiftungen mit grösseren Bakterienmengen unter Fieber und Lähmungen auch bei Kaninchen gelangen. Beim Menschen ruft der Organismus ausser der Grippe auch atypische Lungenentzündungen, Hämorrhagien und besonders Lähmungen und lang anhaltende Muskelschwäche hervor.

Eine reine Septikaemie bewirken dagegen die Recurrensspirochaeten, die 1873 von Obermeier entdeckt wurden; sie sind etwas feiner als die Schraubenfäden der Kommabakterien und bis jetzt nur in längeren Schrauben, nicht in s- oder Kommaform bekannt. Fig. 26, B, C. Moczutkowski hat mit spirochätenhaltigem Blute gesunde Menschen, Carter und Koch haben Affen inficirt und so die aetiologische Bedeutung der Spirochaeten bewiesen; Kulturen sind bis jetzt nicht gelungen; Gram'sche

Färbung negativ. Nach Metschinikoff werden die Bakterien in der fieberfreien Zeit in den Milzzellen, die als grosse Fresszellen oder Makrophagen thätig sind, eingeschlossen und zum grössten Theil vernichtet.

Früher kannte man bei Fischen thierische Parasiten, besonders Taenien und Gregarinen, und pflanzliche, besonders Saprolegnien; auch die Giftigkeit innerer Organe derselben, besonders der Ge-

Fig. 26.

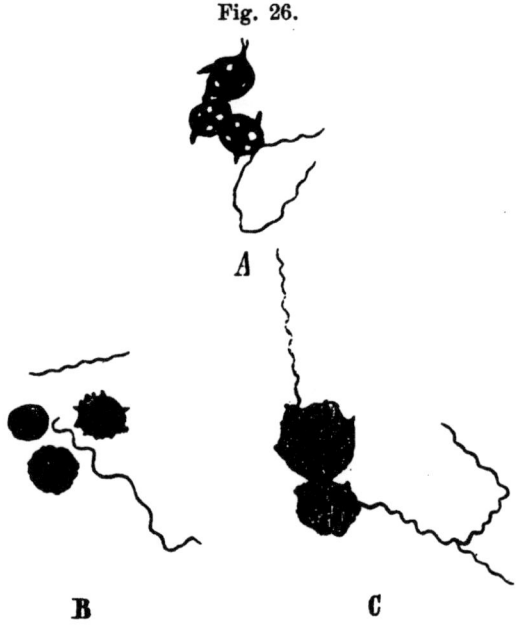

Fig. A. Cholerabakterien im Blut bei Meerschweinchen nach Infektion vom Dünndarm, nach Photogramm von Ermenghem, vergr. 1:700.

Fig. B u. C. Recurrensspirochaeten nach Photogrammen, vergr. B 1:700, C 1:1000.

schlechtsorgane von einigen Arten war bekannt; dass das Blut des Aals giftig ist, hatte Mosso ermittelt; auch die Giftigkeit von gefaultem Fischfleische war ermittelt. F. Fischel und Enoch fanden 1891 in meinem Laboratorium, dass Fische auch einer bakteriellen Infektion erliegen können. Sie fanden bei einer Erkrankung von Karpfen eine von zahlreichen Hämorrhagien, begleitete Septikämie. Die Bakterien waren endospore Bacillen, die auf Gelatine, Agar, Blutserum, Kartoffeln, Reis wuchsen und sich nach Gram färbten. Es wurde dabei zum ersten Mal festgestellt, dass diese Bakterien dasselbe eiweissartige Gift, welches sie in den Kulturen saprophytisch bildeten, auch als Parasiten im thierischen Organismus bildeten. Während die giftfreien Bakterien und Sporen Karpfen, Mäuse und Meerschweinchen inficirten und die Thiere an Septikämie zu Grunde giugen, war das reine Gift ausserdem auch für Hunde gefährlich, die an Diarrhoe nach Art der „Barben-Cholera" erkrankten. Vor Kurzem haben Emmerich und Weibel auch bei Forellen eine durch Bakterien veranlasste Septikämie beobachtet.

Die Erreger der Gonorrhoe und Blennorrhoe, die Gonokokken, wurden mikroskopisch von Neisser entdeckt, von Bumm auf menschlichem Blutserum gezüchtet und dann besonders von Wertheim mit Hülfe der Blutserumplatten von Hueppe sicher kultivirt; sie wachsen nur bei Bluttemperatur. Nach Eraud und Hugounenq bilden sie bei Züchtung in peptonhaltigen Lösungen, aber nicht in Asparaginlösungen einen giftigen eiweissartigen Körper. Die Form ist die von Semmeln; sie entfärben sich nach Gram; durch beide Eigenschaften kann man sie meist sicher von den Staphylokokken unterscheiden. Sie finden sich im Trippereiter meist in Zellen eingeschlossen, Fig. 25, A, aber auch in den benachbarten Organen, bei Peritonitis, Eierstocksentzündungen, in den Gelenken bei gonorrhoischem Rheumatismus, in den entzündeten Herzklappen.

Bei Wundstarrkrampf oder Tetanus entdeckte 1885 Nicolaïer im Eiter Stäbchen, welche endständig in trommelschlägerartig erweiterten Anschwellungen Endosporen bilden. Es handelt sich also um typische Plektridien. Im vegetativen Stadium wachsen die Einzelstäbchen oft zu Scheinfäden aus; die Stäbchen färben sich nach Gram. In Gelatine wachsen die Kulturen so, dass von dem Impfstiche aus feine Aeste wie an einer Tanne in die Gelatine hineinwachsen; weniger deutlich ist dies in Agar; in Zuckerbouillon entsteht unter stärker Gasbildung eine starke Trübung, die sich allmählich zu Boden setzt. Die Gelatine wird durch Enzyme langsam verflüssigt. Die Bakterien sind anaërob und rufen in Kulturen einen widerwärtigen Geruch hervor. Das Wachsthum erfolgt zwischen 15—42°, die Sporenbildung innerhalb derselben Temperaturgrenzen, doch dauert sie bei Zimmertemperatur mindestens eine Woche. Die vegetativen Zellen wachsen oberhalb 42° schlechter und sterben schon bei 60° ab, während die Sporen sehr widerstandsfähig sind und sowohl Hitze als Chemikalien gut widerstehen.

Nur die unreinen Kulturen bewirken subcutane Eiterungen, die reinen nicht. Wirkliche Reinkulturen erzielten zuerst Kitasato durch die Erhitzungsmethode und Kitt durch Anaërobiose. In den Kulturen bildet sich ein heftiges, wahrscheinlich eiweissartiges Gift. Die Bakterien bilden dieses Gift sowohl in eiweisshaltigen Lösungen durch Abspaltung, als in eiweissfreien Nährböden synthetisch. Die Wirkung der Bakterien ist auf die Giftwirkungen zu beziehen, da sie der mitübertragenen oder gebildeten Giftmenge, aber nicht der Zahl der Bakterien parallel geht. Die Giftwirkung erfolgt auf das Rückenmark wie die von Strychnin, aber nicht auf die Muskeln oder peripheren Nerven. Empfänglich sind Mäuse, Kaninchen, Schafe, Pferde, etwas weniger der Mensch, Hund, Huhn. Während reine Sporen oft nicht auskeimen, geschieht dies, wenn durch Erde, Holzsplitter oder Eiter andere Bakterien mit übertragen werden. Hiernach ist die Infektion meist Mischinfektion und die Tetannusbakterien sind keine strengen Parasiten Im Erdboden und Schlamm dürften sie sich vielleicht an den Sumpfgasgährungen betheiligen.

. Das letztere dürfte auch von den Bakterien des malignen Oedems gelten. Sie wurden zuerst von Pasteur als Vibrion septique beschrieben, dann von Koch genau studirt. Die beweglichen Stäbchen besitzen end- und seitenständige Geisseln; sie wachsen sowohl im Organismus als in Kulturen zu langen Fäden aus; sie entfärben sich nach Gram. Bei der Sporenbildung werden die Stäbchen spindelförmig; die Bakterien gehören also zur Gattung Clostridium. Die Bakterien sind anaërob. In Gelatine wachsen sie unter starker Gasentwickelung, die Kolonien sind am Rande feinstrahlig angeordnet; die Gelatine wird allmählich verflüssigt. Auch in Agarstichkulturen zeigen die Kolonien verästelte Ränder. In Bouillon tritt Trübung, später Bodensatz ein. Die Wirkung ist bei subcutaner Anwendung nicht sowohl auf die Wucherung der Bakterien, als vielmehr auf Giftbildung zurückzuführen; erst nach dem

Tode vermehren sich die Bakterien im Thiere stärker, und dann auch im Blute und es können dann Bilder ähnlich wie bei Milzbrand auftreten, während im Leben das Blut keimfrei ist. Charakteristisch ist die subcutane Infektion bei Meerschweinchen; die Thiere werden ängstlich, kauern sich zusammen und schreien bei der leisesten Berührung auf. Empfänglich sind ferner Mäuse, Kaninchen, Schafe, Ziegen, Pferde, Schweine, Hunde, Hühner und Enten. Der Mensch ist mässig disponirt; doch sind die gangränösen Septikaemien und Gasphlegmonen wenigstens zum Theil durch diese Bakterien verursacht. In einem Falle gingen zwei Typhuskranke, die bei Gelegenheit von Moschusinjectionen mit diesen Organismen inficirt waren, an malignem Oedem zu Grunde. Die Bakterien finden sich vielfach in Erde und Sumpfschlamm.

Der Rauschbrand der Rinder, der sich subcutan unter Gasentwickelung bildet, wird durch Bakterien veranlasst, welche fast in allen Stücken denen des malignen Oedems gleichen; die Infektion wird durch Mitübertragung von Milchsäure begünstigt, wahrscheinlich, weil dadurch eine Necrose von Zellen herbeigeführt wird. Aehnlich kann nach Roger die natürliche Immunität von Kaninchen aufgehoben werden, wenn gleichzeitig mit den Rauschbrandbakterien die Stoffwechselprodukte von M. prodigiosus oder von Staphylokokken übertragen werden. Empfänglich sind besonders Rinder, Schafe, Ziegen und Meerschweinchen, weniger Pferde, Esel und weisse Ratten, immun erscheinen Schweine, Hunde, Kaninchen, graue Ratten, Enten, Tauben und Hühner.

Bisweilen, z. B. bei gegenseitigen Schutzimpfungen, hat man den Eindruck, dass zwischen den Bakterien von malignem Oedem und Rauschbrand nur Virulenzunterschiede vorliegen, doch ist die Frage der Artidentität noch offen zu lassen. Rauschbrand wurde früher für eine Form von Milzbrand gehalten, bis Feser und Bollinger 1876 die besondere Natur fesstellten; die Kultur der Bakterie gelang zuerst Arloing, Cornevin und Thomas.

Bei Diphtherie wurden von Klebs mikroskopische Stäbchen nachgewiesen, deren Kultur 1884 Löffler gelang. Die Stäbchen nehmen Farben schlecht an, resp. sind leicht zu plasmolysiren, so dass in den Stäbchen meist die Enden deutlicher als die Mitte, oder vielfach Körner gefärbt erscheinen; sie entfärben sich nach Gram. Die Stäbchen sind in der Membran in den Schleimhäuten localisirt' aber nicht durch den Körper verbreitet. Die Wirkung der Stäbchen beruht also auf Giftbildung. Das Gift wurde zuerst von Roux und Yersin als Enzym, von Brieger und Fränkel als Toxalbumin angesprochen; es bildet sich in eiweisshaltigen, aber auch in eiweissfreien Lösungen, z. B. nach Uschinsky aus milchsaurem Ammoniak oder Asparagin, nach Guinochet in eiweissfreiem Urin, in dem auch nachher keine Eiweissreactionen beobachtet werden; die Eiweissnatur des Giftes ist demnach zweifelhaft; cfr. S. 74.

Endosporen sind nicht beobachtet, während C. Fränkel gelegentlich verzweigte Fäden wahrnahm; die Stellung im System ist deshalb ganz unklar, auf jeden Fall sind es keine Bacillen. Die Kulturen erfolgen zwischen 18—42°, am besten auf Blutserum mit Bouillon und Zuckerzusatz; weniger gut auf Glycerinagar; die Kolonien sind meist deutlich von einander getrennt und weiss, während sich auf Serum feine weisse Ueberzüge bilden; auf Gelatine ist das Wachsthum im Stiche in Form kleiner weisser Kolonien dürftig. In Bouillon bilden sich griesartige Bröckchen, die zu Boden sinken, seltener erfolgt diffuse Trübung. Milch gerinnt beim Wachsthum der Bakterien. Empfänglich sind besonders Meerschweinchen, etwas weniger Kaninchen, junge Hunde, Schafe, Ziegen, Pferde, Tauben und Hühner. Die spontane Hühner- und Taubendiphtherie ist jedoch eine ganz andere Krankheit. Bei den genannten Thieren entsteht ebenso wie beim Menschen eine nekrotisirende Entzündung der Schleimhaut und von hier aus eine acute Vergiftung, oft mit Lähmungen. Die Diphtheriebakterien sind beim Menschen in den diphtheritischen Belägen der Schleimhaut, bei Rhinitis fibrinosa, Conjunctivitis fibrinosa und von Abel bei Wunddiphtherie gefunden worden. Virulente Diphtheriebacillen sind auch bei Gesunden als Wohnparasiten beobachtet, die dann unter besonderen Umständen zur Selbstinfektion oder zu einer Uebertragung auf empfängliche Menschen, besonders auf Kinder führen können.

Die virulenten Diphtheriebakterien verlieren besonders bei Kulturen auf Agar ihre Virulenz, während ihr Wachsthum gleichzeitig üppiger, also mehr saprophytisch werden kann. Aehnliche

Bakterien wurden auch spontan beim Menschen gefunden, zuerst von Löffler. Viele halten diese Bakterien einfach für unwirksam und saprophytisch gewordene wirkliche Diphtheriebakterien, wofür ich mich mit Roux, Yersin, C. Fränkel nach meinen Beobachtungen aussprechen muss, während Löffler, Hofmann v. Wellenhof und Escherich sie für eine ganz andere Art halten. Die Pseudo-diphtheriebakterien sollen die alkalische Bouillon unverändert lassen, die Diphtheriebakterien dieselbe sauer machen; im letzteren Falle ist es aber so, dass die Bouillon nur vorübergehend sauer, dann aber wieder alkalisch wird.

Cholera asiatica (Fig. 27). Bei dieser Krankheit wurden 1883 von Koch die sogenannten Kommabacillen entdeckt. Dieselben kommen vor in Form kommaähnlich gekrümmter schraubiger Stäbchen, die manchmal sogar halbkreisförmig gekrümmt, manchmal aber auch ganz gerade erscheinen; sie wachsen zu s-Formen und langen schraubigen Fäden aus, deren Windungen ganz verschieden steil sind. Ausserdem sind sicher Arthrosporen nach ihrer Bildung und Auskeimung beobachtet; sie entfärben sich nach Gram. Die Bakterien würden im System zu den Spirochaeten zu stellen sein. Metschnikoff will aber auch verzweigte Fäden beobachtet haben, so dass sie allenfalls in den Entwicklungskreis einer Cladothrichee gehören könnten, bei denen von Zopf thatsächlich alle Formen der Kommabacillen beobachtet worden sind (cfr. Fig. 5). Im Darm kommen sie nicht nur frei, sondern auch in den Epithelien vor (Fig. 25 D) und gelangen in der Darmwand selbst bis in die Muskelschicht hinein. Ein Durchwuchern erfolgt jedoch nur in schweren tödlichen Fällen und erst unmittelbar vor dem Tode; regelmässiger finden sie sich in der Gallenblase; bei Thierversuchen treten sie sowohl bei Infektion von der Peritonialhöhle als vom Magen aus gelegentlich in's Blut über, wobei sie gelegentlich wie Recurrensspirochaeten aussehen können (Fig. 26 A). Die Wirkung beruht beim Menschen weniger in der Wucherung im Darm und dem Wachsthum in den Darmepithelien, als in der Bildung eines Giftes, welches den Menschen und die Versuchsthiere unter Temperaturherabsetzung tödtet. Dieses eiweissartige Gift kann sowohl analytisch als synthetisch z. B. aus milchsaurem Ammoniak oder Asparagin gebildet werden. Das Gift wurde von Hueppe, Scholl und Petri aus Kulturen, von Hueppe 1892 zuerst aus cholerakranken Menschen dargestellt; Bosc fand das Gift 1895 ebenfalls bei Cholerakranken. Das Gift ist nicht identisch mit dem Bakterienproteïn;

Fig. 27.

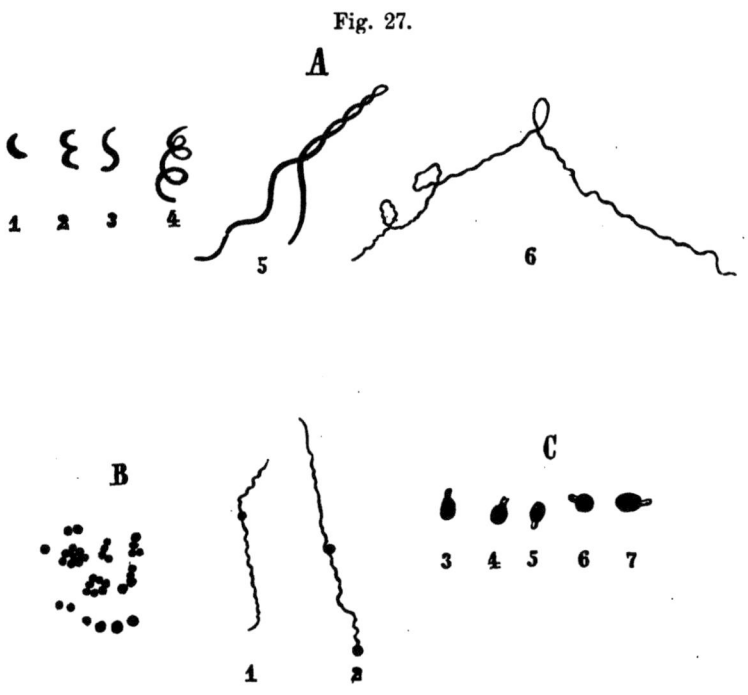

Cholera asiatica.

Fig. A. Kommabacillen 1—4 nach Zeichnung; 4 tauartig aufgerollt, sogen. Spirodiscus; vergr. ca. 1:1200; 5 u. 6 schraubige Fäden mit Spirulinen nach Photogrammen, vergr. ca. 1:700.

Fig. B. Fertige Arthrosporen nach Photogrammen, vergr. ca. 1:1000.

Fig. C. 1 u. 2 Arthrosporen in Fäden nach van Ermenghem, nach Photogrammen vergr. ca. 1:700.

3—7 auskeimende Arthrosporen nach Photogrammen von Pertik vergr. 1:1200.

die letztere Wirkung wird auch von wirkungslosen Kommabacillen ausgeübt, die erstere nur von virulenten. R. Pfeiffer hat vergeblich versucht, die Giftwirkung der virulenten Kommabakterien mit der Proteïnwirkung zu identificiren und damit die Idee von Cantani aufzunehmen, nach dem nicht die lebenden Kommabacillen durch ihre Giftbildung, sondern die todten Kommabakterien mit ihrer giftigen Leibessubstanz das Wirksame sind.

Die Cholerabakterien wachsen in Gelatine in Form von Kolonien, die wie feine Glasbröckchen oder ein Gewirr von Glasfäden aussehen; sie verflüssigen die Gelatine langsam. Dieses Anfangswachsthum in Gelatine ist ziemlich auffallend, doch wachsen manche Kolonien viel schneller, andere langsamer. In Folge solchen atypischen Wachsthums ist die Diagnose manchmal recht schwierig. Man unterscheidet deshalb vielfach auch Varietäten einer Art und hält besonders die Kulturen der Cholera in Massauah von den in Europa kultivirten auseinander.

In Peptonlösungen bilden die Bakterien Indol und reduciren ausserdem Nitrate zu Nitrit; bei Zusatz von Salzsäure oder Schwefelsäure entsteht deshalb die Nitrosoindolreaction in Form einer Rothfärbung, die man auch Choleraroth-Reaction genannt hat. In Bouillon bilden sich Häutchen an der Oberfläche, in Zuckerbouillon jedoch nicht. Auf Kartoffeln bildet sich bei höheren Temperaturen gelbes bis braunes Pigment; in Milch rufen sie bald labähnliche Ausscheidung hervor, bald nicht.

Die Differentialdiagnose der Cholera ist sehr schwierig geworden, weil man jetzt viele Kommabacillen kennt, welche in Gelatine und Bouillon den typischen und atypischen Cholerabakterien überaus ähnlich wachsen.

Die Cholerabakterien von Koch sind spontan bei Thieren nicht beobachtet, jedoch in virulentem Zustande infektiös für Meerschweinchen und oft auch für Tauben; im letzteren Falle liegt ein Uebergang der toxischen Krankheit zur Septikaemie vor. Die bei einer Hühnerepidemie von Gamaleïa gefundenen, nach Metschnikoff genannten, den Koch'schen nahe verwandten Kommabacillen sind infektiöser und besonders Tauben erliegen leichter, während sie ebenfalls Choleraroth bilden und den Koch'schen Bakterien auch sonst gleichen.

Die Kommabacillen von Finkler-Prior bilden kein Choleraroth, weil sie wohl Indol bilden, jedoch Nitrate nicht reduciren; auf Kartoffeln bilden sie schon bei Zimmertemperatur einen gelblichen schleimigen Belag.

Die aus Käse von D e n e k e kultivirten Kommabacillen bilden ebenfalls kein Choleraroth, dagegen bilden sie auf Milch ein schwefelgelbes Pigment.

In der Spree, Elbe und Seine wurden Kommabacillen gefunden, welche sich genau gleich verhielten wie K o c h'sche Bakterien. Die Wasserbakterien sollen Phosphorescenz bewirken, die Cholerabakterien nicht; später hat aber R u m p e l auch bei Cholera zweimal leuchtende Kommabacillen kultivirt und die phosphorescirenden Kommabacillen können ihre Phosphorescenz verlieren, während sie noch pathogen sind.

In einem Falle von Sommerdiarrhoe in Böhmen kultivirte Z ö r k e n d ö r f e r eine Art, die weder infektiös war, noch Choleraroth bildete.

Die Virulenz der Cholerabakterien schwankt ausserordentlich und dies hat wohl viele Differenzen der Auffassung herbeigeführt. Im saprophytischen Zustande, z. B. im Wasser, verlieren sie an Virulenz, und zwar in reinem Wasser schneller als im Schlamme von schlechtem Wasser. Die Infektion wird dagegen andererseits durch Affection der Magenschleimhaut begünstigt und M e t s c h n i k o f f hat ermittelt, dass man bei Thieren die Infektion erleichtern kann, wenn man gleichzeitig andere Mikrobien mit einführt.

Darmerscheinungen nach Art der Cholera können auch bei intravenösen Vergiftungen mit Faulflüssigkeiten eintreten, wie schon früher H e m m e r, V i r c h o w und viele Andere ermittelt hatten. R. F i s c h l' sah solche Erscheinungen auch bei Kindern als Theilerscheinungen von Sepsis.

C h o l e r a   n o s t r a s. Diese Krankheit ist nicht auf eine einzige Bakterienart zurückzuführen. Es scheint in der Regel so zu sein, dass Wohnparasiten, die für gewöhnlich als harmlose Saprophyten im Menschen vorkommen, unter besonderen Umständen, welche eine Disposition im Menschen schaffen, invasiv werden, sich vermehren, Gifte bilden. Den ersten derartigen Fall habe ich 1887 mitgetheilt; in Folge des Genusses sehr kalten Bieres bei erhitztem Zustande war die gewöhnliche Dickdarmbakterie, B. coli commune Veranlassung zu einem heftigen choleraähnlichen Anfalle mit typischem Reiswasserstuhl geworden. Dieselben Bakterien wurden später öfter bei Sommerdiarrhoe gefunden, ja sie wurden von E m m e r i c h sogar für die Erreger der asiatischen Cholera gehalten. Von Finkler-Prior, Lustig, Gruber, Ruete und Enoch sind Fälle von Cholera nostras ermittelt, bei denen sich die Kommabacillen von Finkler-Prior fanden. Zörkendörfer fand in einem Falle eine andere Art von Kommabakterien und Beck fand in einem Falle Streptokokken.

Unterleibstyphus. Die Bakterien wurden zuerst von Eberth und Koch mikroskopisch, 1884 von Gaffky kulturell nachgewiesen. Es sind kurze plumpe Stäbchen mit abgerundeten Enden, welche häufig Scheinfäden bilden. Sie färben sich in Schnitten schlechter als viele andere Bakterien und zeigen in Folge von Plasmolyse oft Körnelungen und Polkörner. Endogene Sporen bilden sich nicht, so dass sie zu den Arthrobakterien gerechnet werden müssen. Die Gram'sche Färbung ist negativ. Sie sind lebhaft beweglich und besitzen end- und seitenständige Geisseln. Die Grösse der Stäbchen schwankt nach dem Nährboden sehr stark. Sie wachsen bei Zimmer- und Bluttemperatur und sind nicht sehr wählerisch Auf Gelatine bilden sie weisse, unregelmässige, oft fast blattförmige Kolonien, welche die Gelatine auch in feinen irisirenden Häutchen überwachsen. Auf manchen Kartoffeln wachsen sie gar nicht, auf einzelnen bilden sie feine schmutzig-gelbe Ueberzüge; in der Regel breiten sie sich auf Kartoffeln in Form eines unsichtbaren Belages aus, der nur durch die grössere Feuchtigkeit der Oberfläche angedeutet ist. Dieses Wachsthum ist am meisten bezeichnend, ist aber leider nicht constant und selbst gelegentlich bei anderen Arten beobachtet, so dass die Differentialdiagnose auf Typhusbakterien bisweilen sehr schwierig ist. Besonders auf Gelatine wachsen manche Arten aus Wasser und Erde sehr ähnlich, die sich nur durch die Formen der Einzelzellen, Verhalten zur Gram'schen Färbung, Beweglichkeit und Wachsthum auf Kartoffeln meist unterscheiden lassen.

Ausserordentlich schwierig gestaltet sich dagegen häufig die Unterscheidung gegenüber dem B. coli commune. Mikroskopisch und kulturell sind die Unterschiede nicht durchgreifend. In der Regel wächst B. coli auf denselben Kartoffeln, auf denen die Typhusbakterien unsichtbar wachsen, in Form eines schmutzig-gelbgrauen feinen Belages. Man hat sich die grösste Mühe gegeben, durchgreifende Unterschiede aufzustellen. In der Regel bringt B. coli Milch zur Gerinnung, der andere nicht; in Zuckerlösungen tritt bei B. coli lebhafte Gasbildung ein, bei Typhusbakterien nicht; B. coli soll Indol aus Pepton bilden, Typhusbakterien nicht, so dass bei Zusatz von Kaliumnitrit + Schwefelsäure die ersteren Rothfärbung geben, die letzteren nicht. Aus Milchzucker soll B. coli rechtsdrehende, Typhusbakterien linkspolarisirende Milchsäure bilden; dagegen ist die Reduction von Nitraten zu Ammoniak bei beiden gleich.

Viele dieser Angaben sind überdies durchaus controvers. Es stehen sich deshalb zur Zeit zwei Ansichten gegenüber. Die eine, die mir bis jetzt die besser begründete scheint, ist, dass die Bakterien des Abdominaltyphus und B. coli commune zwei verschiedene Arten darstellen. Die andere lautet, dass ein gewöhnlicher Darmsaprophyt, das B. coli commune, ein Wohnparasit ist, der unter besonderen Einflüssen invasiv werden, d. h. in den lebenden Organismus eindringen kann und dann eben als Typhusbakterie erscheint.

Beide Bakterien sind Thieren gegenüber meist nicht infektiös, sondern vorwiegend nur toxisch; nur bei sehr grosser Virulenz kommt es bei Kaninchen und Mäusen auch zu einer Vermehrung im lebenden Organismus.

Die „ächten" Typhusbakterien bewirken beim Menschen, vom Darm her in die Peyer'schen Drüsen eindringend, den Abdominaltyphus; sie gelangen von da in die Mesenterialdrüsen und in die Milz; im Blute sind sie in den Roseolaflecken gefunden worden, während das Blut meist frei davon ist. Sie rufen weiter hervor Bronchopneumonie, Meningitis, Myocarditis, Orchitis und besonders auch Eiterungen z. B. Otitis, Periostitis, Peritonitis und Empyem. Auch Nierenentzündungen können sie erregen und ich habe sie während des Lebens bei Albuminurie zuerst aus Urin gezüchtet, während A. Pfeiffer sie zuerst aus den diarrhoischen Stühlen kultivirte, in denen sie meist erst nach der ersten Krankheitswoche auftreten.

Die „ächten" Colonbakterien sind bei Pneumonie von Kindern wiederholt, ferner bei entzündlichen Vorgängen im Peritoneum, besonders aber bei Blinddarmentzündungen und Perforations-Peritonitis beobachtet, ferner schon bei Otitis, bei Kindbettfieber, dann aber häufiger bei Blasenentzündungen, die aufsteigend Nierenentzündung hervorriefen.

Die Typhusbakterien sind im Wasser von Brunnen, besonders im Schlamm der Brunnenkessel, und einmal auch im Boden nachgewiesen worden; die Colonbakterien finden sich öfters im Wasser, welches mit Unrathquellen in Verbindung steht.

Bei Fleischvergiftungen werden meist Bakterien gefunden, die den Colonbakterien auffallend gleichen. A. Gärtner hat eine Art als B. enteritidis davon getrennt, die bereits öfters bei Fleisch-, Wurst- und Milchvergiftungen gefunden wurde. In den Kulturen tritt nach etwa 2 Uebertragungen ein abweichendes Verhalten in der Färbung ein. Während nämlich die Colonbakterien meist Polkörner zeigen, bleibt bei den Gärtner'schen Bakterien nach Färbung mit Gentianaviolett und Entfärben mit 2 °/₀ Essigsäure das Mittelstück gefärbt.

Bei der Bubonen-Pest wurden 1894 in China von Yersin und Kitasato Bakterien gefunden, die in Kokken und Kurzstäbchen vorkommen, also zur Gattung Arthrobakterium gehören; besondere Merkmale der auf Agar und Gelatine wachsenden Mikrobien sind bis jetzt nicht mitgetheilt. Beim Menschen finden sie sich zuerst in den Bubonen, von da gelangen sie in andere lymphatische Ganglien und kurz vor dem Tode auch in geringen Mengen in's Blut. Die Kulturen sind von der Haut aus auf Ratten, Mäuse und Kaninchen übertragbar, welche ebenfalls mit Bubonen erkranken; die Thiere erliegen den virulenten Kulturen, die unmittelbar vom Menschen stammen, auch vom Magen aus. Im Gegensatze zur Cholera ging der Epidemie in den später durchseuchten Quartieren von Hongkong eine Epidemie unter den Ratten voraus. Auch Büffel und Schweine sollen gleichzeitig erkrankt sein. Die Möglichkeit einer contagiösen Uebertragung durch Fliegen wurde ermittelt, die anderen Infektionswege sind noch unklar.

Der Mäuse-Typhus wird nach Löffler durch eine anaërob im Innern der Gelatine langsam wachsende arthrospore Bakterienart veranlasst. Dieselbe bildet im Innern der Gelatine zarte, weisse, verschwommene Wölkchen, welche die Gelatine diffus trüben. In Agar entstehen begrenzte gelblich-weisse Kolonien. Die kleinen, nadelförmigen Krystallen ähnlichen Stäbchen sind 0,8 bis 1 μ lang, 0,1 bis 0,2 μ dick, oft zu zweien angeordnet; sie sind unbeweglich. Diese Bakterien sind dadurch interessant geworden, dass Löffler sie zur Bekämpfung einer Mäuseplage in Thessalien erfolgreich benutzte. Die Kulturen werden auf Brod geschmiert, welches auf den Feldern vertheilt wird, um den Mäusen zum Futter zu dienen. Die Bakterien hatten sich für alle Versuchsthiere ausser den Mäusen als unschädlich erwiesen.

Granulations- oder Infektionsgeschwülste bilden Bindegewebsgeschwülste von submiliaren und miliaren bis zu taubeneigrossen Knoten. Unter Tuberkulose versteht man jedoch nur eine bestimmte Form dieser Knötchenbildungen, welche neben Kleinzellen auch epitheloide, Fig. 25, E, und oft Riesenzellen zeigen und durch den 1882 von Koch und Baumgarten mikroskopisch, von Koch aber ausserdem kulturell und experimentell genauer erforschten Organismus veranlasst ist; Fig. 28. Die Stäbchen sind oft deutlich in eine Scheide eingeschlossen und innerhalb derselben findet man in Folge von Plasmolyse neben Stäbchen oft ganze Reihen von Kokken; die Stäbchen bilden Fäden, welche ächte Verzweigungen zeigen; die Zweige zeigen oft keulenförmige Sprossen. Die Dinge, welche man als Sporen ansprechen kann, sind keine Endosporen, wie Koch meinte, der Vacuolen damit verwechselt hatte. Dagegen bilden sie nach Coppen-Jones Chlamydosporen. Hiernach sind die sogenannten Tuberkelbacillen keine Bacillen, sondern die parasitische Wuchsform eines pleomorphen Pilzes.

Die Kulturen wachsen langsam auf Bouillon, Blutserum, Agar, am besten bei Zusatz von Glycerin. Die Bakterien aus den Menschen und aus Säugethieren wachsen langsamer als die aus Hühnern; der Anfang zeigt sich bei ersteren nach 14, bei letzteren schon nach 8 Tagen; die ersteren bilden trockene Schüppchen, die letzteren etwas feuchtere, glattere Rasen; die ersteren wachsen zwischen 29—42°, die letzteren zwischen 25 und 44°. Hueppe und Fischel haben durch Wechsel der Kulturbedingungen die ersteren so umgezüchtet, dass sie wie die der Hühnertuberkulose und die letzteren so, dass sie wie die der Säugethiertuberkulose wuchsen. Auch die Virulenz liess sich durch den Wechsel der Ernährungsbedingungen derart beeinflussen, dass man mit Bakterien der Hühnertuberkulose Säugethiere und umgekehrt inficiren konnte. Hiernach muss die Ansicht von

Fig. 28.

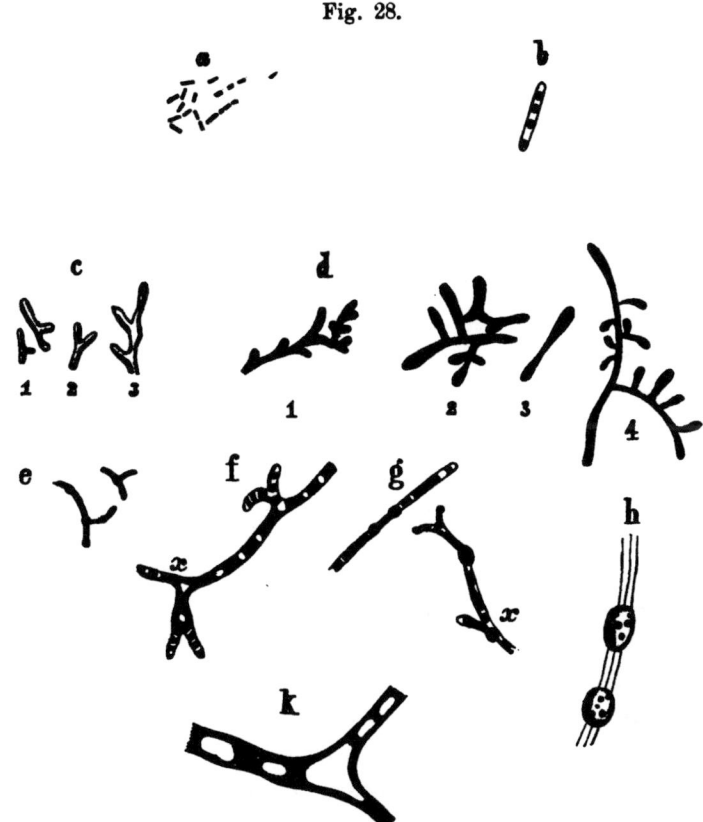

Erreger der Tuberkulose.

a gewöhnliche Formen in Kulturen und Sputum, nach Photogrammen vergr. ca. 1:900.

b Inhalt plasmolysirt, sogen. Kokkothrixform, vergr. 1:1250.

c Randparthie einer frischen Kultur von Säugethiertuberkulose, ungefärbt, vergr. ca. 1:2000.

d gefärbt. 1—3 nach Photogrammen von F. Fischel, 1 Hühnertuberkulose von Glycerin-agar, 2 u. 3 Säugethiertuberkulose von Eikulturen, 4 Säugethiertuberkulose auf Glycerin-agar nach Hayo Bruns. 1—3 vergr. ca. 1:1200, 4 .vergr. 1:1000.

e, g, h Bildung von Chlamydosporen: e Säugethiertuberkulose, nach Photogramm vergr. 1:900; g aus Sputum, Zeichnung nach Coppen-Jones vergr. 1:1250; h Chlamydo-sporen von Mucor zum Vergleiche.

f Verzweigung der Fäden nach Coppen-Jones, vergr. 1:1250; bei x sieht man, dass die Vacuolen sich in die Seitenzweige fortsetzen, wie bei k, einer Hyphe von Penicillium, welche die »ächte« Verzweigung veranschaulicht.

Mafucci und Koch, dass es zwei verschiedene Arten oder Varietäten der Tuberkelbakterien, die der Säugethiere- und die der Hühnertuberkulose giebt, fallen gelassen werden. Es sind einfache Ernährungsmodificationen, indem die einen an den Säugethierorganismus, die anderen an den Hühnerorganismus mit seiner etwas höheren Temperatur besser angepasst sind. Es gelang nun Fischel aus einem Affen Bakterien zu kultiviren, welche durchaus nicht von den B. der Hühnertuberkulose verschieden waren, und ich habe aus Hühnern und Fasanen Bakterien kultivirt, die alle Merkmale der Säugethiertuberkulose trugen.

Beim Menschen findet sich der Mikroorganismus bei reiner Miliartuberkulose, bei Hauttuberkulose und Lupus, bei Skrophulose und Gelenktuberkulose; in den Lungen bewirkt er in Verbindung mit anderen eitererregenden Bakterien als Mischinfection die Lungenschwindsucht. Die klinischen Begriffe Phthise und Lupus bedürfen also einer ätiologischen Verschärfung: wir müssen also tuberkulöse, karcinomatöse, syphilitische Phthise oder tuberkulösen und karcinomatösen Lupus unterscheiden; ohne diese Beisätze meinen wir jetzt bei Phthise und Lupus stets die durch Tuberkelbakterien veranlasste Form. Im Versuche rufen die Bakterien ausser reiner Tuberkulose auch reine Phthise und Eiterung hervor.

Wenn bei Knötchen andere Bakterien gefunden werden, so nennt man das jetzt Pseudotuberkulose. So haben Malassez und Vignal eine solche durch Kokken, A. Pfeiffer und Eberth durch Stäbchen, Fischel durch Scheinfäden, Eppinger durch eine Cladothrichee beobachtet. Nicht übertragbare Knötchen können auch durch Eier von Distomen und durch andere Fremdkörper hervorgerufen werden; auch todte Tuberkelbakterien veranlassen nach Prudden Tuberkelbildungen. Die Tuberkulose kommt ausser beim Menschen spontan vor bei Affen, Rindern — die zur Verkalkung geneigte Form der Pleuratuberkulose bei diesen Thieren heisst speciell Perlsucht; die Stäbchen sind hierbei etwas feiner und mehr zugespitzt —; ferner bei Meerschweinchen und Kaninchen; künstlich erkranken auch Feldmäuse; unter den Hunden sind nur die überfütterten Salonhunde, wie Mopse, aber auch nur in mässigem Grade disponirt; Ziegen scheinen immun zu sein; epidemisch ist sie auch bei Hühnern und Fasanen beobachtet.

Die Infektion beim Menschen erfolgt meist extrauterin, doch kommt es auch zu intrauterinen, placentaren Infektionen, welche erst nach der Geburt zum Ausbruche kommen und so eine Vererbung der Tuberkelbakterien vortäuschen können. Vererbt wird nur die Anlage zur Tuberkulose, nur bei der intraabdominalen experimentellen Tuberkulose von Kanarienweibchen erhielt A. Gärtner Eier, welche Tuberkelbakterien enthielten. Die Infektion der Vogeleier entspricht aber einer placentaren Infektion bei Säugethieren und nicht der Infektion eines Säugethier-Eies. Die Uebertragung dieser Bakterien durch den Samen ist direkt widerlegt, dagegen kann bei Tuberkulose der männlichen Geschlechtsorgane eine Infektion der weiblichen Geschlechtsorgane und von hier aus eine placentare Infektion des Foetus erfolgen. Ausserhalb finden sich die Bakterien nach Cornet nur, wo Sputum in grösserer Menge abgelagert wird, also in Krankenzimmern, während im Freien die Sonne die Bakterien bald vernichtet, so dass sie im Freien nur einmal nachgewiesen wurden und zwar von Schnirer auf Staub, der sich auf Trauben angesetzt hatte.

Bei Lepra oder Aussatz hat Armauer Hansen Stäbchen entdeckt, die sich in der Färbung ähnlich verhalten, wie Tuberkelbakterien, aber etwas spitzer sind. Kulturen derselben sind nicht gelungen; sie finden sich besonders häufig in der Haut in grossen Zellen Fig. 25 C eingeschlossen, die Virchow früher als Leprazellen beschrieben hat. Arning inficirte auf Honolulu einen zum Tode verurtheilten Verbrecher erfolgreich mit Leprabakterien, und Melcher und Ortmann scheint einmal eine Infektion von Kaninchen gelungen zu sein.

Bei Syphilis hat Lustgarten in den Gummigeschwülsten und zwar sogar in angeborenen Knoten, besondere Stäbchenbakterien durch Färbung nachgewinsen. Das Letztere ist eigentlich das Einzige, was die Wahrscheinlichkeit aufrecht zu halten gestattet, dass bei der Syphilis Bakterien als Erreger vorkommen. Im Secret der Vorhaut kommen nämlich Bakterien vor, welche sich in Folge von Imprägnirung mit Fett ähnlich verhalten; auch das Ohrschmalz verleiht verschiedenen Bakterien eine ähnliche Färbungseigenthümlichkeit.

Die Differentialdiagnose durch Färbung ist desshalb manchmal zwischen Tuberkel-, Lepra-, Syphilis- und Smegmabakterien nicht ganz leicht. In Folge einer von Weyl isolirten mucinartigen Substanz in der Membran haben die Tuberkelbakterien eine merkwürdige Widerstandsfähigkeit gegen Säuren, die Ehrlich zuerst färbend verwerthet hat. Färbt man nämlich diese Bakterien mit Hülfe einer Beize, z. B. Karbolsäure oder Anilin mit Fuchsin roth, so widersteht diese Färbung der nachträglichen Entfärbung mit starken Mineralsäuren, während die anderen Bakterien und Kerne entfärbt werden. Man kann dann letztere nachträglich mit grüner oder blauer Farbe nachfärben. Die rothen Tuberkelbacillen heben sich dann roth gegen den grünen oder blauen Untergrund scharf ab. Einmal gefärbt, verhalten sich die Leprabakterien fast gleich, aber sie färben sich nach Baumgarten schon in wässrigen Fuchsinlösungen, also ohne Beize schnell und gut. Die Syphilisbakterien entfärben sich durch die Mineralsäuren leicht, die Smegma- und Ohrschmalzbakterien durch Alkohol.

Die Aktinomykose des Menschen wurde schon 1845 von B. Langenbeck auf Pilzwucherung zurückgeführt, aber erst 1878 von J. Israel genauer beschrieben; die Mikrobien wurden von Bostroem, M. Wolff und J. Israel rein kultivirt; die Aktinomykose der Rinder wurde 1877 von Bollinger erkannt und von Ponfick auf Kälber übertragen.

In den Eitermassen der Knochen, z. B des Kiefers oder des Warzenfortsatzes findet man feine griesähnliche, gelbliche Körner, die aus einem zentralen Fadengewirre bestehen, von dem sich wie von einer Druse peripher strahlenförmig Kolben abheben. Die oft verzweigten Fäden haben den Charakter wirklicher Fäden mit Scheide, innerhalb welcher sich Stäbchen und kugelige Zellen finden. Die bis jetzt bekannten Formen sind fast dieselben wie bei den Tuberkelbakterien. Auch in den Kulturen erinnern die Wuchsformen der Kolonien häufig an ähnliches, Wachsthum der Tuberkelbakterien, sodass beide Arten vielleicht ein und derselben Pilzgattung angehören; sie färben sich wie die Tuberkel- und Leprabakterien auch nach Gram. Anfangs wachsen sie besser bei Luftabschluss, passen sich aber bald dem Luftleben an. Die Infektion ist bei Kaninchen und Meerschweinchen gelungen. Die Aktinomycespilze der Rinder und die von Duncker bei Schweinen entdeckten sind unter sich verschieden und letztere auch verschieden von den menschlichen; die mikroskopischen Formen des Rinderaktinomyces bei uns zeigen einen Unterschied von Aktinomyces aus Tasmanien und vom Festlande von Australien, die mir durch Archibald Park 1891 geschickt waren. Die Infektion dürfte wohl durch Getreidegrannen erfolgen, doch gelang es mir nicht, irgend eine der Wuchsformen mikroskopisch oder kulturell in einem seltenen, dafür geeigneten Falle nachzuweisen. Vom Kiefer aus kommt es zur Aktinomykose innerer Organe, Lunge, Leber, Herz, Gehirn, vielleicht primär auch zur Darmaktinomykose. Hofmann von Wellenhof und Gruber fanden saprophytisch einen bakterienartigen Organismus, der sich im Thierversuche dem Aktinomycespilz sehr ähnlich verhielt.

Bei Rotz wurden 1882 von Löffler und Schütz feine Stäbchen entdeckt, die keine Endosporen bilden, sich zu kurzen Fäden aneinanderlegen, die nach Semmer gelegentlich Verzweigungen zeigen, sich nicht nach Gram färben und in Schnitten oft recht schwer nachweisbar sind. Sie wachsen nur über 25° und bilden feuchte, glänzende, weisse Beläge auf Agar und Blutserum; auf Kartoffeln bilden sie gelbe, später braun werdende Beläge, in denen die Bakterien sehr bald ihre Virulenz verlieren. Die frisch kultivirten Bakterien sind sehr virulent und äusserst contagiös, so dass bereits zwei Bakteriologen, Protopopoff und Hofmann von Wellenhof, daran gestorben sind.

Empfänglich sind ausser den Menschen besonders Pferde, Maulesel, Esel, dann Ziegen und Katzen, darauf etwa Schafe und Hunde, zuletzt Schweine; das Rindvieh ist immun. Experimentell erliegen leicht Meerschweinchen, Feld- und Waldmäuse, immun sind dagegen Hausmäuse und weisse Mäuse; nach Leo erliegen letztere jedoch, wenn man sie mit Phloridzin künstlich diabetisch macht. Von dem Geflügel sind nur Tauben empfänglich. Der experimentelle Rotz bei Meerschweinchen verläuft in Form einer acuten miliaren Tuberkulose, die in wenigen Tagen zum Tode führt.

Bei anderen als den Granulationsgeschwülsten sind bis jetzt Parasiten nicht nachgewiesen, besonders nicht bei Karcinom und

Sarkom. Es ist jedoch zu erwähnen, dass die Perlsucht mikroskopisch früher als Lymphosarkom, und dass das Rhinosklerom als eine Art Sarkom aufgefasst worden ist. Noch eine Geschwulstform, die histologisch als ein Sarkom aufgefasst wird und sich im Samenstrang von Pferden entwickelt, konnte von Rivolta und Johne auf die Invasion von Bakterien und zwar von in Schlauchform angeordneten Kokken, Askokokken, zurückgeführt werden.

Es ist wichtig, sich stets vor Augen zu halten, dass nicht Bakterien allein Gährungen und Krankheiten auslösen können. Bei den Gährungen war man in dieser Hinsicht stets durch die Alkoholgährungen durch sogenannte Hefen vor Einseitigkeiten gewarnt, da diese Hefen zu den Pilzen gehören, sei es dass man sie mit Hansen als eine besondere Gattung Askosporen bildender Saccharomyces auffasst, oder mit Brefeld, Juhler, Jörgensen als Entwicklungsform verschiedener Pilzarten und Gattungen betrachtet.

Aehnlich hat schon früher Lewis darauf hingewiesen, dass im Blute von Ratten, nach Gaule, Rättig und Andern auch im Blute von Fröschen Flagellaten oder geisseltragende Monaden, also sicher den Thieren zuzurechnende Mikrobien vorkommen, welche durch Erregung einer Septikämie tödtlich wirken. Von Wittich und Koch fanden ähnliche septikämische Monaden im Blute von Hamstern.

Auch im Darm bei der Ruhr des Menschen, aber auch in den Leberabscessen bei dieser Krankheit wurden von Loesch schon 1871, später auch von Koch, Kartulis und Andern Amoeben, vielleicht den Protozoen zugehörig, nachgewiesen, die durch erfolgreiche Uebertragung auf Katzen und Hunde als die Erreger der Seuche wahrscheinlich gemacht wurden. In den Darmgeschwüren findet man, wohl als secundäre Infektion, stets auch Bakterien, besonders oft Stäbchenformen; auch in den Leberabscessen sind bisweilen neben den Amoeben Streptokokken und Staphylokokken zu beobachten.

Organismen ähnlicher Art, die allerdings von Woronin zu den Myxomyceten oder Schleimpilzen oder Pilzthieren gestellt werden, finden sich bei einer auffallenden Krankheit der Pflanzen, der Kohlhernie; Woronin nannte diese Myxamöbe Plasmodiophora brassicae.

Umgekehrt kommen bei Pflanzenkrankheiten auch Bakterien als Erreger vor; in der Regel ist die sauere Reaction der Pflanzengewebe den Bakterien hinderlich. Beispielsweise wird die Nassfäule der Kartoffeln nach Reinke und Berthold durch eine endospore Stäbchenart hervorgerufen, welche eindringen, wenn die Korkschicht verletzt ist. Nach Wakker ist die in Holland beobachtete gelbe Krankheit der Hyacinthen durch Bakterien bedingt, die sich als gelbe schleimige Masse in den Gefässen der Zwiebel und in den Gefässen und dem Parenchym der Blätter finden. Ad. Mayer betrachtet die Mosaikkrankheit der Tabaksblätter durch Bakterien, und Arthur eine weit verbreitete Krankheit der Birnbäume in Amerika durch M. amylovorus bedingt.

Aber auch bei Hausthieren und den Menschen gibt es Krankheiten, welche durch Mikrobien hervorgerufen werden, die zu den Thieren, Flagellaten oder Protozoen gehören, wenn ihre Stellung im System auch noch widerspruchsvoll ist. Eine schwere, oft tödtliche Septikämie bei Pferden, Eseln und Kameelen in Indien, Surra genannt, wird nach Crookshank durch Geisselmonaden hervorgerufen.

Laveran wies 1882 nach, dass sich im Blute von Malariakranken thierische Mikrobien befinden, die von Marchiafava und Celli Plasmodium malariae genannt wurden. Da Blut mit diesen Körperchen auf gesunde Menschen übertragen, bei diesen nach Versuchen von Gerhardt Wechselfieber hervorruft, müssen diese Mikrobien als die Erreger des Wechselfiebers betrachtet werden. Eine Kultur ist bis jetzt nicht gelungen, sodass die Entwicklung aus dem Vor- und Nebeneinander der Form erschlossen werden muss.

Bei den kleinsten scheibenförmigen, jedoch amöboid die Gestalt ändernden Formen ist der Kern im Verhältnisse zum Protoplasma gross, bei den älteren Individuen wird es umgekehrt; das Plasma der jungen Formen ist homogen, bei den älteren oft körnig. In den älteren Formen findet sich stets das schwarze Malariapigment, welches Malanin genannt und als verdautes und von den Parasiten verändertes Hämoglobin betrachtet wird. Die voll entwickelten Parasiten bilden Geisseln, die oft losreissen; die Geisselfäden zeigen oft im Verlaufe, meist am Ende, knopfförmige Anschwellungen. Eine andere Form sind die Halbmonde, die sich ausserhalb der Gefässe langsam zu spindelförmigen, ovalen und schliesslich kugeligen Gebilden umbilden; es ist noch unsicher, ob diese Umformung auch im lebenden Blute vor sich geht.

Die Sporen bilden sich, indem das Pigment sich nach der Mitte zusammenzieht, dann das Plasma durch radiäre Streifen in eine rosettenförmige Figur zerfällt, deren periphere Theile dann die Sporen werden, während der zentrale Pigmenthaufen zurückbleibt. Die Sporen entstehen also durch eine Art Segmentation des Zelleninhaltes. Die pigmentlose Spore bleibt eine zeitlang frei im Blute, heftet sich dann an ein rothes Blutkörperchen an, gelangt in dieses und wird zu dem jungen Parasiten, der sich auf Kosten des Hämoglobins ernährt. Die Halbmonde sind nach Laveran die encystirte Form der kleinen Parasiten, nach Mannaberg jedoch eine Copulationsbildung oder Syzygien, also eine, jedoch nicht vollständige Verschmelzung von zwei Parasiten; diese Copulation würde dann als Vorbereitung der Sporulation aufzufassen sein.

Ueber die Beziehungen dieser Formen zu den verschiedenen Formen des Wechselfiebers herrschen zwei Ansichten. Golgi nimmt 3 Varietäten der Parasiten an, deren jeder nach Besonderheiten seiner Entwicklung verschiedene Fieberformen erregt, also einen Quartan-, einen Tertian- und einen Quotidian-Parasiten; Marchiafava möchte hierzu noch einen 4., den malignen Tertianparasiten stellen. Diese Auffassung entspricht der üblichen, bequemen Auffassung der Aerzte und hat deshalb viel Anklang gefunden. Aber es muss noch durchaus als offene Frage bezeichnet werden, ob die Beweise für die Existenz von drei Varietäten nicht Scheinbeweise sind. Die Fortschritte in der Bakteriologie müssen uns solchen schematischen Trennungsversuchen gegenüber sehr vorsichtig machen. Laveran vertritt die andere Ansicht; nach ihm ist der Parasit vielgestaltig und die verschiedenen Fiebertypen kommen nicht durch verschiedene Parasiten-Varietäten oder Arten, sondern durch die wechselnde Disposition des Menschen zu Stande. Diese Ansicht hat den grossen Vorzug mit den Fortschritten der Mikroparasitologie besser in Einklang zu stehen.

Nachdem sich gezeigt hat, dass die sogenannten Tuberkelbacillen die parasitische Wuchsform eines Tuberkelpilzes sind, will ich zum Schlusse noch einige Bemerkungen über die Pilzkrankheiten der Menschen und der Thiere machen. Die ächten Pilze sind luftlebig und können ihre Sporen nur bei Luftzutritt bilden, während das Mycel und die Hefenformen auch bei Luftabschluss leben. Wir finden Pilze deshalb meist nur an der Oberfläche, auf der Haut oder den Schleimhäuten.

Der Favuspilz wurde schon 1839 von Schönlein als Erreger des Erbgrindes erkannt und seinem Entdecker zu Ehren Achorion Schönleinii genannt; verschiedene Arten von Favus des Menschen dürften nur Varietäten einer Art sein. Der sehr ähnliche Trichophyton tonsurans, der 1845 von Gruby und Malmsten gefunden wurde, ist wohl eine andere Art. Als Erreger von Pityriasis versicolor wurde 1846 das Mikrosporon furfur von Eichstedt ermittelt.

Der Soor der Schleimhäute wird durch Oidium albicans bewirkt; er findet sich bei Kindern häufig und besonders an der Mundschleimhaut, während er bei Erwachsenen nur in besonderen Schwächezuständen wie Typhus, Phthise zur Entwicklung kommt. Die Sprossform vermag auch im Innern des Körpers zu wachsen und auszukeimen. So entsteht bei intravenöser Injection bei Kaninchen eine allgemeine Mykose der inneren Organe. Beim Menschen ist ein Fall von Wagner mitgetheilt, bei dem Soor in eine arrodirte Vene und von da ins Gehirn gelangte und eine tödtliche Gehirnmykose hervorrief.

Die eigentlichen Schimmelpilze sind spontan beobachtet an der Hornhaut, im äusseren Gehörgang, auf der Schleimhaut des Kehlkopfes und in den Lungen; an diesen Stellen können sich auch Sporen bilden. Eine Verschimmelung der inneren Organe, zu denen die Keime durch die Blutbahn verschleppt werden müssten, kommt selten zu Stande, weil die Pilze in der Regel nur oberflächlich wachsen. Es ist, soviel ich weiss, beim Menschen nur ein Fall beobachtet, wo die Infection vom Darme aus erfolgte. Dagegen kann man bei Thieren durch Injection der Sporen in die Blutbahn leicht Verschimmelungen der inneren Organe erreichen; zur Sporenbildung kommt es dabei nie. Bei den Mucorarten tritt dabei oft eine Anordnung und Form der Mycelien ein, welche ganz auffallend an den Strahlenpilz erinnert. Das merkwürdigste ist, dass diese krankheitserregenden Schimmelpilze, wie Aspergillus fumigatus und flavescens, Mucor rhizopodiformis und corymbifer, nie Gelegenheit hatten, krankheitserregend zu wirken, dass sie sich nicht dem Parasitismus anpassen konnten, sondern dass die von ihnen im Saprophytismus erworbenen Eigenschaften vollständig genügen, um sie auch sofort zur Krankheitserregung zu befähigen. Dieses eklatante Beispiel zeigt, dass man die Krankheitserreger auch in ihren Beziehungen zu den saprophytischen Anpassungen sorgfältig beobachten muss, wenn man nicht zu Vorstellungen gelangen will, die zwar den Vorzug haben, den Aerzten bequem, sonst aber falsch zu sein.

Ueber die Ursachen der Seuchen.

Der Wunsch, „der Dinge Ursachen zu erkennen," ist so alt wie die Menschheit selbst, und in der Arzneikunst beginnt die wissenschaftliche Zeit geradezu mit der klaren Stellung der Frage nach dem Zusammenhange der Seuchen mit der Umgebung' durch den „Vater der Medicin", Hippokrates und durch Diodor.

Im Allgemeinen begnügte man sich früher und vielfach noch jetzt mit höchst unklaren Vorstellungen, die alle das deutliche Suchen nach Wesenheiten, nach Personificationen gemeinsam hatten. Bei der Unmöglichkeit, in irgend einem Zeitabschnitte jemals alle Thatsachen ganz zu wissen, wird man stets genöthigt, einen Theil der fehlenden Thatsachen in Gedanken zu ergänzen, zu theoretisiren, und dies geschieht stets nach den Gesichtspunkten, welche die jeweilige Gesammtkultur an die Hand giebt. Noch jetzt ist, wie die ganz verschiedene Auffassung der Bilderanbetung bei gebildeten und ungebildeten Personen und Völkern deutlich zeigt, das Bedürfniss nach Personificationen, nach Wesen, für breite Schichten unentbehrlich. Erst bei tieferem Denken wird man zu einem Aufgeben solcher Wesen in den Ursachen gedrängt und zuerst zu mechanischen, dann zu einheitlichen Weltanschauungen gebracht. Geleitet von dem weltbeherrschenden, allumfassenden Gesetze von der Erhaltung der Energie, haben die exacten Naturwissenschaften sich überall zu einer mechanischen, zum Theil schon zu einer monistischen Ansicht durchgekämpft. Die ausserordentliche Complicirtheit der Erscheinungen, welche uns bei der Entstehung von Seuchen entgegentreten, dürfte es wohl verschuldet haben, dass sich bis jetzt keine der herrschenden und sich gegenseitig aufs Aeusserste befehdenden Richtungen in der Medicin ganz von dem alten mystischen Wesen frei gemacht hat, und gerade desshalb erleben wir es Tag für Tag, dass nicht nur die wissenschaftlichen Zeitschriften von den auf einander platzenden Gegensätzen ertönen, sondern dass sich dieser Streit in die Tagespresse und die Unterhaltungen der Gebildeten und Ungebildeten fortpflanzt

Schon angesichts der grossen Seuche, welche die Griechen vor Troja den Pfeilen des beleidigten Gottes Apollo zuschrieben, lässt Homer den Vater der Götter und Menschen sagen:

"Seltsam, wie doch die Menschen die Schuld beimessen den Göttern!
Unglück stamme von uns, so sagen sie; aber sie selber
Schaffen durch eigene Frevel sich Leiden und mehr, als verhängt sind."

Diese Vorstellung, dass die Seuchen Strafen für Sünden sind, und dass sie durch Opfer, Gebete und Bittgänge bekämpft werden können, kann man noch heute mitten im civilisirten Europa erleben, und dies zeigt uns, wie fest dieses Suchen nach Wesen, die ontologische Betrachtung, im ungeschulten Denken haftet. Bei der Bequemlichkeit dieser ontologischen Auffassung können wir es auch verstehen, wie in unserer Zeit zum reinen Hohn auf alles naturwissenschaftliche Denken die Bakterien als wahre Krankheitswesen ihre Auferstehung feiern konnten. Weiss doch jetzt schon jede Nähmamsell, dass diese nichtswürdigen Bakterien die Seuchen — das ist der gute deutsche Name für Infektionskrankheiten — verursachen. Kennt man den Bacillus, so weiss man alles Nothwendige, und das Bekämpfen, Desinficiren und Heilen kann losgehen. Wie dumm müssen da die alten Aerzte gewesen sein, die die Bakterien noch nicht kannten, die es aber mit ihrer besseren philosophischen Schulung nicht in Einklang bringen konnten, dass man solche Dinge auf einmal als Ursachen auf den Tisch des Hauses in Reinkulturen und schön gefärbten mikroskopischen Präparaten niederlegen wollte. Und in der That lag in diesem Widerspruche ein gesunder Kern. So hatte sich schon Liebig über Pasteur lustig gemacht und gegen die Ansicht Pasteur's, dass die Hefen die Ursache der Alcoholgährung sind, bemerkt, dass man Ursachen nicht sehen könne. Die Mediciner genirte das aber nicht, und unter dem Einflusse der genialen Methodik Koch's wurde die Demonstration von Krankheits-Ursachen in Reinkulturen ein Sport, der sich bis in die Salons fortpflanzte und in Schlagworten auf allen Gebieten populär wurde.

Das naturwissenschaftliche Verständniss für die Bedeutung der Bakterien bei der Entstehung von Seuchen dürfte sich am besten ergeben, wenn ich versuche, bie bisherigen Vorstellungen überhaupt kurz darzulegen. Der jetzt allgemein bekannte Begriff einer „specifischen" Infektionskrankheit findet sich zuerst bei dem grossen englischen Arzte Sydenham. Man versteht darunter scharf umschriebene eigenartige Krankheiten, die sich in reinen uncomplicirten typischen „Schulfällen" nach Verlauf und Zeichen scharf von anderen Krankheiten unterscheiden: so sind Masern, Scharlach, Blattern, Wechselfieber, Lungenentzündung, Cholera solche „specifische" Infektionskrankheiten oder Seuchen. Gerade diese Besonderheiten der typischen Schulfälle wiesen stets auch auf eine eigenartige Entstehung, und in diesem allgemeinsten Sinne eben verglich Seydenham die „Krankheits-Spezies" zuerst mit den Pflanzen-Spezies. Damit war für diesen Arzt die „specifische" Krankheit selbst ein „Wesen", sie war personificirt. Diese Vorstellung beseitigt zu haben, ist ein grosses Verdienst von Lotze und Virchow, welche schärfer als ihre Vorgänger erkannten, dass die Krankheit so wie das normale Leben ein Vorgang ist. Ein Vorgang, ein mechanischer oder dynamischer Process, kann aber nie ein Wesen sein, und damit beseitigten erst Lotze und Virchow diese nicht naturwissenschaftliche Vorstellung endgiltig. In der Sydenham'schen Vorstellung steckt aber noch etwas anderes, nämlich die Beobachtung, dass die „specifische" Krankheit durch irgend etwas veranlasst werden müsse, ohne dass er aber die Begriffe von Krankheitsanlage und Krankheitsursachen genügend trennte. Weiter erkannte er, dass der Charakter der „specifischen" Seuchen in den einzelnen Epidemien ganz verschieden ist. Er nannte das „genius epidemicus", ohne zu merken, dass darin eine gründliche Berichtigung seiner starren Krankheits-Typen ausgesprochen war.

In der einfachen Gegenüberstellung der Vorstellung von Sydenham von einer „Krankheits-Species" als einem Wesen und von Lotze und Virchow von einem Krankheitsvorgange haben wir sofort das Verständniss dafür, dass einseitige Bakteriologen gerade Virchow heftig bekämpften, weil eben manche Bakteriologen noch ganz in den Fesseln der Ontologie stecken, weil für sie die krank-

heitserregenden Bakterien nur mystische Wesen sind, die sie an die
Stelle der älteren Personificationen der überwundenen Priestermedicin
setzen möchten, um sie von den gläubigen Aerzten und Laien an-
beten zu lassen.

Indem Virchow den Krankheits-Vorgang möglichst genau ver-
folgte, kam er schliesslich auf die kranke Zelle, und nun verfiel er
sonderbarerweise seinerseits in den grossen Fehler, die kranke Zelle
als das „Wesen" der Krankheit aufzustellen und damit an die Stelle
des einen von ihm hinausgeworfenen Wesens ein anderes zu setzen.
An dieser schwachen Stelle der Zellularpathologie setzten selbstverständlich auch die Gegner Virchow's ein, um vorwärts zu kommen.
Hierbei wurde nur eines nicht beachtet, Virchow hatte nämlich
über der kranken Zelle als mikroskopischem Krankheitswesen den
Krankheits-Vorgang nicht vergessen und richtig vermuthet, dass das,
was als Krankheit in die Erscheinung tritt, etwas sein muss, was
bereits im normalen Organismus vorgezeichnet ist, dass, wie zur
Wirkung die Ursache, so zur Krankheit eine innere Krankheitsanlage
gehört.   Aehnlich hatte sich auch bereits Lotze ausgesprochen.

Für den normalen Lebensvorgang wusste man Aehnliches längst
durch die Forschungen der deutschen Physiologen Haller, Reil
und Johannes Müller.   Welche Kräfte auch von aussen wirken
mögen, das Auge hat nur Lichtempfindungen, das Ohr nur Ton-
empfindungen, die Drüse sondert ihre Säfte ab, der Muskel zuckt.
Es sind also ausschliesslich innere Zustände des Organismus, seiner
Organe, Gewebe oder Zellen, welche allein die Wirkung bestimmen.
Was von aussen hinzu kommen muss, dass diese Wirkungen eintreten, nennt man die Reize.   Diese sind demnach den grundsätzlich
inneren Einrichtungen, den Anlagen gegenüber etwas Aeusseres.
Weil die Reize wechseln können, die Wirkung jedoch physiologisch
die gleiche bleibt, liegt die wahre Ursache in diesen inneren Einrichtungen.   Die gegebene innere Anlage ist physiologisch
die wahre und ausreichende Ursache, also auch die
alleinige Ursache der normalen Lebensvorgänge. · An
diesem Punkte nun erkannte Virchow, in Anlehnung an Brown,
dass eine quantitative Ueberschreitung der normalen Lebensreize zur
Krankheit Veranlassung giebt; so blendet z. B. zu viel Licht. Aehn-

lich ist aber auch die Wirkung eine zu starke, wenn die Anlage dem an sich noch physiologischen Reize gegenüber zu schwach ist.

Die Krankheit kann als Wirkung die Folge quantitativer Aenderungen normaler Verhältnisse sein, wenn die gewöhnlich gegebene physiologische Anlage zu schwach ausgebildet ist, oder wenn die Reize zu stark sind.

In diese Auffassung passen nun scheinbar wenigstens die Seuchen als angeblich ganz neue Qualitäten so wenig hinein, dass man einerseits begreift, dass die Lehre von den Ursachen der Infektionskrankheiten Virchow auch nicht annähernd so viel Förderung verdankt, wie andere Gebiete der Pathologie, und dass andererseits die durch Virchow's Darstellung unbefriedigten Forscher bei ihren Untersuchungen über die Ursachen der Seuchen sogar in den entgegengesetzten Fehler verfielen. Der Wiener Arzt Plenciz hatte schon im vorigen Jahrhundert sehr klar und eingehender, als dies je vorher geschehen war, erklärt, dass die Ursachen der Seuchen in specifischen kleinsten Lebewesen gesucht werden müssten. Dann hatten Eisenmann und noch schärfer Henle diese parasitäre Theorie der Infektionskrankheiten aufgestellt, die dann allmälich durch wichtige Thatsachen gesichert und in unserer Zeit durch Davaine, Pasteur, Klebs, F. Cohn, J. Schröter und Koch zur herrschenden wurde. Durch Aufstellung dieser Theorie war seiner Zeit Henle in mindestens ebenso scharfen Gegensatz zu Virchow gerathen, wie neuerdings Koch, und er wurde durch die Rücksichtslosigkeit Virchow's damals in andere Bahnen gezwungen, was ja manches Persönliche in den jetzigen Kämpfen verständlicher macht. Diese jetzt gesicherte parasitäre Theorie der Seuchen sagt nun aus, dass jede „specifische" Infektionskrankheit, jede typische Seuche durch ein „specifisches", eigenartiges Kleinlebewesen oder Mikrobion veranlasst wird, von denen die meisten bekannt gewordenen, aber, wie aus dem vorausgegangenen Abschnitte erhellt, nicht alle zu den viel genannten Bakterien gehören. Diese Bakterien, also ganz äussere Wesen, sind hiernach, wie Koch es ganz besonders scharf hingestellt hat, die alleinige, wahre und ausreichende „Ursache" der Seuchen. Die Ursache der Verschiedenheit der Seuchen ist hiernach in der Verschiedenheit der zu Grunde liegenden Kleinlebewesen, in den krankheitserregenden Bakterien a l l e i n gegeben. Die Bakterien stellen das „Wesen" der Seuchen dar. Wie im Mittelalter nach dem „theatrum diabolorum" die Ansicht herrschte, „dass eine jede Sünde von einem besonderen Teufel geführt und getrieben werde", so hätte jetzt jede Seuche ihren eigenen Teufel in Form eines specifischen Bacillus, und Beelzebub, der Gott der unsichtbaren bösen Fliegen, wäre eigentlich der Schutzpatron der „specifischen" Bakteriologen.

Der Gegensatz dieser Auffassung, die in der französischen Tagespresse in P a s t e u r, in der deutschen in K o c h den unfehlbaren Meister anerkennt, zu der Auffassung von V i r c h o w ist wohl der denkbar schroffste und scheinbar gar nicht zu überbrücken. Es ist derselbe Gegensatz, wie er in der Gährungsphysiologie zwischen L i e b i g und P a s t e u r bestand, wobei L i e b i g ähnlich wie V i r c h o w für die Seuchen, die Ursachen der Gährungen in inneren Einrichtungen der gährfähigen Substanzen suchte, während P a s t e u r die Ursache in sichtbaren äusseren Hefen erblickte.

Dieser Gegensatz wird nun noch verwickelter dadurch, dass P e t t e n k o f e r wenigstens für gewisse Seuchen, wie Unterleibstyphus und Cholera, das Entscheidende, das „Wesen" in äusseren, nach Ort und Zeit wechselnden Bedingungen gefunden zu haben glaubt.

Wir haben demnach als wahre und ausreichende Ursachen von Seuchen in drei verschiedenen Schulen drei ganz verschiedene Dinge die als „Wesen", als Personificationen behandelt werden, und zwar bei V i r c h o w in den kranken Zellen innere Ursachen, bei seinen Gegnern in den Krankheitserregern äussere Ursachen, und bei P e t t e n - k o f e r noch äussere Bedingungen, die weder bei V i r c h o w noch bei seinen Gegnern eine besondere Rolle spielen. Daneben haben wir aber bei V i r c h o w den Versuch, sich von den Personificationen frei zu machen und zum Verständnisse von Vorgängen zu kommen.

Ich will nunmehr versuchen, zu zeigen, was an allen diesen Auffassungen falsch ist, was aber naturwissenschaftlich haltbar ist, und dabei werde ich zeigen, dass alle diese Forscher nur je einen Theil der Wahrheit erkannten, dass aber keiner von ihnen zum Erfassen des ganzen Ursachenzusammenhanges im Sinne der modernen exakten Naturwissenschaften vorgedrungen ist. Damit hoffe ich auch zu zeigen, dass die bestehenden Gegensätze sich in einer höheren

Einheit auflösen, wobei die Lösung wieder überraschend einfach ist, wie es meistens bei solchen durch die doktrinären Schulautoritäten zur höheren Ehre des lieben Ichs aufgebauschten Gegensätzen zu sein pflegt.

Ursachen und ihre Identität und Aequivalenz mit den Wirkungen.

Während sich der exakte moderne Naturforscher die Begriffe Ursache und Wirkung nur einheitlich oder monistisch vorstellt, während die Erkenntnisstheorie zu einer ähnlichen Anschauung vorgedrungen ist, verbindet man im Volke noch jetzt mit dem Worte Ursache ganz verschiedene Begriffe. Bald gebraucht man das Wort im selben Sinne wie der Naturforscher, wenn man zum Beispiel bei einer Explosion den Grad der Zerstörung von der Art und Menge des Sprengmaterials abhängig sein lässt, bald aber nennt man auch den Funken oder den elektrischen Strom, der der Explosion vorangeht und sie hervorruft, Ursache. Im ersten Falle ist Ursache etwas Innerliches und mit der Wirkung sich genau Deckendes, im zweiten Falle ist Ursache etwas Aeusseres, was mit der Wirkung in keinem der Art und Menge nach übereinstimmenden Verhältnisse steht. Um nun diesen Doppelsinn des Wortes „Ursache" auszuschliessen und damit der Verwirrung ein Ende zu machen, wurde im Anschlusse an die Entdeckung des Gesetzes von der Erhaltung der Energie durch R. Mayer und seine Nachfolger eine Uebereinstimmung in folgender Weise erzielt, welche auch in der Erkenntnisstheorie vielfach schon durchgeführt ist.

Wenn potentielle Energie, was sich deutsch mit Spannkraft oder besser vielleicht mit Arbeitsvermögen geben lässt, in kinetische Energie oder lebendige Kraft oder Arbeit übergeht, so sind beide Grössen gleich, sie gehen quantitativ in einander über, und die Arbeit als Wirkung ist bereits mit dem Arbeitsvermögen als Ursache genau bekannt und eindeutig bestimmt. Die wahre und genügende Ursache jeder Wirkung ist stets etwas Innerliches, was sich aus der Menge und Art der Ausgangsgrösse, aus deren Qualität und Quantität allein und ganz ergiebt. Dies ist der Begriff einer Ur-Sache, den die deutsche Sprache so überaus glücklich bezeichnen

kann, während die anderen Sprachen dies umschreiben müssen, im
Lateinischen z. B. als causa prima oder princeps, wozu aber dann
noch die weitere Definition causa interna und vera oder sufficiens
als Ergänzung gehört, um das Alles zu geben, was uns das eine
Wörtchen „Ur" sagt. Es ist das schlechterdings „hinter dem Wandel
ursprünglich Bleibende und Bestehende", wie Helmholtz sich ausdrückte. Das allein nennen wir in den exacten Naturwissenschaften
und in der Erkenntnisstheorie jetzt Ursache, und nur darin sehen
wir einen wahren und ausreichenden Grund. Nur was hier nach
Art und Masse vorgesehen ist, kann als Wirkung in die Erscheinung
treten, sonst nichts, und alles, was als Wirkung in die Erscheinung tritt, ist nach Art und Masse bereits in der
Ursache, in den inneren Einrichtungen gegeben.

Hemmungen und äussere Bedingungen.

In bestimmten Fällen kann nun in diesem strengen Sinne
Ursache von selbst, freiwillig, spontan in Wirkung übergehen, z. B.
wenn ein geworfenes oder gehobenes Gewicht sofort fällt. In der
Regel geschieht dies praktisch nicht, weil man, um bestimmte Ar-
beiten zu ermöglichen, eine Hemmung einführt, indem man z. B.
das gehobene Gewicht durch Aufhängen an einen Faden oder durch
Unterschieben eines Brettes verhindert, sofort zu fallen. Eine solche
Hemmung kann nun leicht oder schwer zu entfernen sein, und es
bedarf entsprechend einer äusseren Energiezufuhr, um sie zu lösen,
um dadurch erst im geeigneten Momente das wirkliche Fallen des
Gewichtes herbeizuführen. An sich hat eine solche Hemmung dem
Uebergange des Arbeitsvermögens in Arbeit gegenüber etwas rein
Zufälliges, sie wird nach den gegebenen äusseren Gelegenheiten bald
so, bald anders ausfallen, bald leicht, bald fest sein. Solche äussere
Verhältnisse, welche das Einführen von Hemmungen ermöglichen,
tragen deshalb den Charakter von Bedingungen oder Gelegenheiten.
Als man sich noch über den Zusammenhang nicht klar war, sprach
man deshalb von Gelegenheits-Ursachen. An sich sind solche Bedingungen nicht nothwendig, sie tragen also nichts vom Charakter
ächter Ursachen an sich, aber sie sind praktisch wichtig. Durch
die äusseren Bedingungen werden für jede potentielle Energie

ganz bestimmte Anfangslagen und Hemmungen geschaffen, welche darüber entscheiden, ob eine gegebene potentielle Energie, ob eine gegebene Arbeitsmöglichkeit, ob eine gegebene innere Ursache gar nicht, ob sie leicht oder ob sie schwer in kinetische Energie, in Arbeit, in Wirkung übergehen kann. So lange also die äusseren Bedingungen gleich bleiben, muss die gleiche potentielle Energie gleich leicht in kinetische Energie, die Ursache gleich leicht in Wirkung übergehen können. Aendern sich die Bedingungen, so wird der Uebergang leichter oder schwerer oder gar nicht mehr stattfinden können, weil durch Aenderungen der Bedingungen die Hemmungen nach Art und Menge geändert werden. Diese quantitative Auffassung der Bedingungen wurde zuerst von mir auf der Naturforscherversammlung in Nürnberg 1893 dargelegt und gleichzeitig von Mach gezeigt, welche Bedeutung das Gleichbleiben der Bedingungen auch für das Gleichbleiben physikalischer Vorgänge hat.

Auslösung.

Wenn irgendwie oder wo durch Hemmungen der Uebergang von Ursache in Wirkung, von potentieller in kinetische Energie verhindert ist, so kann der Uebergang nur erfolgen, wenn diese Hemmung beseitigt wird. Diesen Vorgang bezeichnet man mit R. Mayer als Auslösung der Energie, und man nennt die äusseren Kräfte, welche dieses leisten, auslösende Anstösse. Ich habe nun darauf hingewiesen, dass man sich nicht damit begnügen kann, diese auslösenden Anstösse als minimale Grössen zu vernachlässigen, sondern dass diese auslösenden Anstösse mit ganz bestimmten Massen in den Energiezusammenhang eintreten. Die Auslösung muss stets so viel Energie zuführen, wie zur Ueberwindung der Hemmung nöthig ist.

Jeder Uebergang einer Energie in eine andere ist eine sichtbare oder unsichtbare Bewegung, und die Auslösung ist ebenfalls Uebertragung einer Bewegung. Im Zusammenhange der Erscheinungen wirkt deshalb jede ausgelöste Energie durch Uebertragung von Bewegung auch auslösend auf andere Energie. Beim Krankheitsvorgange sehen wir das äusserlich im Wechsel der auf einander folgenden Symptome.

Die Auslösung ist etwas Aeusseres, was unter Umständen fehlen kann, und deshalb ist es mindestens überflüssig, von auslösenden Ursachen zu sprechen.

Wir können jetzt verstehen, dass **kleine Ursachen keine grossen, sondern nur kleine Wirkungen haben, dass aber kleine, jedoch zur Ueberwindung der Hemmungen ausreichende Anstösse grosse Wirkungen auslösen können.** Immer ist eine Wirkung ein Vorgang, kein Wesen, und die einzelnen Faktoren, die zur Wirkung gehören, innere Ursachen, äussere Bedingungen und äussere Anstösse, bilden stets ungleichwerthige Glieder einer geschlossenen Kette, in der eine Bewegung stattfindet. Unterbrechung der Kette an einem Punkte macht die Wirkung unmöglich.

An sich ist es natürlich höchst gleichgiltig, welche Bezeichnung man wählt. Ich habe mich mit der unzweideutigen Definition und der dadurch gegebenen Eindeutigkeit der Begriffe zu einer Terminologie entschieden, die auf alle Gebiete des menschlichen Wissens anwendbar ist und deshalb der ganz prinzipienlosen Terminologie in der Medicin mit dem neuen Standpunkte auch formell ein Ende macht. Als ich auf der Naturforscher-Versammlung 1893 meine Ansichten vortrug, wurde mir von verschiedenen Seiten der Vorwurf gemacht, dass bei der geringen erkenntnisstheoretischen und naturwissenschaftlichen Schulung der Mehrzahl der Aerzte meine damalige Darstellung etwas zu schwierig gewesen sei. Vielleicht ist es mir gelungen, diesmal genügend elementar gewesen zu sein, um das Verständniss zu ermöglichen, dass in den exakten Naturwissenschaften absolut kein Platz für ontologische Spielereien, für Entitäten, für Wesen ist, sondern dass es sich um dynamische Erscheinungen, um Vorgänge handelt, die ineinander greifen. Das ist der hoffentlich klare Sinn meiner Auseinandersetzung.

Vielleicht gelingt es mir jetzt auch, allgemeinverständlich zu zeigen, dass wir auch auf dem organischen Gebiete und speciell in der Lehre von der Entstehung der Seuchen keinen Platz haben für die „Wesen" der „specifischen Krankheit" nach Sydenham, der kranken Zelle nach Virchow, der örtlichen und zeitlichen Disposition als Bedingungen nach Pettenkofer, der „specifischen" krankheitserregenden Bakterien nach Pasteur, Klebs, F. Cohn und Koch, und zu zeigen, dass auch bei der Entstehung von Seuchen dynamische Vorgänge in Betracht kommen, die mit allen diesen Dingen rechnen, ohne in die Mystik der Ontologie zu verfallen. Wenn Behring es Koch zum Verdienst anrechnet, mit seiner Darstellung der Bakterien als specifischen Krankheits-Ursachen die Krankheits-Entitäten gesichert zu haben, so ist es wohl klar, dass darin einer der grössten Rückschritte liegt, den die wissenschaftliche Medicin thun konnte. Bei solcher Sachlage ist eine klare und unzweideutige Terminologie stets ein Vortheil gewesen, was aber einige Anhänger der bakteriologischen Ontologie mir gegenüber nicht zu begreifen scheinen, weil es für diesen überwundenen Standpunkt vortheilhaft ist, eine unklare, zweideutige Bezeichnung zu haben, um dem neu gewonnenen naturwissenschaftlichen Standpunkte gegenüber nachher sagen zu können, sie hätten eigentlich immer etwas Anderes gemeint, als was Jeder vorher aus ihren Arbeiten lesen musste.

Atomverkettung und Hemmung.

Wenn organische Gebilde aus den Elementen oder deren einfachsten Verbindungen aufgebaut werden, so ist bei dem Produkte einer solchen Synthese stets eine mit der Zahl der Atome eines Molekels gesteigerte Zahl von Verbindungen der Atome gegeben. Aber die einzelnen Atome sind in den einfachsten Ausgangsmolekeln fester untereinander verbunden, als in den komplicirten synthetischen Produkten. Kohlensäure und Wasser, aus denen in der Pflanze Stärke und Zucker gebildet werden, sind einfache und fest gefügte Atomverbindungen im Molekel, gegenüber den komplicirteren und lockeren, aus denselben Atomen gebildeten Molekeln von Stärke oder Zucker. Kohlensäure, Wasser, Schwefelwasserstoff, Ammoniak, Salpetersäure, welche in die Synthese von Eiweiss eintreten können, sind ganz feste, einfache Atomverkettungen gegenüber den ganz losen und komplicirten Verkettungen, welche dieselben Atome im Eiweissmolekel zeigen. Mit der Zahl der Atome in einem Molekel beim Aufbau wächst nicht nur die Zahl der Atomverkettungen, sondern im Allgemeinen auch die Lockerheit der Bindungen, d. h. also auch umgekehrt, wenn die komplicirten und lockeren

Molekel abgebaut werden und in die einfacheren und festeren Verbände zerfallen, so muss im Allgemeinen die Leichtigkeit des Abbaues und die Zahl der möglichen neuen Verbindungen abhängig
sein von der Komplicirtheit des abzubauenden Molekels. Wir haben
demnach im aufgebauten Molekel so viel Energie oder
innere Ursache, wie zum Aufbau verwendet wurde, und
in der Art der Verbindung und Verankerung der Atome
auch ganz bestimmte, leicht oder schwer zu über-
windende Hemmungen.

In diesen Fällen ist demnach die Hemmung in viel innigerer
Beziehung zur potentiellen Energie als in den meisten Fällen der
anorganischen Natur; sie ist eine unmittelbare Folge des
Aufbaues und deshalb auch eine Qualität. Im Aufbau
und damit in der Zusammensetzung und Anordnung eines organischen
Körpers ist als potentielle Energie und als innere Ursache einmal
alles gegeben, was der Masse nach als Wirkung hervorgehen kann,
es ist aber auch der Art nach alles vorgezeichnet, und endlich ist
die Hemmung, welche den sofortigen und freiwilligen Uebergang in
Wirkung, in kinetische Energie verhindert, ebenfalls nach Art und
Menge sofort mitgegeben. Die letzteren Erscheinungen habe ich
ebenfalls erst vor Kurzem klar gelegt, wobei ich vielleicht die Erscheinung etwas zu sehr verallgemeinert habe. Doch gehören solche
Einzelheiten nicht hierher. Je lockerer und mannigfaltiger die Zusammensetzung der Atomgruppirung eines Molekels ist, je mehr
Energie das Molekel bereits enthält, um so weniger Energie muss
zur Ueberwindung der Hemmung in der Auslösung zugeführt werden,
um so mehr verschiedenartige äussere Anstösse vermögen die Hemmung
durch Zufuhr abgestimmter Bewegungen zu lösen, die potentielle
Energie in kinetische, die Ursache in Wirkung überzuführen; cfr. S. 61.

Während in den rein anorganischen Prozessen die auslösenden Anstösse wirken oder nicht wirken, weil sie vorwiegend als
Quantitäten zur Beseitigung der Hemmung dienen, ihre Qualität
jedoch nur durch die Form der Bewegung mit der Qualität der
auszulösenden potentiellen Energie in Beziehung tritt, kommen sie
bei der Auslösung der Energie organischer komplexer Molekel
mehr als Qualitäten in Betracht. Aber dass sie als solche

Qualitäten sich geltend machen können, das hängt wieder in letzter Instanz ausschliesslich davon ab, dass sich beim Aufbau die Menge und Art der Hemmung aus eben diesem Aufbau, d. h. aus Masse und Art, d. h. aus der inneren Einrichtung der organischen Gebilde ergiebt, auf welche ein auslösender Anstoss trifft. Die Hemmung ist dessbalb geradezu ein Anpassungsverhältniss, während sie im Bereiche des Anorganischen sich oft aus dem Nebeneinander der verschiedenen Vorgänge, aus dem Ineinandergreifen derselben ergiebt.

Wir treffen demnach bei dem Erforschen der Ursachen organischer Vorgänge alles wieder wie bei anorganischen Prozessen, nur geregelt und verwickelt, einmal durch die Anpassungen und dann durch die Komplicirtheit der Erscheinungen. Wir finden also einmal potentielle Energie, Arbeitsvermögen oder innere Ursachen, die sich quantitativ in kinetische· Energie, in Arbeit oder Wirkung umsetzen können, wobei die Wirkung in ihren Besonderheiten nur davon abhängig ist, wie die Zusammensetzung, d. h. die Verbindung der Atome in Molekel qualitativ war. Dieses Qualitative ist im Bereiche des Organischen auffallender als in der Physik, die von R. Mayer bis zu Hertz die Qualitäten überwinden gelernt hat. Im Grunde sind es aber genau dieselben subjectiven Schranken, die uns überhaupt gezogen sind, was ich aber hier nicht weiter ausführen will; jede Qualität ist im gewissen Sinne eine Art Sinnestäuschung oder Sinnesschranke, aber nichts Objectives.

Dann finden wir Hemmungen, die sich aber jetzt aus den Besonderheiten des Aufbaues ergeben und deshalb für uns nicht nur die schon bekannte quantitative, sondern auch eine sehr zu beachtende qualitative Seite aufweisen. Endlich bedürfen wir der auslösenden Anstösse, welche quantitativ und qualitativ die Hemmung zu beseitigen haben. Wir nennen aber jetzt die Dinge etwas anders, weil bei der historischen Entwickelung die Qualität so vorherrschte, dass man die quantitative Seite ganz ausschloss · oder nicht erkannte, und nur Liebig, Lotze, Virchow, Naegeli haben bereits einzelne ʻMomente dieser Art geahnt, zum Theil erkannt.

Dass es so lange dauerte, bis in den Naturwissenschaften der Dualismus zwischen Organischem und Anorganischem beseitigt wurde,

hängt wohl damit zusammen, dass die Auffassungen der Begriffs-
kritik lange nachklangen. Kant war Dualist, für ihn waren die
anorganischen Processe Folge der Nothwendigkeit, die organischen
der Zweckmässigkeit, und Schopenhauer wollte in den anorganischen
Vorgängen Quantitäten, in den organischen Qualitäten oder Reize
als entscheidend erkennen. In letzterer Form spukt der Dualismus
leider noch viel in den Köpfen der Mediciner, welche die Rück-
ständigkeit gegenüber der mechanischen und monistischen Natur-
erkenntniss oft gar nicht einmal ahnen.

Erwerbung und Vererbung von Krankheitsanlagen.

In Folge von Vererbung, individueller Entwickelung
und Anpassung an die gegebenen Lebensbedingungen
besitzt jeder Mensch, den ich von jetzt ab in den Vordergrund
stelle, in seinem Gesammtorganismus, in seinen Organen, Geweben,
Zellen und Säften zu einer gegebenen Zeit und an einem bestimmten
Orte eine ganz bestimmte, und zwar nach Masse und Art bestimmte,
potentielle Energie oder Arbeitsvermögen oder Ursache, welche wir,
je nachdem sie sich später in Wirkungen äussert, nunmehr als
physiologische Anlage oder Reizbarkeit, als krankhafte Schwäche,
als Krankheitsanlage oder als Seuchenfestigkeit bezeichnen. Wir finden eine Krankheitsanlage oder Disposition der
Rasse oder Art, wenn wir sehen, dass z. B. der Neger sehr viel
leichter an Blattern erkrankt als der Europäer, während dieser dem
Gelbfieber mehr und leichter erliegt Wir finden eine besondere
Krankheitsanlage bei Individuen derselben Art, wenn wir feststellen,
dass bei uns nur 3 bis 7 Procent der Bevölkerung die Cholera bekommen, die anderen gegen diese Seuche fest sind, oder, wenn trotz
der Gelegenheit der Infektion für Jeden, nur etwa 20 bis 25 Procent
der Bevölkerung irgend eine Form der Tuberkulose wirklich erwerben;
ja, wenn wir die angeblich gefährlichste aller bisherigen Seuchen,
den schwarzen Tod des Mittelalters, nehmen, so sollen immerhin
nur ein Viertel aller europäischen Menschen die Krankheit erworben
haben, also etwa 75 Procent dagegen natürlich geschützt gewesen
sein, während die Blattern in Mittelamerika sogar die Hälfte der
Indianer vernichtet haben sollen.

Die Krankheitsanlage der Organe lernt man kennen, wenn man sieht, wie Krankheiten, die jetzt als Seuchen sicher gestellt sind, früher als Organkrankheiten aufgefasst wurden, z. B. die Lungenentzündung, Darmkatarrhe; besonders schön wird es aber durch die ganz auffallenden Unterschiede beleuchtet, mit welchen die Tuberkulose die einzelnen Organe befällt, und auch dies wieder in den verschiedenen Altersstufen ganz verschieden. Das Bestehen einer Krankheitsanlage wird nach den ärztlichen Erfahrungen und dem Riesenmaterial der Erkrankungs- und Sterblichkeitsstatistik dadurch gezeigt, dass die Erkrankungen nach den einzelnen Altersstufen und weiter nach dem Geschlechte sehr verschieden sind.

Schöne Beispiele für die Disposition haben wir bei pflanzlichen Parasiten. So findet man Laboulbenia muscae nur auf Stubenfliegen, Cordyceps dagegen in den Larven verschiedener Schmetterlinge und anderer Insekten. Phytophtora infestans kommt nur auf Kartoffeln, Phytophtora omnivora auf verschiedenartigen Pflanzen, aber nicht auf Kartoffeln vor. Pilzarten aus den Gattungen Pythium und Sclerotinia befallen nur die jungen, wasserreichen und deshalb wenig widerstandsfähigen Pflanzen, dagegen die wasserärmeren, älteren Pflanzen nicht. Cystopus candidus veranlasst nach de Bary den weissen Rost der Gartenkresse (Lepidium sativum), und zwar sind alle Pflanzen dafür empfänglich, aber nur im Stadium der Cotyledonen oder Keimblätter; sind diese abgefallen, so ist das Laub geschützt und die Sporen und Schläuche der Cystopus dringen allenfalls ein Stück ein, ohne aber im Innern weiter wuchern zu können.

Der Blasenrost der Fichtennadeln kommt nach Cramer in anderer parasitischer Form nur auf den Blättern von Alpenrosen und Sumpfporst (Ledum palustre) vor als Chrysomyxa rhododendri und Ledi. In Oertlichkeiten, wo diese beiden Pflanzen nicht vorkommen, giebt es es auch keinen Blasenrost an den Fichten. Aehnliche Beziehungen bestehen nach de Bary zwischen dem Rost des Getreides und den Aecidien des Berberizenstrauches. Die „örtliche" Disposition ist also in Wirklichkeit eine Disposition des Wirthes. Beseitigt man nach de Bary die Krankheitsanlage des Wirthes, indem man diesen z B. die Berberizensträucher entfernt, so hört

die Krankheit auf und umgekehrt kann sie auch entstehen, wenn
man empfängliche Wirthspflanzen einführt.

Am auffallendsten aber vielleicht ist es, dass ganz bestimmte
Anlagen erworben werden. Das Ueberstehen von sogenannten
Erkältungskrankheiten und Rheumatismen, die ursächlich einander
vielleicht recht nahe stehen, erhöht die Neigung zu denselben, während
das Ueberstehen der meisten akuten Seuchen, wie Pocken, Scharlach,
Masern, gegen ein Wiederauftreten Schutz verleiht. Eine Anlage
zur Krankheit hat sich in das Gegentheil, in den Schutz
gegen die Krankheit verwandelt.

Ein solcher individuell erworbener Schutz kann von der
Mutter auf das Kind vererbt werden. Ich will an dieser Stelle
die neuerdings viel besprochene Frage, ob erworbene Eigenschaften
vererbt werden können, nicht besprechen und nicht zeigen, wie sich
auf Grund meiner Darstellung des Ursachenproblems der Frage
näher treten lässt. Es genügt mir vorläufig, festzustellen, dass
unter Umständen erworbene Eigenschaften, darunter auch erworbene Krankheitsanlagen oder erworbene Seuchenfestigkeit
vererbt werden müssen. Nach Kaltenbach zeigte sich von
zwei gleicher Infektionsgefahr ausgesetzten, in nahester Berührung
gebliebenen, aus zwei verschiedenen Eiern — Doppelplacenta aus zwei
Chorien — hervorgegangenen Zwillingsschwestern die eine dauernd
gegen Scharlach immun, während die andere sofort erkrankte. Die
letztere glich dem Vater, die immune der Mutter, welche 14 Jahre
vorher einen schweren Scharlach durchgemacht hatte. Hier war
eine scharf ausgesprochene Anlage angeboren, aber diese Anlage war
ererbt und die vererbbare Eigenschaft war durch Krankheit erworben.
Auch bei Pocken ist bei Zwillingen und Drillingen beobachtet, dass
das eine oder andere der Kinder frei von Pocken blieb, als
durch Infektion der Mutter Gelegenheit zur placentaren, intrauterinen Infektion aller Früchte gegeben war, deren Möglichkeit eben
durch die Ansteckung eines Theiles der Kinder erwiesen war. Aber
es ist auch beobachtet, dass eine erfolgreich geimpfte Schwangere
ein gesundes Kind zur Welt brachte, welches trotzdem drei Jahre später
an Pocken erkrankte, und in einem anderen Falle, dass bei einem
Fötus Blattern beobachtet wurden, dessen Mutter früher die Blattern

überstanden hatte. Ob eine erworbene Anlage vererbbar ist, hängt von der Dauer und Art der Einwirkung ab und man kann deshalb auch Täuschungen unterworfen sein. Als Ehrlich Thiere giftfest machte, schienen die Jungen durch Vererbung immun zu sein; aber es lag zum Theil etwas anders vor. Wenn nämlich die Jungen dieser giftfest gemachten Mutter oder einer anderen Mutter die Milch der giftgefestigten Mutter als Amme tranken, waren sie im letzteren Falle durch die Milch künstlich immunisirt, aber nicht auf dem Wege der Vererbung natürlich seuchenfest. Es hatte sich um extra-uterine individuelle Immunisirung durch die mit der Milch über-tragenen Schutzstoffe der giftfesten Mutter, bezüglich Amme gehandelt. Nach Tizzoni soll aber bei Tetanus auch die erwor-bene Immunität des Vaters auf die Nachkommen vererbt werden können.

Das Bestehen einer bestimmten Krankheitsanlage — bezüglich natürlich auch das Gegentheil — ist abhängig von den vererbten Eigenschaften und von der Anpassung an die gegebenen Existenzbe-dingungen, von denen für den Menschen ausser den allgemeinen Lebenselementen Boden, Wasser, Luft und ihrer Vereinigung zu Wetter und Klima auch die sozialen Verhältnisse in Betracht kommen. Diese Verhältnisse wirken als äussere Bedingungen auf die innere Anlage ein, welche sie gleichbleibend gleich erhalten. Aendern sich diese Bedingungen, so müssen auch Anpassungen, d. h. eben Aenderungen der inneren Anlagen eintreten. Jeder Wechsel der Oertlichkeit, jede eingreifende Aenderung der Ernährung kann sich deshalb bemerkbar machen. Aber wir ge-winnen auch ein Mittel, durch Ausnutzung solcher Erfahrungen die Anlage in unserem Sinne zu beeinflussen, z. B. durch 'Beseitigung sozialer Missverhältnisse, Verbesserung der Oertlichkeit, Aenderungen im Stoffwechsel durch Herbeiführen bestimmter Ernährung, Beein-flussung der Entwärmungsverhältnisse des Körpers. Endlich können wir uns die Lehre zu Nutzen machen, dass Ueberstehen einer Krankheit die Krankheitsanlage beseitigt und in ihr Gegentheil, in Seuchen-festigkeit verkehrt.

Auf jeden Fall kann niemals etwas als Krankheit in die Erscheinung treten, was nicht im Körper als

Anlage vorhanden war, und äussere Momente können
stets nur diese Anlagen auslösen. Es ist deshalb zunächst
wichtig, festzuhalten, dass wir durch eine ganze Reihe von äusseren
Bedingungen im Stande sind, auf eine gegebene Anlage einzuwirken,
sie zu erhöhen oder zu beseitigen. Hierin liegt auch die Versöhnung
der das Individuum berücksichtigenden ärztlichen Kunst mit der die
Gesammtheit ins Auge fassenden, die Art verbessernden öffentlichen
Gesundheitspflege. Wenn der Arzt durch gründliches Beobachten
und Erforschen der Natur die Bedingungen kennt, welche eine gegebene Anlage in einem bestimmten Sinne beeinflussen, wenn er ein
naturwissenschaftlich gebildeter und damit hygienisch denkender
Arzt, ein wahrer Naturarzt ist, so kann er durch Ausnutzung derselben Kräfte, deren sich die Natur zur Schaffung und Aenderung der
Anlagen des Menschen bedient, thatsächlich heilen. Es giebt in
diesem unzweideutigen Sinne eine ächte Naturheilkunst.

Die äusseren Bedingungen, denen ein Mensch nach Ort und
Zeit unterworfen ist, machen sich in den Organen, Geweben, Zellen
dadurch bemerkbar, dass sie durch Vermittelung des Stoffwechsels und der Nerven die Synthese, den Aufbau des Organismus bestimmen und dadurch, wie früher erwähnt, die Hemmungen
nach Masse und Art bestimmen. Wir werden demnach vor die
weitere Aufgabe gestellt, durch Ausnutzung der die Hemmungen
schaffenden Bedingungen den Ablauf der Erscheinungen so zu leiten,
dass die physiologischen Hemmungen leicht zu überwinden sind,
also auch die Auslösungen leicht und regelmässig erfolgen, aber pathologische Hemmungen vermieden werden und deshalb pathologische
Auslösungen nicht erfolgen können. Weil die Hemmung im Bereiche
des Organischen sich nebenbei aus dem Aufbau ergiebt, fällt praktisch
diese Aufgabe mit der ersten zusammen, nämlich mit Hilfe der
äusseren, unserem Handel zugänglichen Bedingungen den Aufbau,
die potentielle Energie, die Ursachen, die Anlage des Menschen zu
beeinflussen.

Krankheitsreize und Krankheitserreger.

Was wir in den anorganischen Naturwissenschaften als auslösende Anstösse bezeichneten, nannte man für das normale Leben

Reize, während Liebig für die Gährungsvorgänge zuerst die Bezeichnung Erregung anwandte, so dass wir die Krankheitsreize auch Krankheitserreger nennen können.

Wenn normale physiologische Reize bei Herabsetzung der physiologischen Anlage und damit bei herabgesetzter Hemmung zu Krankheitsreizen werden, oder wenn bei gleich bleibender Anlage und Hemmung eine Verstärkung der normalen Reize diese zu Krankheitsreizen macht, wenn also der Reiz auffallend als Quantität allein in Wirksamkeit tritt, so versteht man mit Virchow leicht, dass in solchen Fällen die Art der Wirkung, die wir Krankheit nennen, qualitativ nur von der Art des getroffenen Organes, Gewebes oder der Zelle, nur von deren inneren Einrichtungen abhängt.

Wenn der Krankheitsreiz aber ein Lebewesen ist, so soll nach Koch's Auffassung auf einmal das Naturgesetz aufgehoben sein und die Qualität des Krankheitsreizes, die Art der krankheitserregenden Bakterien soll allein die Art der Wirkung, der Krankheit bestimmen! Hierfür kann man sich nun scheinbar darauf berufen, dass Milzbrandbacillen z. B. bei den Versuchsthieren stets Milzbrand, Tuberkelbacillen stets Tuberkulose hervorrufen, dass manche Krankheiten, wie Wechselfieber und Lungenentzündung, einen typischen, oft cyklischen Verlauf haben. Aber wenn man genau zusieht, ist die Sache doch ganz anders. Wären die krankheitserregenden Bakterien wirklich „specifische Wesen" in dem Sinne, den man mit dem Worte bezeichnet, wären sie ausreichende und wahre Ursachen wie es Pasteur und Koch dargestellt haben, so müssten mindestens vier Bedingungen erfüllt sein. Erstens dürften die krankheitserregenden Bakterien keine andere Wirkung ausüben, zweitens dürften sie sich in ihrer krankheitserregenden Fähigkeit nicht ändern, drittens müssten sie ohne Rücksicht auf die Thierarten alle Thiere in derselben Weise krank machen, und viertens dürften sie nur eine einzige scharf bestimmte, typische und „specifische" Seuche bewirken. So hatte sich Koch das in der That vorgestellt, das ist das Leitmotiv der Koch'schen Schule, während Pasteur, der ursprünglich ebenso dachte, später andere Anschauungen vermittelte. Die Lehre der „Spezifizität" der krankheitserregenden Kleinlebewesen, der pathogenetischen oder pathogenen Bakterien, in dem Sinne der Art- und Wirkungsunveränderlichkeit und Wesenheit wurde besonders von Henle entwickelt und später von Davaine, Pasteur, J. Schröter, F. Cohn, Klebs und Koch ausgearbeitet. Dem gegenüber hatten andere Forscher, unter denen ich nur Billroth und besonders Naegeli als Führer nennen will, gemeint, dass die Bakterien nach Art und Wirkung nicht constant sind.

Vermögen nun erstens krankheitserregende Bakterien keine anderen Wirkungen auszuüben? Gerade durch die modernen Reinkulturen konnte über jeden Zweifel sicher gestellt werden, dass krankheitserregende Bakterien sehr wohl andere Wirkungen entfalten können; ist doch die gelungene Reinkultur allein schon ein Beweis, dass derartige Bakterien gar nicht nothwendig als Parasiten auf die Krankheitserregung beschränkt sind. So bilden z. B. die Bakterien der Rotzkrankheit auf Kartoffeln eine braune Farbe, die Cholerabakterien bilden auf Kartoffeln gelbe oder braune Farbe, während sie in Zuckerlösungen eine Säuregährung veranlassen; die sogenannten gelben Traubenkokken, welche die häufigsten Eiterbakterien sind, bilden in Kulturen eine prachtvolle gelbe Farbe, in Zuckerlösungen erregen sie Säurebildung. Während man nach F. Cohn früher nach den „specifischen" Wirkungen und Wesenheiten die Bakterien in krankheitserregende oder pathogene, gährungerzeugende oder zymogene und farbstoffbildende oder chromogene geschieden hatte, lehren die angeführten Beispiele, dass eine einzige Bakterienspezies, ein einziges „specifisches" Kleinlebewesen im Stande ist, alle drei früher grundsätzlich getrennten „specifischen" Wirkungen auszuüben. Die „specifischen" Bakterien sind demnach nicht der wahre Grund, sondern der liegt in den Besonderheiten des Nährmaterials, aus dem die Bakterien nur herauslocken können, was in seinem Aufbau vorgebildet war. Diese Klasse von Erscheinungen habe ich „Wirkungscyklen" genannt. Sie sprechen, wie wohl durchsichtig genug ist, schroff gegen die Lehre der „specifischen" Krankheitserreger im Cohn-Koch'schen Sinne, aber sie lehren uns wichtige Dinge über die Krankheitserregung verstehen, nämlich dass nicht das vererbbare „Wesen" den Charakter der „Specifizität" bedingt, sondern die Gleichartigkeit und das

Gleichbleiben der Lebensbedingungen. Wenn ausgesprochene „specifische" Krankheitserreger auch Gährungen und Farbbildungen veranlassen können, so weist das ausserdem auf nahe Beziehungen der
„parasitisch" im lebenden Menschen vorkommenden Bakterien zu den
ausserhalb des Menschen auf todtem, leblosem, organischem und anorganischem Material als Fäulnissbakterien oder „Saprophyten"
lebenden Bakterien hin. Diese Beziehungen sind bald sehr offen-
kundig, oft aber stark verschleiert, in anderen Fällen auch verloren
gegangen. Hiernach kann man die parasitischen Kleinlebewesen
auch eintheilen in strenge Parasiten, in gelegentliche
Saprophyten und gelegentliche Parasiten.

Im ersten Falle sind allmählich die Beziehungen zur Fäulniss,
zur Fähigkeit, auf Kosten und unter Zersetzung von leblosem Material
zu leben, verloren gegangen oder doch bis jetzt nicht nachweisbar.
Hierher dürften vielleicht die bis jetzt unbekannten Erreger der sogenannten akuten Exantheme wie Pocken, Scharlach, Masern, dann
die bekannten Erreger des Rückfallfiebers gehören. Gelegentliche
Saprophyten sind dann solche, welche wir in der Regel auch nur
parasitisch finden, bei denen es aber unter besonderen Umständen
gelingt, sie auch auf leblosem Material und unter Zersetzung desselben zur Vegetation und Vermehrung und Arterhaltung zu bringen.
Das ist z. B. Koch mit den Tuberkelbacillen gelungen und einer
meiner Schüler, Fischel, und ich konnten dann sogar zeigen, dass
das, was man bis dahin Tuberkelbacillus genannt hatte, nur eine
parasitische Form eines vielgestaltigen Mikrobion ist, dessen andere
Formen nur bei der saprophytischen Lebensweise auftreten und
deshalb zunächst ganz übersehen wurden. Die Gruppe der gelegentlichen Parasiten umfasst dann jene Arten, welche sich rein saprophytisch auf leblosem Material erhalten und fortpflanzen können,
ohne nothwendigerweise einmal lebende Wirthe als Parasiten zu
befallen, ja welche sogar zur Erreichung bestimmter Entwickelungs-
stufen geradezu saprophytisch leben müssen. Zu dieser Gruppe
gehört die Mehrzahl der bis jetzt bekannten krankheitserregenden
Bakterien, wie die von Milzbrand, Unterleibstyphus, Cholera.

Endlich gibt es Bakterien, die in strengem Sinne nie parasitisch
in lebende Organismen eindringen und dennoch gefährlich werden

und Krankheiten hervorrufen können. Manche Fäulnissbakterien vermögen nämlich aus todtem Nährmaterial Gifte zu bilden, welche auf den Menschen schädlich einwirken, ohne dass die giftbildenden Bakterien als solche dabei zu sein brauchen. Geschieht derartiges im normalen Organismus, z. B. in der Darmfäulniss, die an sich als Anpassungserscheinung nothwendig geworden ist, so bezeichnet man solche Bakterien auch als Wohnparasiten, die also einen Uebergang zu den gelegentlichen Parasiten darstellen. Es rührt dies daher, dass durch Fäulnissgifte Schutzeinrichtungen des Körpers beseitigt, z. B. Darmepithelien getödtet werden. Diese Saprophyten dringen dann in das abgestorbene Gewebe ein und können dann sogar noch weiter in den Körper, z. B. in die nächsten Lymphdrüsen gelangen, wie z. B. das sogenannte gewöhnliche Dickdarmbakterium, B. coli commune. Ebenso finden sich Uebergänge der verschiedenen Gruppen parasitischer Mikrobien unter einander, so dass es sich nicht um starre Gruppen handelt, sondern nur um eine Eintheilung, die wichtige Eigenthümlichkeiten vom Standpunkte des Menschen aus besser kenntlich macht.

In der Fäulniss, einem absolut nothwendigen Zwischengliede im Kreislaufe des Stoffes, finden wir demnach die grundlegenden Erscheinungen, aus deren Entwicklung und Anpassung an lebende Wirthe sich die Stufen des Parasitismus herausgebildet haben.

Die Fäulniss ist aber auch sonst noch wichtig für das Hervorrufen von Seuchen, indem flüchtige oder gelöste Fäulnissgifte den lebenden Organismus schwächen, so dass er dann leichter und erfolgreicher von eigentlichen Parasiten oder deren Giften befallen werden kann. Ebenso wirkt die Vegetation bestimmter Saprophyten derart, dass sich daran anschliessend Krankheitserreger sicherer im Menschen ansiedeln können, während wieder andere Saprophyten die Ansiedlung von Seuchenerregern verhindern.

Bei diesen verschiedenartigen Wirkungsmöglichkeiten von saprophytischen Kleinlebewesen ausserhalb und innerhalb eines lebenden Wirthes wirken diese demnach derart, dass sie die Ansiedelung und Wirkung der Krankheitserreger begünstigen oder hemmen, das heisst sie wirken auf die Krankheitsanlage, sie stellen also nur

besonders schwierig zu beurtheilende Sonderfälle der Aussenverhält-
nisse, der Bedingungen überhaupt dar, welche bald eine vorhandene
Krankheitsanlage steigern, bald dieselbe herabsetzen oder beseitigen.
Jetzt dürfte es für den Leser dieser Darstellung nicht mehr
schwierig sein, die ganz verschiedenartige Wirkungsweise der Krankheitserreger im Menschen zu verstehen, weil sich diese Wirkungsmöglichkeiten aus den zwei schon in der Fäulniss gegebenen Erscheinungen herausgebildet haben, nämlich aus der Giftbildung durch die Bakterien und aus der Wucherung und
Vermehrung derselben. In den Extremen finden wir deshalb
Parasiten, bei denen nicht die Bakterien, sondern die von ihnen gebildeten und in den Kreislauf des Menschen übergehenden Gifte das
Wichtigere sind, während auf der anderen Seite solche stehen,
welche besonders örtliche Wucherungen oder Geschwülste bilden.
Zu den letzteren gehören die Erreger der Geschwülste, die besonders
bei Pflanzen sehr genau erforscht sind, beim Menschen auch die
Tuberkulose; zu den ersteren gehören die Erreger von Diphtherie,
Wundstarrkrampf, denen sich auch die Cholera nähert. Zwischen
diesen Extremen stehen dann die anderen. bei denen bald die
Wucherung der Bakterien, bald deren Giftbildung mehr hervortritt.
Die krankheitserregenden Bakterien können also im Menschen ganz
verschiedenartig wirken. Sie können in lebenswichtigen Organen
wuchernd durch ihre Vermehrung diese verändern und durch solche
Alterationen des Stoffwechsels wichtiger Organe den Gesammtstoff-
wechsel ungünstig beeinflussen; sie können dabei dem Organismus
wichtige Nahrungsstoffe entziehen und umgekehrt die Produkte ihres
eigenen Stoffwechsels dem Wirthsorganismus zuführen; sie vermögen
bei Befriedigung ihres eigenen Energiebedürfnisses aus dem Eiweiss
des Menschen Stoffe abzuspalten, welche auf den Menschen als
Gifte wirken, oder sie können in ihrem Innern selbst Gifte bilden,
selbst giftig sein. Das kann nach den Bedingungen sogar wechseln;
so ist z. B. Mutterkorn für das Getreide eine örtliche Wucherung,
für den Menschen ein Gift.

In allen Fällen von den einfachen Fäulnisserregern und Wohnparasiten bis zu den strengen Parasiten bleibt aber immer das Eine
entscheidend, dass den mechanischen oder chemischen Angriffskräften

der Mikrobien gegenüber die mechanischen und chemischen Abwehrkräfte des Menschen verhältnissmässig schwach oder geschwächt sind. Ist dies nicht der Fall, so lässt der Organismus
des Menschen die Mikrobien entweder nicht mechanisch eindringen,
oder er hebt durch eine Gegenwirkung die Giftwirkung auf.

Nach dem bis jetzt Dargelegten dürfte es auch wohl keiner
besonderen Versicherung bedürfen, dass die Bakterien und anderen
krankheitserregenden Kleinlebewesen ihre Schädigungen des Menschen
nicht aus einer angeborenen besonderen Bosheit und Schadenfreude
ausüben, sondern dass es sich bei dem Parasitismus nur um
ein Anpassungsverhältniss, gewissermaassen um Ausnutzung
von Conjuncturen handelt, die der Mensch selbst durch seine hygienischen Unterlassungs- und Begehungssünden schafft, die er also auch
abstellen kann. Alles Abgestorbene in der Natur wird durch die
Fäulnisserreger beseitigt, und hier setzen diese Mikrobien bei und
zur Befriedigung ihres eigenen Stoffwechsels und Energiebedürfnisses
ein, wenn sie sich z. B. der Darmfäulniss anpassen, und an geeigneten Stellen in den lebenden Organismus eindringen, wenn dieser
seine normalen Schutzkräfte durch seine hygienischen Fehler geschwächt hat.

Die zweite Frage ist nun die, ob sich die sogenannten „specifischen“ Krankheitserreger in dieser
ihrer Fähigkeit der Krankheitserregung ändern? Buchner
war es auf Grund systematischer Versuche zuerst gelungen, zu beweisen, dass die sogenannten Milzbrandbacillen künstlich so beeinflusst werden können, dass sie schliesslich gar keine Krankheit mehr
bewirken, dass sie sich wie ganz harmlose Saprophyten verhalten.
Dasselbe ermittelte bald darauf Pasteur zufällig bei den Bakterien
der sogenannten Hühnercholera, und jetzt wissen wir durch Hunderte
von Versuchen, dass keine Eigenschaft der krankheitserregenden Bakterien leichter zu beeinflussen ist, als
gerade die angebliche „specifische“ Fähigkeit der
Krankheitserregung. Der Arzt, der in der „Specificität“ der
Krankheitserreger das „Wesen“ der Krankheit sucht, kann aber nur
solche Parasiten gebrauchen, deren „specifische“ Fähigkeit der Krankheitserregung unveränderlich ist. Die Thatsache der Veränderlich-

keit dieser Fähigkeit hebt also das gesuchte „Wesen“ der Seuchenerreger einfach auf.

Die dritte Frage ist die: machen dieselben „specifischen“ Krankheitserreger alle Thiere an derselben
typischen Seuche krank? Auch diese Frage muss verneint
werden. Wir sehen nämlich, dass jede Art von Krankheitserregern
nur ganz bestimmte Arten von Wirthen befällt; so kennt man
Syphilis, Aussatz, Cholera, Typhus nur bei Menschen, während Tuberkulose, Rotz, Milzbrand den Menschen und bestimmte Arten von
Thieren befallen. Weitere Beispiele sind S. 140 und im vorausgegangenen Abschnitte bei den einzelnen Bakterienarten mitgetheilt
und andere werden später beigebracht.

Die vierte Frage ist, ob die „specifischen“ Krankheitserreger nur eine und dieselbe Seuche veranlassen.
Wir können hierbei zwei Gruppen von Erscheinungen trennen. Einmal nämlich kann dasselbe Organ oder Gewebe durch
ganz verschiedenartige Krankheitserreger anatomisch
ähnliche Veränderungen eingehen, oder es können ähnliche Symptome hervorgerufen werden. So werden z. B.
Knötchenbildungen, Tuberkel, im Bindegewebe hervorgerufen durch
die Erreger von Syphilis, Aussatz, Rotz, Tuberkulose; die Erreger
von Wundrothlauf, Tuberkelbacillen, Milzbrandbacillen, Erreger von
Unterleibstyphus und Lungenentzündung können Eiterungen veranlassen. Die gewöhnlichen Dickdarmbakterien und Cholerabakterien
können Durchfälle erregen. Tuberkelbacillen, Typhus- und Lungen-
entzündungserreger bewirken Entzündung der weichen Hirnhaut.
Tuberkel-, Typhus-, Pneumoniebakterien, Gonokokken, Staphylokokken, Streptokokken bewirken Endocarditis. Die Erscheinungen
einer Blutzersetzung oder Septikaemie werden durch eine ganze Reihe
von Bakterien bewirkt. In diesen Fällen liegt also das Entscheidende in den Geweben und ihrer Anlage, nicht in
den ganz verschiedenartigen Bakterien.

Die zweite hierher gehörige, aber anders gewonnene Gruppe von
Thatsachen lehrt uns, dass dieselben „specifischen“ Krankheitserreger ganz verschiedene Krankheiten bewirken
können. So rufen z. B. die Diphtheriebakterien örtliche Diphtherie

oder Lähmungen oder akute Blutvergiftungen hervor; die Bakterien
der Wundrose bewirken auf der Haut Wundrose, aber auch Eiterungen oder Lungenentzündungen; die Pneumoniebakterien veranlassen typische Lungenentzündungen, Blutvergiftungen, Gehirnhaut-
entzündungen, Entzündungen und Eiterungen des Mittelohrs; Tuberkelbacillen erregen Knötchenbildungen im Bindegewebe, Gehirnhautent-
zündungen, Eiterungen, reinen Schwund oder Phthise. Weitere Einzelheiten enthält der vorausgegangene Abschnitt.

Man könnte vielleicht noch eine dritte Gruppe anführen, nämlich die kritisch verlaufenden Krankheiten wie Wechselfieber, Rückfallfieber und Lungenentzündung. Mit Henle nehmen
manche Forscher an, dass die Erreger derselben im Menschen einen
nach Stunden oder Tagen scharf begrenzten Verlauf haben, dass also
der Cyklus der Erreger den Cyklus der Krankheit bestimmt. So
weit wir jedoch diese Erreger genau genug kennen, finden wir bei
denselben niemals ausserhalb des Menschen solche merkwürdigen
Cyklen, und die Pneumonieerreger veranlassen nur im Menschen
Krisen, bei Kaninchen reine Blutvergiftungen ohne jeden Cyklus,
und in Kulturen zeigen sie gar nichts Regelmässiges, so dass ich
mehr geneigt bin, den Grund in Besonderheiten der menschlichen Anlage zu suchen, umsomehr als auch beim Menschen
Lungenentzündungen ohne Krisen mit Uebergang zu einer Blutvergiftung vorkommen. Bei Wechselfieber habe ich bereits früher S. 124
die einander gegenüberstehenden Ansichten von Golgi und Laveran
erwähnt.

Ich kann bei Sichtung alles zuverlässigen Materials auch nicht eine Thatsache finden, welche mit der
Koch'schen Vorstellung von „specifischen" Krankheitserregern in Einklang steht. Selbstverständlich verwahre ich
mich aber auch gegen die extreme andere Einseitigkeit von Billroth und Nägeli. Ich erkenne ausdrücklich an, dass wir unter
den Bakterien und anderen Kleinlebewesen Gattungen
und Arten unterscheiden können, deren Constanz jedoch
nicht die mystische von „specifischen" Wesen ist, sondern durch
das Gleichbleiben der Bedingungen ermöglicht wird.
Sie ändern sich auch mit den Bedingungen, und diese

Feststellung bildet eben den Riesenfortschritt über Koch hinaus, den die moderne Bakteriologie gethan hat.

Wie der Mensch mit einer einmal gegebenen Anlage gezwungen ist, sich fort und fort den Aenderungen der Bedingungen anzupassen, so wird auch das Kleinlebewesen hierzu gezwungen. Deshalb schwankt bei einer grösseren Zahl von Menschen die Anlage immer um einen Indifferenzpunkt nach unten und oben mit Zu- bezüglich mit Abnahme einer bestimmten Anlage gegenüber Seuchenerregern. Aber auch die letzteren schwanken nach den ihnen gebotenen Bedingungen mit Zu- oder Abnahme der Fähigkeit, im Menschen zu wuchern oder Gifte zu bilden, also die Hemmungen der Anlage leichter oder schwerer zu lösen. Wir haben deshalb leichte und schwere Epidemien und in jeder Epidemie neben den typischen Schulfällen auch besonders schwere und leichte Fälle, die sich dem Schema nicht fügen.

Setzen wir die Krankheitsanlage eines Menschen herab, beeinflussen wir also die Anlage im Sinne der Erhöhung der Seuchenfestigkeit, so muss dies bei Gleichbleiben der Krankheitserreger ebenso wirken, als wenn wir bei Gleichbleiben der Krankheitsanlage die „ansteckenden" oder giftigen Fähigkeiten der Krankheitserreger herabsetzen. Die gewöhnlichen Milzbrandbacillen veranlassen bei Meerschweinchen z. B. eine allgemeine, schnell tödtliche Blutvergiftung, bei dem von Natur gegen diese Seuche sehr festen Hunde höchstens eine örtliche Eiteransammlung, einen Abscess. Nehmen wir nun den Milzbrandbacillen ihre krankheitserregende Fähigkeit in gewissem Grade, so rufen sie auch bei den sonst so empfänglichen Meerschweinchen nur eine örtliche Eiterbildung hervor, die leicht heilt.

Bei gleichbleibenden Krankheitserregern kann man aber auch die Anlage zur Krankheit verstärken, z. B. indem man die Thiere 'hungern lässt oder abkühlt, oder indem man ihren Stoffwechsel in der Art der sogenannten Zuckerruhr oder des Diabetes des Menschen künstlich ungünstig beeinflusst. In diesen Fällen erliegen Thiere auch solchen Krankheitserregern, gegen welche sie im normalen, gesunden Zustande fest sind Vom Menschen wissen wir aber auch, dass er durch Hunger, ungenügende Ernährung und Stoffwechselkrankheiten, wie gerade die Zuckerruhr, leichter empfänglich für Seuchen wird als im gesunden normalen Zustande. Vor der antiseptischen Zeit spielte die „Heilhaut" beim Verlaufe einer Verwundung stark mit.

Die „specifischen" Qualitäten der Krankheitserreger, welche sie als an bestimmte Bedingungen angepasste oder sich anpassende Lebewesen haben, können sich nur deshalb in Form specifischer Seuchen geltend machen, weil die Bewegungsformen, welche sie zur Ueberwindung der sich aus der Anlage des Menschen ergebenden Hemmungen übertragen, bereits den Bewegungsmöglichkeiten gleich gestimmt waren, die sich beim Aufbau des Menschen nach Vererbung und Anpassung ergeben. Nur dadurch wird es möglich, dass Kleinlebewesen, die wir nur als Saprophyten auf todtem Material kennen, ohne jede Möglichkeit einer Anpassung sofort das erste Mal, wenn man sie künstlich in geeignete Thiere impft, Krankheiten hervorrufen, wie es von einigen Schimmelpilzen erwiesen wurde.

Sieht man so im Geiste der exakten Naturwissenschaften die Thatsachen streng und ohne Voreingenommenheit sich an, so erkennt man, dass die Qualitäten der Krankheitserreger nur scheinbar das „Wesen" einer Seuche bestimmen, dass in Wirklichkeit sich auch hier als übergeordnet eine wahre innere Ursache in inneren Einrichtungen des Menschen findet. Wie in allen Naturprocessen ohne jede Ausnahme, können die Krankheitserreger als auslösende Anstösse nur das auslösen, was als Krankheitsanlage irgendwie nach Masse und Art im Menschen vorhanden ist.

Die Abhängigkeit der Krankheitsanlage und Hemmung von den Bedingungen, aber auch dieselbe Abhängigkeit der Krankheitserreger, soweit sie Kleinlebewesen sind, erklärt nun ohne Zwang, dass unbedeutende örtliche Seuchen zu Weltseuchen werden, wie in unserem Jahrhundert die Cholera, dass neue Seuchen auftreten, wie Cerebrospinal-Meningitis in unserem Jahrhundert, dass früher weit verbreitete Seuchen bis zum wirklichen oder scheinbaren Verschwinden abnehmen wie Pest und Aussatz. Wir verstehen aber auch ohne Zwang, dass überall, auch bei ursprünglich ganz anderem Verhalten, die gleichen Kultureinflüsse derselben sozialen Missverhältnisse überall bestimmte Seuchen, z. B. die

Tuberkulose, zu einer gleichen Gefahr bringen, weil sie eine grössere Zahl gleicher oder ähnlicher Krankheitsanlagen schaffen.

Der Charakter der „Specificität" der Krankheitserreger als ein Anpassungs-Vorgang, also als eine Nicht-Wesenheit, spricht sich auch noch darin aus, dass sich die Parasiten nicht nur der Wirkung, sondern auch der Form nach an die gegebenen Bedingungen anpassen. So hat Koch gezeigt, dass die Milzbrandbacillen nur im Parasitismus eine eigenthümliche Form der Stäbchen haben; die Tuberkelbacillen tragen diesen Charakter der Anpassung so scharf, dass Mafucci und Koch sogar diejenigen der Säugethier- und Hühnertuberkulose als verschiedene Arten oder Varietäten geschieden wissen wollten, bis es Fischel und mir gelang, dieselben durch entsprechende Wahl lebender und todter Kulturbedingungen wechselweise in einander überzuführen und damit zu beweisen, dass es die Gleichheit oder Verschiedenartigkeit der Bedingungen ist, welche schliesslich so grosse Unterschiede bewirkt.

In anderen Fällen endlich, die besonders bei thierischen und pflanzlichen Parasiten seit langem schon genauer bekannt sind, zeigt sich die Anpassung an die Bedingungen darin, dass ein Parasit zum vollen Abschlusse seiner Entwicklung nicht nur eines Wechsels von parasitischer und saprophytischer Lebensweise bedarf, wie die gelegentlichen Parasiten unter den Bakterien, sondern dass ein vollständiger, mehr oder weniger ausgedehnter Generationswechsel erforderlich ist. Derselbe besteht darin, dass der Parasit nach einander verschiedene Arten von Thieren oder Pflanzen befällt, in deren jeder er ein bestimmtes Entwickelungsstadium durchläuft.

Bei den meisten Parasiten findet sich ein freies oder saprophytisches Stadium, welches zur Arterhaltung viele Vortheile bietet. In diesem Falle ist der Parasit oft autöcisch, d. h. es findet kein Wechsel des Wirthes statt. Bei dem Generationswechsel findet stets auch Wirthswechsel oder Heteröcie statt, so dass dieser in den extremen Fällen des streng obligaten Parasitismus gewissermaassen für den Ausfall des Saprophytismus eintritt. Bei den Bandwürmern kennen wir z. B. kein freies Stadium; die Eier gelangen wohl in's Freie, aber sie entwickeln sich nicht, wenigstens ist bis jetzt nichts Derartiges bekannt. Die Finnen der Taenia solium finden sich im

Schwein, der Bandwurm im Menschen; die Finnen der Taenia medio-
canellata finden sich im Rind, der zugehörige Bandwurm im Menschen;
die Echinokokken finden sich im Menschen, der betreffende Bandwurm im Hunde. Bei Botriocephalus latus finden sich die Finnen
in Raubfischen, der Bandwurm im Menschen, aber aus den Eiern
entstehen im Wasser frei lebende Embryonen; es ist also ein be-
schränktes freies Stadium vorhanden. Bei Distomum hepaticum sind
sogar drei parasitische und zwei freie Stadien bekannt.

Bei den Rostpilzen oder Uredineen kennen wir am Getreide
Sommersporen oder Uredo- oder Stylosporen und Wintersporen oder
Teleutosporen; aus den letzteren bildet sich saprophytisch in den
abgefällenen Blättern ein Promycel, welches Sporidien bildet; diese
gelangen auf Berberizenblätter, in denen sich die Aecidienform
und ausserdem Spermogonien entwickeln, die sogenannte Sper-
matien bilden. Wir haben also 3 bis 4 parasitische Formen und
eine frei. Bei den Brandpilzen oder Ustilagineen treibt das Mycel
im Getreide sporenbildende Fäden; aus diesen Sporen bildet sich
saprophytisch ein Promycel mit Sporidien; die Sporidien können
in junge Pflanzen eindringen und so den parasitischen Kreislauf wieder beginnen, aber sie können auch saprophytisch in
ungezählten Generationen in Sprosspilzform vegetiren. Hier kommen auf eine parasitische Form schon zwei saprophytische freie
Formen.

Bei den meisten pflanzlichen Parasiten vermögen die Sporen
entweder eine parasitische Form oder eine andere saprophytische
Form zu bilden.

Bei krankheitserregenden Bakterien und anderen Kleinlebewesen
ist ein derartiger Generationswechsel noch nicht nachgewiesen,
aber doch bei einigen nicht ganz unwahrscheinlich. Dass solche
Komplikationen das an sich schon mühsälige Studium sehr
erschweren, leuchtet ein, aber die erörterten Grundlagen
werden damit nicht berührt oder irgendwie geändert.
Lebende Organismen bieten verhältnissmässig gleichbleibende Bedingungen, und das erklärt, dass trotz der Complicirtheit auch bei
Generationswechsel in mehreren Wirthen die Parasiten verhältnissmässig leicht gleich bleiben können.

Infektion und Ansteckung.

Ich kann meine Betrachtung über die Ursachen der Seuchen nicht schliessen, ohne noch auf eine andere Seite der äusseren Bedingungen hinzuweisen, die praktisch sehr wichtig sein kann. Auch bei gegebener Krankheitsanlage können selbstverständlich Krankheitserreger diese Anlage nur auslösen, wenn sie zu derselben gelangen. Das ist der allgemeine Sinn des Wortes verseuchen oder inficiren. In dieser Hinsicht werden demnach Boden, Wasser, Luft, Nahrung als allgemeinste Lebenssubstrate von Einfluss werden können, dass sie bei ungeeigneter Beschaffenheit uns erst die Krankheitserreger zuführen.

Hierzu stehen ganz verschiedene Wege vom Munde, der Lunge, der Haut aus zu Gebote, und hieraus erklärt sich, dass die Organerkrankungen bei den Seuchen bald am Orte des Eindringens der Erreger sich ausbilden, bald aber an ganz entfernten, jedoch zu der Krankheit mehr veranlagten Geweben; „Locus minimae resistentiae" nannt man das auch.

Von diesem Standpunkte aus nennt man diejenigen Krankheiten, welche unmittelbar durch blosse Berührung von Kranken auf Gesunde übergehen können und solcher Träger nicht bedürfen, im strengen Sinne kontagiös oder ansteckend, solche, welche nicht unmittelbar von Kranken auf Gesunde übergehen, sondern durch solche äusseren Träger vermittelt werden, miasmatisch oder nicht ansteckend. Bei der Mehrzahl der Seuchen sind beide Uebertragungsmöglichkeiten gegeben, und nur die eine oder andere die gewöhnlichere. In diesem Sinne ist Wechselfieber auf natürlichem Wege niemals ansteckend, wohl aber künstlich übertragbar: Cholera gewöhnlich nicht ansteckend; Pocken sind stets ansteckend. Der Begriff Ansteckung wird demnach traditionell in einem engeren Sinne gefasst als der von Seuche oder Infektion, und wenn man gegen die allgemeine Uebung hiervon abweicht, so muss man dies stets begründen und ausgiebig kenntlich machen. Ich sage dies ausdrücklich, weil einzelne Bakteriologen den Begriff Ansteckung gerade so gebrauchen wie den von Seuche oder Wund-Infektion. Thut man dies der Uebung und dem klinischen Takte des Arztes und der Erfahrung eines jeden Laien zu Trotz, so sind natürlich alle

Krankheiten ansteckend, denn das Wort „Ansteckung" oder „Kontagion" hat mit diesem Momente seine eigentliche und engere Bedeutung ganz verloren. So erklärt sich z. B. die Hartnäckigkeit, mit der K o c h und einzelne seiner Anhänger die Cholera aus reiner Wortklauberei für eine ansteckende Krankheit erklären, während die ärztliche Erfahrung ebenso gut wie die bakteriologischen Versuche unzweideutig ergeben, dass im strengen Sinne die Cholera in der Regel eine nicht ansteckende Seuche ist.

Kann man durch Bekämpfung der Krankheitsursachen Seuchen heilen?

Im vorausgegangenen Abschnitte habe ich versucht, zu zeigen, was wir naturwissenschaftlich unter Ursachen von Seuchen verstehen. Vor allem lege ich dabei Werth darauf, dass man sich an die Vorstellung gewöhnt, dass Seuchen stets Vorgänge sind, die sich aus einer Reihe ungleichwerthiger Faktoren ergeben, die man sich in einer geschlossenen Kette wirkend vorstellen kann, die an verschiedenen Punkten zerreissbar ist. Das Fehlen eines Gliedes von Anfang an macht das Schliessen unmöglich, und die Krankheit kann überhaupt nicht zu Stande kommen. Wir verhüten die Krankheit, und dies bleibt stets unsere erste und wichtigste Aufgabe. Ist aber die Kette schon geschlossen und die Krankheit bereits ausgebrochen, so gelingt es vielleicht noch, die volle Wirkung unmöglich zu machen, die Kette zu zerreissen, die Krankheit zu heilen.

Aus der Ungleichwerthigkeit der Glieder der Kette ergiebt sich aber auch, dass die Glieder vor Fügung zur geschlossenen Kette und nach Schluss der Kette nicht stets dieselbe Bedeutung haben, und dass in den Fällen verschiedener Seuchen sich wieder besondere Verschiedenheiten ergeben werden.

Ich wähle diesen Vergleich zur Einleitung, um von vornherein klar zu machen, dass es keine Heilschemata für alle Fälle geben kann. Dazu kommt noch die Aufgabe des Arztes, kranke Menschen, an bestimmten Seuchen leidende Individuen, aber nicht Seuchen zu behandeln.

Von den im Vollgefühle der Exactheit meist zu stark vernachlässigten psychologischen Momenten abgesehen, lässt sich nun nicht verkennen, dass die ärztliche Kunst sich lange Zeit von jeder Fragestellung nach den Ursachen der Seuchen und den in ihnen liegenden

Heilfaktoren fern gehalten hatte. Dafür hatte sie aber, die Krankheitszeichen einseitig beachtend, sich zu einer ungeheuerlichen Vielgeschäftigkeit entschieden, die in Rezepten mit meist grossen Gaben der Arzneimittel gegen alle Symptome und Symptömchen ihren äusseren Ausdruck fand.

Dagegen musste eine Gegenbewegung hervorgerufen werden. Zuerst wandte H a h n e m a n n gegen jede Krankheit ohne Rücksicht auf die Zahl und den Wechsel der Zeichen nur ein Mittel an und sah von kleinen Mengen der Mittel bessere Erfolge als von grossen Gaben. Dann war die Wiener Schule, darin den Homöopathen H a h n e - m a n n noch überbietend, dazu übergegangen, garnichts mehr zu geben, sondern den natürlichen Verlauf der Krankheiten zu beobachten. Bei diesem „Nihilismus" ergab sich, dass bei den Seuchen der Erfolg mindestens ebenso gut war, als wenn man die Kranken mit allen möglichen Medicinen belästigte. Dagegen erreichten H a h n und P r i e s s n i t z durch systematische Verwendung des überall zugänglichen Wassers merkwürdige Heilungen, wo die Kunst der damaligen Aerzte mit ihrer Vielgeschäftigkeit, ihren vielen Mitteln und grossen Gaben nur geschadet hatte. Allmählich lernte man dann auch die übrigen allgemeinen Lebenssubstrate, wie Luft, Nahrungsmittel, wieder nach ihrer heilbringenden Seite beachten, und vor 41 Jahren begründete B r e h m e r in Görbersdorf ein jetzt weltberühmtes Sanatorium, in dem er den strengen Beweis führte, dass eine gefährliche Seuche, die Lungenschwindsucht oder Tuberkulose, im Gegensatze zu der ärztlichen Erfahrung von Jahrtausenden eine durch die Hygiene heilbare Krankheit ist. Vor 48 Jahren lehrte S e m m e l w e i s die berüchtigten, Pocken und Cholera an Gefährlichkeit übertreffenden Kindbettfieber durch einfache Reinlichkeit verhüten. Wenn ich dann noch die erfolgreiche Bekämpfung der gefährlichen Blattern mit den harmlosen Kuhpocken durch J e n n e r erwähne, so habe ich schon einige wichtige Daten erwähnt, welche das Verständniss im Wandel der Anschauungen erklären.

Aus meiner Darlegung über die Ursachen der Seuchen geht wohl genügend hervor, dass es keine besondere Lebenskraft und keine apparte Naturheilkraft giebt. Wir müssen auch beim Heilungsvorgange mit natürlichen, unserem Erkennen zugänglichen Dingen auskommen. Was können wir denn also beispielsweise Heilung einer Seuche nennen? Da giebt es nun ganz verschiedenartige Dinge, die hierauf Anspruch machen.

Die Heilung der Tuberkulose nach Brehmer lehrt uns, dass wir wenigstens gewisse Seuchen durch Ausnützen derjenigen Erscheinungen thatsächlich heilen können, die ich im vorausgegangenen Abschnitte als solche Bedingungen hingestellt habe, deren sich die Natur selbst bedient, um eine gegebene Krankheitsanlage durch Anpassung in ihr Gegentheil, in Seuchenfestigkeit zu verwandeln. Diese Methode nutzt die äusseren Bedingungen, wie Wasser, Luft, Ernährung aus, um auf die Anlagen des Menschen einzuwirken, und kümmert sich um die Krankheitserreger, z. B. um die Tuberkelbakterien gar nicht. Sie bedient sich keiner dem Organismus an sich fremden Stoffe, keiner Heilmittel. Verhütung und Heilung der Seuche werden durch dieselben hygienischen Faktoren erreicht. **Durch diese Methode werden die natürlichen Hülfskräfte des Organismus gestärkt und befähigt, mit den eingedrungenen kleinsten Feinden selbst fertig zu werden. Die Methode wirkt also in dem Sinne, dass sie die Hemmungen gegenüber den pathologischen Auslösungen erhöht und diese erschwert.** Etwas ganz anderes sehen wir, wenn wir durch Chinin erfolgreich gegen Wechselfieber ankämpfen. Hier führen wir dem Organismus einen Körper zu, der an sich in bestimmten Mengen ein Gift ist, wir vertreiben den Teufel durch Beelzebub und riskiren, dass wir vielleicht so viel Gift einführen, dass eine Vergiftung, eine Arzneikrankheit, eintritt. Aehnliches würde der Fall sein können, wenn wir Syphilis erfolgreich mit Quecksilber oder Rheumatismus mit Salicylsäure behandeln. In der That ist der Vorwurf der Homöopathen der, dass man mit den in der Medicin üblichen grossen Arzneidosen nicht heilt, sondern den Kranken zu ihren Leiden noch die Arzneikrankheit hinzufügt. Wunderbar ist dabei nur, dass die Wechselfieberkranken ihr Wechselfieber los werden und sich sehr wohl befinden, dass der Rheumatiker seine Gelenkschmerzen und Schwellungen verliert und dann ruhig die Salicylsäure aussetzen kann. Die Sache muss also noch irgend einen Haken haben.

Wenn man Körper wie Chinin oder Salicylsäure anwendet, so denkt man sofort daran, dass derartige Körper antiseptisch wirken, dass sie also wohl im Körper allein dadurch wirken, dass sie die Parasiten vernichten, dass sie eine innere Entseuchung oder innere Desinfektion bewirken. Wir wissen nun im Allgemeinen, dass die antiseptischen und desinficirenden Mittel den empfindlicheren Zellen des menschlichen Körpers gegenüber heftigere Gifte sind als den Klein-Parasiten, wie sie bei Seuchen als Erreger vorkommen. Eine innere Desinfektion würde demnach nur dann in Betracht kommen können, wenn bestimmte Mittel zu bestimmten Parasiten nähere Beziehungen haben als zu den Zellen des Körpers, wenn sie „specifisch" wirken. Das ist nun in der That die Ansicht der Aerzte, dass Chinin und Salicylsäure „specifische" Heilmittel sind. Deshalb sollen sie eben nach Binz, Behring und einigen Anderen gerade die „specifischen", noch dazu oft in Blutzellen eingeschlossenen Erreger der Malaria im Körper vernichten oder lähmen. Man stützt sich dann darauf, dass im Versuche z. B. in einem Blutstropfen mit Malariaparasiten Zusatz von Chinin die Parasiten lähmt; dass Chinin auch die darin befindlichen Körperzellen, die weissen Blutkörperchen ebenso lähmt, wird dabei nicht genügend beachtet und ebensowenig, dass in diesen Mengen Chinin auch gegen andere Mikrobien tödtlich wirkt. Chinin ist überhaupt ein ausgezeichnetes Desinfektionsmittel gegen Bakterien im vegetativen Zustande, besonders auch gegen viele und zwar verschiedenartige krankheitserregende Mikrobien. Bei einer Concentration von 1:500—800 hemmt es nicht nur die Bewegungen der Malariaparasiten, sondern ebenso sicher die Entwickelung von Milzbrandbacillen nach Koch, von Recurrensspirochaeten nach Moczutkowsky, während es trotzdem gegen diese Krankheiten nicht den „specifischen" Einfluss wie gegen Malaria besitzt. Es kommt nun aber in Betracht, dass die Menge Chinin, welche man dem Blutstropfen zusetzen muss, um die Parasiten zu tödten, bei der Heilung von Wechselfieber niemals auch nur annähernd in Betracht kommt, dass sich im Menschen die Heilung, selbst wenn man grosse Gaben Chinin giebt, mit so geringen Mengen des Mittels vollzieht, wie sie zur Lähmung und Tödtung der Seuchenerreger im Versuche nicht ausreichen.

Deshalb kann man auch zur Frage kommen, ob das Chinin nicht in einer ganz anderen Weise heilend wirkt, auch wenn es die Erreger weder lähmt, noch tödtet. Die letztere Wirkung würde verhältnissmässig grosse Mengen erfordern, die andere Heilwirkung würde sich mit kleinen Mengen vollziehen können. Kann nun ein chemisches Mittel in kleinen Mengen ganz anders wirken, als in grossen? Das ist in der That der Fall. Schon Paracelsus meinte, dass die Heilmittel — „Arcana" nennt er sie — Substanzen umfassen, welche den „Samen" der Krankheit vernichten, während andere die „Heilkraft" der Natur erwecken. Später erkannten tüchtige Aerzte, wie van Swieten, Brown und Andere, dass dasselbe Mittel in kleinen Gaben anders wirkt als in grossen, z. B. dass Opium in grossen Gaben beruhigt, in kleinen erregt. Diese wichtige Erfahrung ging fast ganz verloren, und es wurde allmählich nur die Bedeutung der grossen Gaben gewürdigt, bis Hahnemann wieder den Werth kleiner Gaben erkannte. Auch die kindischen Uebertreibungen, welche die Sache in der Homöopathie gefunden hat, können den gesunden Kern nicht beeinträchtigen. Erst in neuerer Zeit wurden wieder genauere Untersuchungen angestellt, z B. von Nothnagel, von H. Schulz und mir. Es zeigte sich dabei, dass es sich nicht um mystische Potenzirungen handelt, nicht darum, dass ein Mittel um so wirksamer ist, je verdünnter es ist, sondern es handelt sich geradezu um ein in anderem Zusammenhange S. 55 erwähntes biologisches Grundgesetz, welches Arndt, H. Schulz und ich zuerst ausgesprochen haben: Jedes Mittel, welches auf irgend eine Zelle oder irgend ein Zell-Protoplasma tödtend oder lähmend wirkt, wirkt jenseits eines Indifferenzpunktes in geringen Mengen umgekehrt reizend, die Leistungen steigernd. Die absoluten Mengen sind bei den einzelnen Mitteln ganz verschieden.

Unter Berücksichtigung dieses Gesetzes, von dem es keine Ausnahmen giebt, und unter Würdigung der Thatsache, dass bei Wechselfieber die Heilung durch Chinin selbst bei sogenannten grossen Gaben mit kleineren Mengen der Substanz zu Stande kommt, als zum Lähmen oder Tödten der Wechselfieber-Parasiten erforderlich ist, sind einige Forscher der Ansicht, dass das Chinin heilt, weil es in diesen kleinen Gaben bestimmte Zellen des menschlichen Körpers resp. des Blutes reizt und dadurch zu einer „specifischen" Gegenwirkung befähigt. Einer mystischen Vorstellung eines „specifischen" Reizes gegenüber ist aber daran zu erinnern, dass solche Reize nebenbei überhaupt Protoplasmareize sind. Unter Umständen müssen also auch im Gegensatze zu der gewollten Gegenreizung der Körperzellen auch in unliebsamer Weise die Parasitenzellen gereizt werden können und damit kann geschadet werden. So giebt es ja thatsächlich Malariafälle, in denen Chinin auch in grossen Gaben schadet, und Steudel und Küchel meinen, dass durch kleine und mittlere Gaben von Chinin bisweilen Malariaanfälle direkt hervorgerufen werden; bei latenter Malaria nämlich würde das vorbeugend gegebene Chinin als Reiz auf die Parasiten wirken, die darauf durch Erregen eines Fieberanfalles reagirten, während diese Mengen zum Schädigen oder Vernichten der Keime nicht ausreichten. In solchen Fällen wird Chinin aber immer nur prophylaktisch und deshalb nur in kleinen Mengen gegeben, sogenannte grosse Gaben würden dabei wohl gerade so wirken.

Bei richtiger Wahl der Mengen muss sich diese Reizwirkung kleiner Gaben, theoretisch wenigstens, vollziehen, ohne dass die bei grösseren Mengen mögliche Giftwirkung eintritt. Die Heilung vollzieht sich ohne Vergiftung, ohne eine Arzneikrankheit. Die Heilung kommt zu Stande durch Vermittelung der Körperzellen, das Mittel heilt, weil es die natürlichen Kräfte des Organismus durch Reizwirkung zu einer vorübergehend erhöhten Thätigkeit veranlasst. Da man ganz sicher leichtere Anfälle von Wechselfieber durch Wasserbehandlung verhüten und dadurch das Wechselfieber heilen kann, ergiebt sich eine weitere Thatsache dafür, dass auf dem Wege der Reizung und Kräftigung der Körperzellen, also indirekt, die Malariaparasiten erfolgreich bekämpft werden können.

Sind die Zellen des menschlichen Körpers durch eine sehr schwere Durchseuchung schon stärker und in grösserer Zahl ungünstig beeinflusst, so bedarf man stärkerer Reize, d. h. grösserer Mengen des Mittels und dann können allerdings auch die Giftwirkungen nebenbei sich geltend machen, oder die Reize wirken nicht mehr, weil sie zu spät und deshalb an zu wenig noch zugänglichen Punkten einsetzen. Die volle Ausnützung der reinen, ungiftigen Heilwirkung erfordert also geringe Mengen und deshalb möglichst frühe Behandlung. Das gilt eben von j e d e r u r s ä c h l i c h e n M e t h o d e d e r H e i l u n g von Seuchen.

Das „Specifische" einer Heilung durch chemische Mittel könnte demnach vielleicht darin liegen, dass diese Mittel nur auf bestimmte „Species" von Kleinlebewesen als Parasiten desinficirend wirken, oder aber darin, dass diese Mittel auf bestimmte Zellenarten des menschlichen Organismus als Reize wirken. Nach dem, was ich in früheren Abschnitten gezeigt habe, brauche ich kaum noch hervorzuheben, dass ich das Wort „specifisch" in diesem Falle nur ganz allgemein gebrauche, um irgend einen Grad der näheren Verwandtschaft auszudrücken, der zwischen Mittel und Zellen besteht. Um eine streng specifische Wirkung im Sinne der Dynamik, um einen Austausch von Molekel gegen Molekel, kann es sich dabei nicht handeln. Deshalb können solche Mittel, wenn sie „specifisch" antiseptisch gegen Parasiten wirken, nicht bloss gegen eine einzige Species von Parasiten wirken, und ebenso wenig wirken sie bei einer Reizwirkung nur allein auf eine einzige Kategorie von Körperzellen und umgekehrt werden bisweilen „specifische" Mittel gegenüber der „specifischen" Seuche sogar schaden. Hält man sich dies stets vor Augen und verfällt man nicht geradezu in eine Mystik der Specificität, wie sie leider viele Aerzte haben und wie sie neuerdings unter den Bakteriologen B e h r i n g wieder vertreten hat, so kann die Vorstellung von „specifischen" Heilmitteln nichts schaden, weil wir damit nur allgemein einen näheren Grad von gegenseitigen Beziehungen ausdrücken, also nur eine Thatsache umschreiben.

Ich folgere deshalb aus den klinischen und experimentellen Erfahrungen nur das Eine: E s g i e b t a u c h c h e m i s c h e M i t t e l , w e l c h e S e u c h e n h e i l e n k ö n n e n . Wir dürfen demnach die Hoffnung nicht aufgeben, auch andere Mittel gegen andere Seuchen zu finden, die in dem stark eingeschränkten Sinne „specifisch" wirken. Hierbei können wir mindestens die Hoffnung hegen, d a s s

solche Mittel nicht durch ihre Giftwirkung entseuchen, d. h. Bakterien und Parasiten tödten, sondern durch ihre ungiftige Reizwirkung auf die zur Abwehr nöthigen Zellen des menschlichen Organismus „specifisch" reizend und dadurch heilend wirken.

Bei denjenigen Seuchen, deren Wirkung in erster Linie auf einer Giftwirkung beruht, kann man daran denken, die gebildeten Gifte durch Gegengifte oder harmlose Gegenmittel unschädlich zu machen, sie zu paralysiren oder zu neutralisiren oder zu binden. Ein wirkliches Neutralisiren organischer Gifte der in Betracht kommenden Art kennen wir bis jetzt nicht, dagegen ist eine Gegengiftwirkung in gewissen Grenzen bekannt, wenn man z. B. das Nervensystem erregende Gifte durch solche Gifte unschädlich macht, welche das Nervensystem beruhigen und in grösseren Mengen lähmen. Die Gegenwirkung kommt also ebenso wie die Wirkung durch Vermittelung der Körperzellen zu Stande. Ganz unmöglich erscheint es aber nicht, selbst die Gifte der Seuchen durch chemische Gegengifte oder indifferente chemische Mittel zu bekämpfen, wenn man sich nur von ganz unchemischen Vorstellungen über die „Specificität" frei macht.

Der naturwissenschaftlich denkende Arzt ist einfach verpflichtet, alles im Auge zu behalten, was in Betracht kommt, und sich nicht durch Redensarten irre machen zu lassen. Wenn heute alle Aerzte auf Verabredung keine Arzneien mehr verschrieben, so würden morgen die heutigen Anhänger der arzneilosen Heilkunde sicher zu allererst über die Schulärzte herfallen und ihnen vorwerfen, sie wüssten nicht einmal, dass in manchen Pflanzen heilsame Säfte vorkommen. Die Chemie sondert nun aus diesen Säften das Wichtige vom Unwichtigen, das Heilende vom Indifferenten und stellt neue Körper dar, unter denen sich wohl auch Heilmittel finden müssen. Wird bei diesen Forschungen die trostlose Verirrung der Polypragmasie, der Vielgeschäftigkeit, im Receptiren vermieden und lässt man der Wissenschaft und ärztlichen Kunst Zeit, zu prüfen, so ist gegen das Suchen von „„specifischen Heilmitteln" gegen Seuchen gewiss nichts zu sagen. Leider hat die Neuzeit viele Verirrungen durch ein Uebermaass in der Empfehlung ungeprüfter, werthloser, oft schädlicher Mittel gezeitigt, und manche Kliniken treiben geradezu einen Sport mit der Veröffentlichung solcher Sachen. Solche Auswüchse dürfen uns aber an der theoretisch richtigen Grundlage nicht irre machen, dass unter den chemischen Körpern sich auch solche Mittel analytisch oder synthetisch darstellen lassen müssen, welche gegen Seuchen als Heilmittel oder Antiseptica verwendbar sind. Der Grund ist auch leicht einzusehen, da solche oft recht complicirten Körper in Folge ihrer Zusammensetzung bestimmte Bewegungsmöglichkeiten bieten, welche mit analogen Verhältnissen der Lebewesen in Beziehungen treten können, wenn sie auslösend auf deren Energie treffen, sei es, dass sie als Reize gegenüber den Menschen oder als Antiseptica oder Desinfektionsmittel gegenüber den Parasiten dienen sollen. Da jetzt auch viele Aerzte, das Kind mit dem Bade ausschüttend, in der Verurtheilung der geschilderten Auswüchse auch die gesunden, naturwissenschaftlichen Grundlagen gleich mit treffen und die Chemikalien ganz verwerfen, möchte ich doch entschieden darauf hinweisen, dass dies zu weit gegangen ist.

Wenn man sieht, wie neuerdings sogar trotz aller Antisepsis und selbst trotz der Möglichkeit, wie sich v. Bergmann ausdrückte, mit „Lister's Mantel" auch grosse Dummheiten zu verhüllen, Chirurgen wieder anfangen recht bescheiden zu werden, und zwar besonders gegenüber parasitären Processen im Körper, so wird der Arzt gezwungen, den anderen Hülfen wieder grössere Aufmerksamkeit zu schenken. Gerade die Kriegschirurgie hat schon früher die Bedeutung der allgemeinen hygienischen Heilfaktoren wie frische Luft, gute Ernährung gewürdigt, als die innere Medicin hiervon noch recht weit entfernt war. Neuerdings machen sich wieder ähnliche Strömungen geltend. Man weiss wohl z. B. bei den karcinomatösen und sarkomatösen Geschwülsten, dass frühzeitiges Operiren oft das Verallgemeinern der Infektion verhindern und so heilend wirken kann. Aber man sieht auch ein, dass häufig erst eine Operation eine Allgemeininfektion veranlasst, wo ohne Eingriff der Herd beschränkt und von der Natur selbst beseitigt worden wäre So folgt auf Operationen bei Knochen- und Gelenktuberkulose gelegentlich allgemeine Miliartuberkulose, auf Operationen bei Osteomyelitis allgemeine Septikaemie oder Pyaemie, auf Einschnitte bei phlegmonösen Anginen und Phlegmonen ebenfalls Allgemeininfektion, auf Operation eines Karbunkels erst die allgemeine Milzbrandinfektion, die sonst ausgeblieben wäre. Auch solche Erfahrungen legen uns oft den Wunsch nahe, neben den hygienischen Heilmitteln noch „specifische" Heilmittel zu besitzen und sie erweitern wieder den von den Chirurgen vorher stark eingeschränkten Wirkungskreis des inneren Arztes.

Gemäss dem Reizgesetze können wir erwarten, zu heilen, ohne zu schaden, auch wenn wir uns chemischer Mittel bedienen. Aber die Chemikalien zeigen überhaupt zu bestimmten Geweben oder Zellen nähere Verwandtschaft als zu anderen, ohne dass man an eine wirkliche „Specificität", an eine Umsetzung Molekel gegen Molekel zu denken braucht, und dazu kommt, dass jeder Reiz auf ein ihm zugängliches schon gereiztes, krankes Gewebe intensiver wirkt, als auf die gesunden entsprechenden Gewebe oder Zellen, so dass man auch aus diesem Grunde viel geringere Mengen des Mittels nöthig hat, als wenn es sich um die Tödtung von Parasiten im Körper handeln würde. Wenn ein Mittel aber ätiologisch wirkt und in den Energiezusammenhang eingreift, der sich zwischen Parasiten und Wirthen ausbildet, so muss es auf alle Phasen einwirken können, und nur die Quantität muss in den einzelnen Momenten, die durch die Zeichen äusserlich kenntlich sind, schwanken. Das ist eine nothwendige Folgerung aus der einheitlichen Auffassung des Ursachenzusammenhanges.

Virchow hatte in den Anfängen seiner bahnbrechenden Thätigkeit eine andere Auffassung und kam, indem er die einzelnen Phasen der Krankheit zu einseitig vom Gesichtspunkte der kranken Zelle als „Wesen" behandelte, zu der Auffassung, dass man die einzelnen Phasen und Symptome der Seuche ganz verschieden behandeln müsse. Es ist nun interessant, dass Henle, der grösste Gegner Virchow's in der Aetiologie oder Ursachenlehre und Mitschöpfer der „rationellen" Therapie, welche im Gegensatze zu Virchow die physiologischen Momente mehr betonte, in der Behandlung der Krankheiten ganz auf demselben rein symptomatologischen Standpunkte anlangte.

Virchow selbst hat später nie Gelegenheit genommen, sich unzweideutig auszusprechen, und da seine Kritik neuer Erscheinungen und Richtungen der Wissenschaft oft bloss absprechend, manchmal geradezu nörgelnd war, wird es immerhin etwas begreiflich, dass manche jüngeren Aerzte sich an Aussprüche Virchow's halten, die mehr als ein Menschenalter hinter uns liegen, und die Weiterbildung der Pathologie, die sich ausserhalb des Virchow'schen Ideenkreises oder im Gegensatze zu demselben vollzogen hat, zu wenig beachten.

Wenn nun in dieser Art des Vorgehens neuerdings Behring meint, dass man nur durch Festhalten an der übrigens thatsächlich als falsch erwiesenen und überwundenen Ansicht Kochs von der „Specificität" der Krankheitserreger zu einer einheitlichen, ursächlichen Behandlung und Heilung von Seuchen gelangen kann, die Zellularpathologie Virchows das aber undenkbar erscheinen lasse, so hoffe ich, gezeigt zu haben, dass die folgerichtige Weiterbildung der Ursachenlehre auf der unerschütterlichen Grundlage der Zellularpathologie zu derselben Auffassung führt, dass eine Seuche auch einheitlich mit einem Mittel behandelt werden kann. Bei dieser Behandlungsweise greift man nur in einen Theil des Vorganges ein und überlässt der Natur, sich gegenüber der Weiterwirkung des Reizes selbst zu helfen.

Meine Auffassung ist nur weniger einseitig als die von Behring, insofern ich nicht vergessen möchte, dass eine erfolgreiche Heilung keineswegs nur die „Specificität" der Krankheitserreger, sondern vor Allem den menschlichen Organismus zum Ausgange nehmen kann, dass bei den Krankheitserregern nicht nur deren Gifte, sondern auch sie selbst zum Gegenstande der Bekämpfung werden können. So würde man also bei der Diphtherie vielleicht den Menschen, ohne irgendwie auf die Bacillen und deren Gifte Rücksicht zu nehmen, ursächlich behandeln und damit die Krankheit heilen können, wie etwa bei Tuberkulose, und während Behring nur das Diphtheriegift bekämpft, hält Löffler, der Entdecker der Diphtheriebacillen und bis jetzt strenger Anhänger der Koch'schen Lehre von der „Specificität", daran fest, dass man die Diphtherie vielleicht heilen kann, indem man die Bacillen als Giftbildner vernichtet.

Man kann, um bei meinem einleitenden Bilde zu bleiben, die Seuche als einen Vorgang betrachten, der in einer geschlossenen Kette sich als Bewegung abspielt, und sie heilen, indem man diese einheitliche Bewegung einheitlich, aber nach der Intensität schwankend, durch eine Gegenbewegung zu beeinflussen sucht, aber man kann auch die Kette, immer noch ursächlich vorgehend, an verschiedenen Punkten zu zerreissen und dadurch die Bewegnng aufzuheben suchen.

Wenn wir leichtere und mehr örtliche Affektionen auf mikrobiologischer Grundlage haben, wie z. B. gewisse katarrhalische oder entzündliche Zustände der Augen oder des Halses, so vermögen wir durch entsprechende Wasserumschläge die natürlichen Abwehrkräfte des Organismus, die derselbe in seinen Säften, in örtlichen und in Wanderzellen besitzt, örtlich so zu steigern, dass dieses physikalische Mittel zum Heilmittel wird. Ist eine örtliche Affektion dieser Art im Begriffe, allgemein zu werden, wie wir es bisweilen bei sogenannten katarrhalischen und bei rheumatischen Processen beobachten, so können wir manchmal die ganze Sache durch ein Dampfbad abschneiden, und auch dies wohl nur, weil dieses physikalische Mittel durch Vermittelung der Nerven und durch die Temperaturerhöhung dieselben natürlichen Schutzkräfte des Körpers zu vorübergehend erhöhter Thätigkeit bringt. Durch künstliche Steigerung der natürlichen Bedingungen, die ich vorher in ihrer Bedeutung als Heilfaktoren zu kennzeichnen versuchte, vermögen wir sogar schneller, wenn auch nicht so dauernd, auf die Anlagen des Menschen zu wirken, um diese zu befähigen, gegen Seuchenerreger erfolgreich zu kämpfen. Wie bei den chemischen Mitteln gehört aber hierzu das Urtheil eines verständigen Arztes, da solche Steigerungen auch zu Uebertreibungen führen und dadurch, anstatt zu nützen, schaden können. Das beste Heilmittel und die beste Heilmethode bleibt stets und überall ein naturwissenschaftlich geschulter und hygienisch denkender und urtheilender streng individualisirender Arzt.

Seuchenfestigkeit, Schutzimpfungen und Heilimpfungen.

Im vorausgegangenen Abschnitte habe ich gezeigt, wie man dieselben einfachen hygienischen Faktoren, deren sich die Natur bedient, um Krankheitsanlagen in Seuchenfestigkeit überzuführen, auch bewusst anwenden kann, um Krankheiten zu verhüten oder selbst ausgebrochene Seuchen zu heilen.

Die Natur bedient sich aber noch eines ganz merkwürdigen Mittels, um Krankheitsanlagen in Seuchenfestigkeit umzuwandeln, eines Mittels, welches um so mehr eine besondere Besprechung fordert, als es seit einigen Jahren auch dazu dienen soll, ausgebrochene Seuchen zu heilen. Es giebt „specifische" Seuchen, deren Ueberstehen mit einem positiven Gewinne für die Erkrankten endigt, insofern die Durchseuchten gegen eine zweite Invasion geschützt, immunisirt, erscheinen, während man sonst bei therapeutischen ärztlichen Eingriffen und bei Heilungen es als höchstes Ziel anerkennt, dass nicht geschadet wird; die meisten Heilungen erfolgen mit Verlusten. Wer aber bestimmte specifische Seuchen überstanden hat, hat eine gewisse Zuversicht, dass er dieselbe Krankheit nicht wieder bekommt. Allerdings muss ich als Hygieniker darauf hinweisen, dass dieses Glück nur einem Theile der Erkrankten zu Theil wird, dass aber selbst dieser Theil es durch die Krankheitsdauer, den Arbeitsverlust und oft durch Nebenschädigungen erwirbt. Von diesem Gesichtspunkte bleibt es natürlich unter allen Umständen besser, Seuchen überhaupt nicht zu bekommen.

Die uralte Beobachtung eines erworbenen Seuchenschutzes durch Ueberstehen der Seuche hatte in Europa die Mütter dazu geführt, ihre gesund gebliebenen Kinder zu den an Pocken, Scharlach oder

Masern erkrankten zu legen, in der Erwartung, dass diese Kinder, wenn sie so absichtlich und künstlich der Infektion ausgesetzt werden, eine leichtere Erkrankung durchmachen, als die empfindlicheren und desshalb vorher von selbst erkrankten Kindern, dass sie sich aber denselben Schutz erwerben. Thukydides hatte bei der Pest in Athen empfohlen, dass die von der Seuche Genesenen wegen des dadurch erworbenen Seuchenschutzes zur Pflege der Kranken verwendet würden. In Indien und China wurde zum Erlangen von Impfschutz gegen Pocken das Einblasen der getrockneten und gepulverten Pustelborken in die Nase, später im Orient das Einimpfen der Blattern in die Haut, das Pocken oder die Variolisation vorgenommen und dieses Verfahren gelangte zwischen 1717 und 1721 durch Lady Montague von Konstantinopel aus nach West-Europa. Die europäischen Aerzte lernten die Sache so gut, dass von den künstlich Geblatterten nur ein unbedeutender Bruchtheil starb, während an den natürlichen Blattern eine enorme Zahl von Menschen einging. Diese künstlich Geblatterten waren gegen die Pocken fast so gut geschützt wie diejenigen, welche die natürlichen Blattern mit ihren viel grösseren Gefahren überstanden hatten. Später beobachteten Hirten und Viehmägde in England und Schleswig-Holstein, dass Kühe am Euter gelegentlich pockenähnliche Ausschläge bekamen, die sich den melkenden Personen mittheilten. Personen, welche sich so durch „originäre" Kuhpocken, die zunächst als eine eigenartige Krankheit angesehen wurden, inficirt hatten, waren dann bei wirklichen Pockenepidemien oft ebenso gut geschützt wie die Geblatterten. Diese Beobachtungen wurden von Fewster und Sutton in London 1768 bestätigt. Der Landwirth Jesty impfte 1774 sich und seine Familie zuerst absichtlich mit Kuhpocken, um Schutz gegen Pocken zu erlangen. Ein Holsteiner Lehrer Pless, vor allem aber der englische Wundarzt Jenner bildeten das Verfahren systematisch aus, indem dieselben, mit der Kunst des Pockens vertraut, Personen erst mit Kuhpocken, darauf mit Menschenpocken impften und sahen, dass letztere in diesen Fällen nicht mehr hafteten. Um nun die Gefahren des Pockens, die immerhin nicht ganz beseitigt waren, weil einige Personen danach an Blattern starben, und besonders um die Erhaltung und Ausbreitung des Blatternstoffes durch das Pocken ganz zu beseitigen, führte Jenner nach dreissigjährigen Versuchen das Einimpfen der angeblich „originären" Kuhpocken, das Vacciniren systematisch im Gegensatze zur Variolisation ein. Der 14. Mai 1796 kann als der Tag der ersten öffentlichen Impfung mit Vaccine betrachtet und so in Kürze das 100jährige Jubiläum dieser hygienischen Grossthat gefeiert werden. Dieser Schutz war nicht ganz so wirksam und hielt nicht ganz so lange vor wie das künstliche Pocken oder das natürliche Uebersteben der Blattern, aber immerhin schützte das Verfahren längere Zeit und viele Personen. Bereits 1839 wies nun Thiele nach, dass die angeblich eigenartigen „originären" Kuhpocken nichts anderes sind als ächte Menschenblattern, welche durch Passiren des Kuhorganismus abgeschwächt sind, und weiter konnte er das ächte Blatterngift durch systematisches Austrocknen oder Verdünnen mit Milch so abschwächen, dass es sich bei Menschenimpfungen nicht wie Menschenpocken, sondern wie Kuhpocken verhielt. Auch Ceely erzeugte 1841 bei Kühen durch Verimpfen von Menschenblattern Kuhpocken. Jahrzehnte später haben erst Bollinger und Stamm diese Beobachtung genauer bestätigt, dass es keine „originären" Kuhpocken giebt, was allerdings insofern berichtigt werden muss, dass am Kuheuter bläschenartige Ausschläge vorkommen können, welche eine eigenartige Seuche bakteriellen Ursprunges darstellen, die den Kuhpocken ähnlich ist, aber nicht gegen Blattern schützt. Stamm machte dabei unter Anführung eines Falles auf die Möglichkeit aufmerksam, dass die Kuhpocken durch Uebertragung auf den Menschen wieder bösartiger und sogar mit den originären Pocken gleich werden können, dass demnach auch die Vaccination im Lande die Blattern erhielte, die also wohl nicht erlöschen könnten, weil sich das Menschengeschlecht nicht natürlich mit ihnen auseinandersetzen könnte, wie es bei Pest und Aussatz der Fall war. Da Stamm schliesslich ein fanatischer Impfgegner wurde, wurden seine Ausführungen nicht beachtet, die aber einen gesunden Kern enthalten, der in Verbindung mit den vorausgegangenen Ermittelungen von Jenner und Thiele auf dem Wege der praktischen Erfahrung und einfachen Naturbeobachtung manches enthielt, was später experimentell und umfassender von Neuem gewonnen werden musste.

Isopathische oder specifische Schutzimpfungen mit lebenden Parasiten; Abschwächung der krankheitserregenden Bakterien.

Dieses Neue knüpft an den Namen von Pasteur an, der 1880 beobachtet hatte, dass die Parasiten der sogenannten Hübnercholera, einer bösartigen, mit der Schweineseuche verwandten Seuche des Hausgeflügels, durch künstliche Eingriffe in ihrer Virulenz, d. h. Ansteckungs- und Giftfähigkeit herabgesetzt werden können, sodass die Thiere nur noch am Orte der Impfung krank werden, ohne dass es zur tödtlichen Allgemeininfektion kommt. Die so nur örtlich erkrankten Thiere konnten später mit den vollgiftigen Parasiten inficirt werden, ohne jetzt die tödtliche Seuche zu empfangen; sie waren durch vorangegangene Impfung mit abgeschwächtem Infektionsstoff gegen die Seuche geschützt. In ähnlicher Weise versuchte man durch Abschwächen verschiedener Kleinparasiten wie der Bakterien von Milzbrand, Rauschbrand, Schweinerothlauf Impf-Schutzstoffe (Lymphe, Vaccin) zu erhalten, welche die Thiere nur leicht krank machten, sie aber gegen eine nachträgliche künstliche oder natürliche Infektion schützen sollten.

Ferran hat 1884 Meerschweinchen zuerst durch subcutane Anwendung von Kommabacillen gegen sonst tödtliche Mengen derselben geschützt und W. M. Haffkine hat, nachdem Gamaleïa eine Methode zur Erzielung gleich und hoch virulenter Kommabacillen ermittelt hatte, zwei Varietäten von verschiedener Virulenz gezüchtet, mit denen er mit geringem Erfolge 1893/94 in Indien Schutzimpfungen gegen Cholera an Menschen ausführte.

Durch Kultiviren bei reichlichem Luftzutritt — bisweilen in Verbindung mit Lichtzutritt — dessen Bedeutung für die Beseitigung der Virulenz bereits S. 37 erwähnt ist, durch Kultiviren bei höherer Temperatur S. 42, durch Zusätze von Chemikalien S. 55 wurde besonders die Herabsetzung der Virulenz erreicht. Bisweilen erwies es sich als vortheilhaft, die Abschwächung in Stadien vorzunehmen, um so einen stärkeren oder schwächeren Impfstoff zu erhalten. Dann ging man z. B. beim Milzbrand so vor, dass die Thiere erst mit dem schwächeren, dann mit dem stärkeren Impfstoffe vorgeimpft und dann erst mit dem voll virulenten Material auf die erhaltene Schutzkraft geprüft wurden Bei Milzbrand zeigte sich nun, dass Thiere,

die auf diese Weise sicher gegen Wundmilzbrand nach Pasteur geimpft waren, noch nach Koch an Darmmilzbrand zu Grunde gingen,
dass also die künstliche Immunisirung nicht immer gegen die natürliche Infektion schützt. In Gegenden, in denen die betreffenden
Krankheiten sehr stark wütheten, erhielt man trotzdem zum Theil
recht befriedigende Resultate z. B. bei Milzbrand und Schweinerothlauf, ganz besonders aber bei Rauschbrand der Rinder. Im letzten
Falle wird jetzt meist nach Kitt nur eine Schutzimpfung gemacht,
indem man durch Dämpfe abgeschwächte Sporen verwendet. Je
nach der Methode der Abschwächung sind die schwächer wirkenden
Abarten degnerirt und die Kulturen wachsen schlechter oder aber sie
sind nur weniger parasitisch, bezüglich mehr saprophytisch geworden
und wuchern sogar jetzt üppiger als das parasitische Ausgangs-
material, sie sind zu Varietäten oder Modificationen der Art geworden, wie wir bittre und süsse Mandeln, Schierling mit oder ohne
Coniin, Zimmtbäume mit oder ohne aromatische Rinde kennen.

Eine andere Methode der Abschwächung, nämlich durch Benutzung des lebenden Thierkörpers hat ebenfalls Pasteur zuerst
verwendet. Wenn man die Bakterien des Schweinerothlaufs vom
Schwein, in dem sie einen bestimmten Virulenzgrad besitzen, auf
Tauben und von da wieder auf neue Tauben überträgt, so erfahren
sie durch die Uebertragung im Taubenkörper eine Steigerung der
Virulenz, umgekehrt aber eine Abnahme durch Uebertragung von
Kaninchen zu Kaninchen. Mit diesen durch den Kaninchenkörper
abgeschwächten Bakterien kann man ebenfalls gegen die Virulenz-
grade des spontanen Schweinerothlaufs schützen, oder man kann
jetzt noch einen Schritt weiter gehen und die künstliche Immunität
so steigern, dass sie auch gegen die künstliche durch den Taubenkörper erhöhte Virulenz schützt.

Aehnliches ermittelte Pasteur bei Hundswuth. Dieses Virus
welches noch nicht in Form eines bestimmten Kleinlebewesens isolirt ist, und dessen Grad bei tollwuthkranken Hunden als „Strassenwuth“ bezeichnet wird, wird schwächer durch Passiren von Affen,
stärker durch den Kaninchenorganismus. Pasteur benutzte nun
das Rückmark der ad maximum virulenten Kaninchen, welches den
Grad der „festen Wuth“ darstellt, zur Darstellung beliebiger Viru-

lenzgrade, indem er dasselbe in von Wasser und Kohlensäure befreiter Luft austrocknete und dadurch abschwächte. Mit der Dauer der Abschwächung nimmt die Virulenz ab. Wenn man nun Thiere mit dem schwächsten Material inficirt und zu einem stärkeren übergeht, kann man schliesslich sogar das frische virulenteste Mark der Kaninchen verimpfen, ohne dass die Versuchsthiere an Hundswuth sterben; sie sind gegen höhere Grade von Wuth immun geworden, als sie in der Natur zu erwarten sind.

In allen Fällen musste man aber, wenn auch abgeschwächte aber immer noch wirksame Kulturen anwenden, bis 1887 Hueppe bei Hühnercholera und Wildseuche, 1889 Chauveau bei Milzbrand ermittelten, dass auch die ganz abgeschwächten, rein saprophytisch gewordenen, keinerlei pathogene Wirkung mehr äussernden Kulturen ebenfalls noch Impfschutz gegen die virulenten Kulturen verleihen können.

In allen diesen Fällen war aber das Impfmaterial, wie es auch gewonnen sein und welchen Grad der Abschwächung es auch besitzen mochte, der Art nach identisch mit dem Infektionsstoffe. Die Schutzimpfung scheint hiernach eine durchaus „specifische" oder noch richtiger ausgedrückt „isopathische" zu sein.

In dieser Richtung ging man noch einen Schritt weiter. Man arbeitete mit lebenden Mikrobien. Auch von den abgeschwächten Kulturen konnten bei grösseren Mengen übertragenen Materials oder bei grosser Krankheitsanlage der Thiere noch einzelne Thiere eingehen und dann war man direkt darauf hingewiesen, dass das abgeschwächte Material durch Passiren geeigneter Thiere wieder virulenter werden konnte.

Man suchte sich also von den lebenden Parasiten und ihren abgeschwächten Modifikationen ganz frei zu machen.

Impfungen mit Stoffwechselprodukten; Schutzstoffe und Gifte; der Impfschutz beruht nicht auf Giftgewöhnung.

Nachdem zuerst Panum 1874 festgestellt hatte, dass die Giftwirkungen der Bakterien durch lösliche, von den Bakterien trennbare, aber von ihnen gebildete Gifte zu Stande kommen, und dass man die Giftwirkung vortheilhaft indirekt, nämlich durch Bekämpfung

der Giftbildner bekämpfen könne, wurde von K o c h 1878, von
C h a u v e a u 1880 und später von vielen anderen Beobachtern
ermittelt, dass manche krankheitserregenden Bakterien thatsächlich weniger durch ihre Vermehrung als durch die Bildung lös-
licher Gifte schädlich wirken, die resorbirt werden, in den Kreislauf gelangen und so lebenswichtige Zellsubstanzen, z. B. das
Nervensystem, die Muskeln, Drüsen u. s. w. treffen. Man konnte
nach Trennung der Gifte von den Bakterien, z. B. durch Ab-
filtriren oder dadurch, dass man die Bakterien durch chemische
Zusätze oder Erhitzen tödtete, mit diesen gifthaltigen Lösungen
Krankheitserscheinungen auslösen, die denen zu gleichen schienen,
welche man früher nur mit den lebenden Bakterien erzielt hatte.
Diese Gifte hielt man mit B r i e g e r anfangs für organische Basen,
sogenannte Ptomaïne, später sah man, dass sie aus giftigen Eiweisskörpern bestehen oder den Eiweisssubstanzen nahe verwandt, oder
von ihnen chemisch nicht sicher zu trennen sind und öfters Eigenschaften haben wie die Verdauungsfermente; s. S. 71.

Die französischen Forscher T o u s s a i n t und C h a u v e a u haben
es nun schon 1880 im Gegensatze zu P a s t e u r wahrscheinlich zu
machen gesucht, dass die Schutzwirkung nach Einverleibung von
abgeschwächten Krankheitserregern darauf beruht, d a s s d i e l ö s -
l i c h e n S t o f f w e c h s e l p r o d u k t e d e r s e l b e n d e n I m p f s c h u t z
b e w i r k e n. Die amerikanischen Forscher S a l m o n und S m i t h
bewiesen diese Möglichkeit 1886 endgiltig, indem sie Versuchsthiere
mit den giftigen „Stoffwechselprodukte" gegen die virulente amerikanische Schweineseuche schützten. Solche gelöste Stoffe konnte man
hoffen, genau abzumessen und so sicher in bestimmten Mengen einzu-
verleiben. Mit derartigen Stoffen, die durch Filtriren oder Erhitzen
keimfrei gemacht waren, gelang es F o à und B o n o m e Impfschutz
zu erzielen gegen Proteus, C h a r r i n gegen Pyocyaneus, R o u x und
C h a m b e r l a n d gegen malignes Oedem, R o u x gegen Rauschbrand,
G a m a l e ï a gegen die Vibrionen-Septikaemie der Tauben und gegen
Cholera, C. F r ä n k e l gegen Diphtherie.

D e r I m p f s c h u t z s e h i e n h i e r n a c h i n d e r A n g e w ö h -
n u n g a n d a s „ s p e c i f i s c h e" G i f t d e r K r a n k h e i t s e r r e g e r
z u b e s t e h e n.

Damit waren aber die vorher schon erwähnten Beobachtungen
von mir aus dem Jahre 1887 und von Chauveau von 1889 nicht
in Einklang zu bringen, weil es uns gelang, mit total abgeschwächten
und rein saprophytisch gewordenen, kein specifisches Gift mehr bildenden Bakterien Impfschutz gegen dieselben Bakterien im voll
infektionskräftigen Zustande zu erzielen. Weiter gelang es Hueppe
und Wood 1889 sogar mit sicheren Saprophyten aus Erde und
Wasser gegen krankheitserregende Bakterien und zwar gegen Milzbrand Impfschutz zu erzielen und damit gleichzeitig die ersten
unschädlichen Schutzimpfungen zu bewirken.

Später überzeugte man sich ausserdem, dass manche der Methoden,
die zur Trennung der „specifischen" Gifte von den sie bildenden
Parasiten angewendet worden waren, die angeblichen „specifischen"
Gifte vernichten oder umwandeln, und doch war der Impfschutz mit
Stoffwechselprodukten erzielt worden. Das gelang aber nicht, wenn
man die Gifte selbst einführte, wie Roger und Charrin bei Pyocyaneus, C. Fränkel bei Diphtherie und Hueppe bei Hühnercholera schon vor Jahren ermittelt haben. Dadurch wurden Gamaleïa und Hueppe, danach H. Buchner zu der Ermittelung
geführt, dass die „specifischen" Giftstoffe ausserhalb
der Parasiten in den Kulturflüssigkeiten und die
Schutzstoffe in den Krankheitserregern oder in deren
Stoffwechselprodukten nicht dieselben Stoffe sein
können.

Durch die Ermittelungen bei den „spezifischen" Immunisirungen
wurde festgestellt, dass 1) Ueberstehen der Krankheit, 2) Vorimpfen
mit abgeschwächten, 3) Vorimpfen mit ganz wirkungslos gewordenen
Krankheitserregern, 4) Vorimpfen mit Saprophyten, 5) aber auch
Impfen mit scheinbaren Stoffwechselprodukten der Parasiten Impfschutz verleihen kann, während 6) Vorimpfen mit den spezifischen
Giften keinen Impfschutz bewirkt.

Es wurde zunächst in anderen Versuchsanordnungen festgestellt,
dass die völlig abgeschwächten Bakterien thatsächlich kein „spezifisches" Gift mehr bilden. Dann versuchte man virulente Kulturen
zu entgiften. Die Gifte haben, wie S. 74 erwähnt ist, den Charakter „aktiver" Eiweisskörper und diese sind im feuchten Zustande

gegen hohe Temperaturen sehr empfindlich. Erwärmt man die gifthaltigen Lösungen nur auf ca. 55—65°, so werden die meisten schon inaktiv und ungiftig. Wie Hueppe für Hühnercholera und asiatische Cholera, Brieger und C. Fränkel für Diphtherie, F. und G. Klemperer für Pneumonieinfektion bei Kaninchen, Brieger, Kitasato und Wassermann für Cholera, Diphtherie, Typhus und Schweinerothlauf ermittelt haben, konnte durch die entgifteten Kulturen Impfschutz erzielt werden. Durch den Impfschutz werden die Bakterien verhindert, im Körper zu wuchern und Gifte zu bilden, sie werden wie Saprophyten vernichtet und der Organismus des Menschen oder der Thiere kommt deshalb gar nicht in die Lage, mit den „Giften" der Bakterien sich auseinanderzusetzen.

Ueber die Natur der Schutzstoffe ist man jedoch noch im Unklaren. Dass es sich um integrirende Bestandtheile des lebenden Protoplasmas der Bakterienzellen handelt, ist wohl sicher. Sie sollen höheren Phosphorgehalt als die Toxine besitzen und schwerer durch Thonfilter gehen. Sie müssen, wie sich aus der Schutzwirkung der wirkungslosen Kulturen ergibt, zu der unveränderlichen Arteigenthümlichkeiten gehören und nicht wie die Gifte zu den veränderlichen Merkmalen. Vielleicht kann man deshalb aber auch erwarten, dass fremdes Protoplasma und aktives Eiweiss überhaupt, wenn auch nach Art und Herkunft in verschiedenem Grade, Impfschutz verleiht?

Als man nun weiter mit eiweissartigen Giften anderer Herkunft, z. B. den Pflanzengiften Abrin und Ricin arbeitete, wie es Ehrlich gethan hat, und mit Tetanus und Diphtheriegift ähnlich verfuhr, wie Roux, Behring, Tizzoni es machten, sah man, dass der thierische Organismus sich diesen Giften gegenüber ähnlich verhielt wie dem Arsen, Alkohol, Nikotin oder Morphium gegenüber. Der Organismus gewöhnt sich an immer grössere Mengen der spezifischen Gifte, er wird giftfest, aber er wird nicht im Sinne des Impfschutzes beeinflusst, nicht immunisirt. Wenn man mit „Stoffwechselprodukten" der Parasiten wirklichen Impfschutz erzielte, mussten darin Körper sein, welche anders als die Gifte wirkten. Kurz gesagt, die schützenden Körper sind die Bakterienzellen selbst oder sie sind in den Zellen vorhanden oder werden von ihnen nach aussen abgesondert. In den

sogenannten Stoffwechselprodukten, also in den Kulturflüssigkeiten
nach Vegetation der Bakterien, finden sich die Gifte im engeren
Sinne, aber daneben auch die abgestorbenen, todten Bakterienleiber
und die aufgelösten, todten Bakterien und die von denselben während
des Lebens nach aussen abgeschiedenen löslichen Zellstoffe. In den
voll wirksamen Kulturflüssigkeiten sind Gifte u n d Zellstoffe anderer
Art in Lösung vorhanden, welche b e i d e durch Filtration von den
lebenden oder todten Bakterienzellen abgeschieden werden. Erhitzt
man die Kulturflüssigkeiten wirkungskräftiger Parasiten bis etwa
auf 70°, so werden die „specifischen“ Gifte derselben vernichtet
oder verändert, während die löslichen, Impfschutz verleihenden Zellstoffe bei dieser Temperatur noch keine wesentliche Aenderung zu
erfahren scheinen. Aber auch die abgeschwächten und nur wenig
Gift bildenden und die wirkungslos gewordenen und kein Gift mehr
bildenden Parasiten und geeignete harmlose, überhaupt kein Gift
bildende Saprophyten besitzen solche schützenden löslichen Zellstoffe.
Damit wird es auch sehr unwahrscheinlich, dass die Schutzstoffe
nichts Anderes als durch das Erwärmen modificirte Gifte sein sollen,
wie ausgesprochen worden ist. Die Bildung der Schutzstoffe und
Gifte erscheint als „specifische“ Leistung der einzelnen Arten der
Mikroparasiten. Die Abschwächung der krankheitserregenden Bakterien beruht demnach darauf, dass die Fähigkeit, Gifte zu bilden,
herabgesetzt wird, während die anderen Zellthätigkeiten nicht wesentlich beeinflusst werden.

Proteïne.

Die schützenden Stoffe sind sicher nicht identisch mit den Proteïnen, welche man durch Kochen der Bakterienkulturen mit oder
ohne Zusatz von Kalilauge, mit und ohne Zusatz von Glycerin
erhält. Ob die Proteïne durch die höhere Temperatur aus den
Schutzstoffen hervorgehen, ist noch unentschieden. Diese Proteïne
rufen, wie H. B u c h n e r ermittelte, aseptisches Fieber und Entzündungen, wie H u e p p e und S c h o l l fanden durch Chemotaxis
Leukocytose oder örtliche Eiterungen, ferner nach P r u d d e n und
H o d e n p y l formative Reizung der Körperzellen, nach G ä r t n e r
und R ö m e r Lymphabsonderung hervor. Hierher gehört das Tuber-

kulin von Koch aus Tuberkelbakterien, ferner das Malleïn aus Rotz-
kulturen. Diese Proteïne bewirken keinen specifischen Impfschutz
und keine specifische Giftfestigung; sie sind weder die specifischen
Schutzstoffe, noch die specifischen Gifte der Bakterien. Nach Koch
kann man aber den Körper an grosse Mengen dieser Proteïne gewöhnen. Durch Anregung von Entzündungen können sie eine Reaktion
der Körperzellen und Gewebe bewirken, welche diese befähigt, sich ein-
gedrungener Parasiten zu erwehren. In seltenen Fällen kann auf diese
Weise vielleicht eine Heilung von Tuberkulose bewirkt werden, während sich bekanntlich die weitergehenden Hoffnungen auf eine „specifische" Heilung nicht erfüllt haben. Die entzündliche Reaktion mit
ihrer Temperatursteigerung kann vielleicht innere Krankheitsherde
zur Kenntniss bringen. In diesem Sinne hat sich Tuberkulin zum
Erkennen der Perlsucht der Rinder in Frankreich und Dänemark
Eingang verschafft und das Malleïn wird vielfach mit Erfolg
zur frühen Erkennung von Rotz gebraucht. Hierbei ist jedoch
zu erwähnen, dass die Reaktion oft ausbleibt, dass sie oft bei
anderen Processen eintritt und zwar das letztere aus dem einfachen
Grunde, weil die Proteïne nicht specifisch im üblichen Wortsinne
sind. Nach Weichselbaum, Ortner und Klein wirkt sogar
das Tuberkulin bei reiner Tuberkulose des Menschen gar nicht, wohl
aber bei den Mischinfektionen in Form von Lungenentzündungen,
indem es die Reizwirkung der pneumonisch infiltrirten Parthien
steigert. Man kann nach Römer das Tuberkulin, aber auch das
Malleïn durch die Proteïne aller möglichen Bakterien mit gleichem
Erfolge ersetzen. Die Proteïne wirken dabei als kräftige Reize derart, dass man nachher im Blute mehr den später zu erwähnenden
bactericid und antitoxisch wirkenden aktiven Eiweisskörper findet,
ohne dass sich specifische Schutzstoffe bilden.

Man unterscheidet praktisch zunächst vortheilhaft zwischen der
natürlichen Widerstandsfähigkeit oder Seuchenfestigkeit des Körpers, dem natürlichen oder künstlichen Impfschutze oder der Immunität und drittens der Giftgewöhnung
oder Giftfestigkeit. Bei der natürlichen Widerstandsfähigkeit
des Körpers dringen die Mikrobien und Parasiten nicht in den
Körper ein, und dieser hat die Fähigkeit, die Parasiten und ihr

Gift zu zerstören. Bei dem specifischen Impfschutze hat der Körper die Fähigkeit erworben, das Eindringen ganz bestimmter Parasiten und die Giftbildung durch dieselben zu verhindern, die vorher eindringen und schädigen konnten. Bei der Giftfestigkeit hat der Körper nur die Fähigkeit erworben, das „spezifische" Gift zu paralisiren, während die Parasiten vielleicht noch darin wachsen können; das letztere würde nur nicht mehr bedenklich sein, weil die noch gebildeten Gifte unschädlich gemacht werden. Bei der Seuchenfestigkeit und dem Impfschutze wird der Körper mit einer Menge Gift fertig, wie sie bei der natürlichen oder künstlichen Infektion gebildet wird, während er bei Giftfestigungen an sehr viel grössere Mengen Gift gewöhnt werden kann. Die Fähigkeit mit den Giften fertig zu werden, kann demnach im Körper in mindestens quantitativ anderer Weise erreicht oder gesteigert werden als bei Seuchenfestigkeit und Impfschutz: so kann z. B. bei Tetanus nach B e h r i n g das Thier nicht mehr giftfest sein, wenn es noch Impfschutz zeigt, oder es kann umgekehrt überempfindlich gegen das Gift sein, wenn sein Blutserum der höchsten Gegengiftleistungen fähig ist. Bei Hundswuth ist die Giftwirkung und die Immunisirung an das Centralnervensystem geknüpft, welches jedoch noch zu immunisiren vermag, wenn es nicht mehr giftig wirkt. Bei Impfung mit „Stoffwechselprodukten" wird der Körper sowohl Impfschutz als „Giftfestigkeit erreichen, und man muss je nach der Wirkungsweise der Parasiten bald das eine, bald das andere mehr betonen.

Bei Seuchen, die weniger auf der Vermehrung der Bakterien als auf der Giftwirkung durch dieselben beruhen, wie bei Tetanus oder Diphtherie wird man deshalb vielleicht vortheilhafter, nicht mit abgeschwächten, sondern nach B e h r i n g mit voll virulenten oder übervirulenten Kulturen immunisiren, weil man durch die Immunisirung in erster Linie nur eine Form der Giftfestigung anstrebt. Aber nothwendig ist dies nicht. So konnte, wie oben erwähnt, C. F r ä n k e l auch mit entgifteten Kulturen sicher gegen virulente Diphtheriebakterien immunisiren und zwar aus dem einfachen Grunde, weil der immunisirte Organismus das Wachsthum der Bakterien und damit die Giftbildung durch dieselben verhindert, so dass eine Giftfestigung nicht nöthig wurde.

Schutz-Serum; aktiver und passiver Impfschutz; Gewebs- und Antitoxin-Immunität.

Es giebt nun noch einen ganz anderen Weg der specifischen Immunisirung. Schon 1884 gab Ferran Blutserum von Cholerakranken subcutan zur Heilung an Cholerakranke und zur Verhütung von Cholera an Gesunde ein, aber es ist unklar, was er sich dabei gedacht hat. Héricourt und Richet impften 1888 Hunde mit Pyämie-Staphylokokken; die Hunde bekamen locale Abscesse. Wenn sie aber das Serum solcher Hunde, nachdem sie geheilt waren, auf Kaninchen übertrugen, die sonst der Seuche prompt erlagen, so erwiesen sich diese Thiere jetzt alle geschützt, während das Serum gesunder, aber nicht geimpfter Hunde nur in einem Theil der Fälle die Kaninchen schützte. Das Serum gesunder Hunde hatte also wohl einen gewissen Einfluss, vor Allem aber hatte das Serum von Thieren, welche eine bestimmte Infektion durchgemacht hatten, Schutzkraft gegen diese Seuche verliehen. Mindestens lag ein quantitativer Unterschied zu Gunsten der vorausgegangenen „specifischen" Immunisirung vor.

Aehnlich ermittelten 1889 Babes und Lepp, dass das Serum von gegen Lyssa immunisirten Hunden andere Hunde gegen Wuth immunisirte. Wichtiger wurde die Entdeckung von Behring und Kitasato, welche 1890 ermittelten, dass Blut und Blutserum von Thieren, die gegen Tetanus und Diphtherie immunisirt waren, empfänglichen Thieren Impfschutz gegen die betreffende Krankheit verlieh, also scheinbar qualitativ oder isopathisch wirkte. Ehrlich zeigte, dass auch die Milch der immunisirten Thiere dieselbe Wirkung ausübte. Dieser Impfschutz durch Serum hatte aber gegenüber dem Impfschutze, der durch lebende Parasiten oder deren Stoffwechselprodukte erworben war, und gegenüber den Giftfestigungen etwas Vergängliches. Er hielt nur kurze Zeit vor, dafür stellte er sich aber sehr schnell ein. Er war gleichsam „passiv" gegenüber dem anderen „aktiven". Der scheinbar unüberbrückbare Unterschied dürfte durch folgende Thatsachen illustrirt werden.

Wenn man zur Erzielung von aktivem und dauerndem Impfschutze Schafe gegen Wundmilzbrand geschützt hat, erliegen sie noch dem Darmmilzbrand, wie es Koch bewiesen hat. Wenn

Kaninchen an dem Ohr oder der Hornhaut des Auges einer Seite so mit Kaninchen-Septikämie geimpft sind, dass auf dieser Seite eine weitere Infektion nicht mehr haftet, erliegen sie nach Löffler noch der Infektion an Ohr oder Hornhaut der anderen Seite, bis erst nach einiger Zeit überall Impfschutz nachweisbar ist. So erliegen nach Pasteur Kaninchen, welche gegen Hundswuth von der Haut oder von Wunden aus geschützt sind, wenn man das Gift direkt ins Gehirn impft; so können Hühner, wenn sie in einen Brustmuskel mit Bakterien von Hühnercholera, oder Tauben, wenn sie in gleicher Weise mit Menschencholera geimpft sind, nach Versuchen von mir und Salus auf dieser Seite nachher nicht erfolgreich inficirt werden, während eine Infektion in dem Brustmuskel der anderen Seite haftet; dann kommt ein Stadium, wo auch dies nicht mehr gelingt, wo aber direkte Einführung in die Blutbahn noch den Tod herbeiführt. Meerschweinchen welche von der Bauchhöhle aus sicher gegen Cholera immunisirt sind, erliegen der Infektion vom Magen aus, als ob nichts geschehen sei.

Die Schutzimpfung erfordert Zeit und zwar aus dem einfachen Grunde, weil die Schutzstoffe erst auf bestimmte Körperzellen des Menschen als Reize auslösend oder erregend einwirken müssen. Der Impfschutz wird nur durch Vermittelung der Körperzellen des Menschen erworben; die aktive Immunität ist eine Zell- oder Gewebs-Immunität. Dasselbe gilt von der Giftgewöhnung oder Giftfestigung. Solche durch die Beeinflussung der Körperzellen erreichten „aktiven“ Schutzimpfungen und, wenn auch in etwas geringerem Grade, derartig „aktive“ Giftfestigungen halten dann aber auch Monate und selbst Jahre lang vor, weil sie eben nicht mehr von dem vorübergehenden bakteriellen Eingriffe, sondern von dem dadurch erworbenen Zustande der Körperzellen abhängen. Diese sind es, welche in ihrer verhältnissmässigen grossen Unabhängigkeit von wechselnden Ernährungsbedingungen ererbte oder erworbene Eigenschaften festhalten und dadurch auch ein längeres Gleichbleiben der Eigenschaften der mit ihnen in Austausch stehenden Körpersäfte und des Blutes ermöglichen.

Ohne Zwischentreten von Zellen entledigten sich die Säfte sehr schnell fremder Stoffe durch Ausscheidung durch Darm, Magen, Nieren, Haut, oder durch Oxydation oder chemische Bindungen, so dass dauernd neue Eigenschaften nicht durch die Säfte allein erworben oder erhalten werden können. Der Wirthsorganismus, der Mensch, reagirt mit seinen Zellen auf den Reiz derjenigen Bakterien oder Bakterienproteïne oder Bakteriengifte mit welchen man seine Widerstandsfähigkeit gegen Parasiten oder Parasitengifte erhöhen will, um ihn in den Zustand des Impfschutzes oder der Giftfestigkeit zu setzen. Die Bakteriologie hat die Zellularpathologie kräftigst unterstützt, was den Ansichten Behring's gegenüber nicht scharf genug hervorgehoben werden kann.

Bei den „passiven" Impfungen oder der Antitoxin-Immunität mit Serum schienen die Thiere so schnell immunisirt zu sein, dass eine Mitbetheiligung der Körperzellen ausgeschlossen schien. Es schienen mit dem Serum direkte Schutzstoffe eingeführt zu sein, die deshalb auch fast unmittelbar wirken mussten, die aber als fremde Stoffe auch verhältnissmässig schnell wieder beseitigt wurden. Man suchte also nach diesen hypothetischen mit dem Schutzserum übertragenen Stoffen.

Als Ehrlich Thiere mit zwei pflanzlichen eiweissartigen Giften, Abrin von der Pasternostererbse (Abrus präcatorius) und Ricin aus Ricinussamen giftfest machte, schien die Giftfestigkeit der Thiere darin zu bestehen, dass sie in ihrem Serum Gegengifte, Antitoxine oder Antikörper, wie sich Ehrlich etwas sonderbar ausdrückte, enthielten. Diese Körper eiweissartiger Natur sollten das Gift eiweissartiger Natur paralysiren oder, wie Behring meinte, neutralisiren. Der Unterschied zwischen aktiver und passiver Immunisirung zwischen Gewebs- und Antitoxin-Immunität würde dann darin bestehen, dass bei der aktiven der geimpfte Körper diese Antitoxine nur langsam mit Hülfe seiner Zellen bildet, die dafür aber lange fortfahren, diese Körper zu bilden, dass jedoch bei der passiven Immunität die Antikörper gleich fix und fertig übertragen werden. Im letzteren Falle übernimmt das mit Serum behandelte Thier nur die Annehmlichkeit des Gegengiftes, ohne seinerseits etwas dabei zu thun, während das Schutzserum liefernde Thier allein aktiv die Ge-

fahr der Bildung der Gegengifte trägt. Weil bei der passiven Immunisirung das geschützte Thier mit seinen Zellen nichts zur Erwerbung
des Impfschutzes beiträgt, ihm also das Gegengift als ein fremdes
Eiweiss einverleibt wird, eliminirt es dieses fremde Eiweiss möglichst
schnell, so dass deshalb der passive Impfschutz nicht lange vorhält.

In dem Ideengange von Behring hat man, unter unbewusster
Wiederaufnahme der Versuche von Ferran, mit dem Serum von an
Cholera erkrankten oder gestorbenen Menschen Schutzimpfungen gegen
Cholera gemacht. G. Klemperer, Lazarus, Metschnikoff,
R. Pfeiffer fanden, dass dieses Serum, in allerdings ganz ausserordent-
licher Menge wechselnd, oft auch gar nicht wirkend, manchmal schon
in der Menge von nur 0,01 ccm Meerschweinchen gegen eine sonst
tödtliche Infektion von Cholerabakterien schützt und zwar sicher
gegen die intraperitoneale Infektion, unsicher oder nicht gegen die
Infektion vom Magen, gar nicht gegen das Choleragift. Indem
R. Pfeiffer nun die Prüfung auf eingetretene Immunität mit einer
Kultur aus einer der letzten Epidemien vornahm, die er für eine
typische Cholerakultur und als Testkultur erklärt, glaubte er ein
Mittel gefunden zu haben, um eine Kultur von Kommabacillen als
„ächte" Cholerabakterien bestimmen und von anderen Kommabacillen
scharf und unfehlbar unterscheiden zu können. Mit der zu prüfenden
Kultur wird ein Meerschweinchen inficirt; vermag das Serum dieses
Thieres nach einiger Zeit durch seine Antikörper gegen die Test-
kultur zu schützen, so war die geprüfte Kultur „ächte" Cholera,
vermag sie nicht zu schützen, so waren es keine Cholerabakterien.
Dieser Test oder Massstab ist aber ganz unhaltbar, weil das zu
Beweisende thatsächlich als richtig vorausgesetzt wird. Ich habe in
Hamburg aus schweren Fällen derselben Epidemie von 1892 Kulturen
gezüchtet, die kulturell absolut gleich waren und sich diesen Impfschutz gegeseitig durch das Serum nicht verschafften. Zur Zeit dieser
Epidemie wurde in Berlin aus dem Nordhafen ein Kommabacillus
kultivirt, der alle typischen Merkmale der Koch'schen Bakterien
bot, und auf diesen Nachweis hin wurde die Spree amtlich als „verseucht" erklärt; nachher gab diese Art die Pfeiffer'sche Reaktion
nicht und sollte kein Choleraerreger mehr sein. Mit Finthen-
Cholera konnte ich kein gegen Hamburger Cholerabakterien schützen-

des Serum erhalten. R. Pfeiffer selbst vermochte mit Massauah-Cholera kein gegen seine Testkultur schützendes Serum zu erzielen und doch stammt diese Kultur aus einer aus Indien eingeschleppten heftigen Epidemie, die uns eine der virulentesten Cholerakulturen geliefert hat, und doch hat diese Kultur in Italien schwere Laboratoriumscholera bewirkt! Rumpel züchtete 1893 zwei Cholerakulturen aus tödtlich verlaufenen Fällen, die im nicht leuchtenden Zustande gegen eine Pfeiffer'sche Testkultur schützten, im phosphorescirenden Stadium kein schützendes Serum lieferten. Endlich kultivirten Ruete und Enoch umgekehrt einen Finkler-Prior'schen Kommabacillus, der gegen die Pfeiffer'sche Testkultur schützendes Serum lieferte.

Die Uebertreibung des Spezifizitätsprinzips bei der Aufstellung specifischer „ächter" Arten unter den Bakterien führt schliesslich zu wissenschaftlichen Absurditäten. Der Irrthum von R. Pfeiffer dürfte wohl darin zu suchen sein, dass er in Folge des Fehlschlusses post hoc, ergo propter hoc die Immunisirung als durch die Antikörper zu Stande gekommen auffasst.

Ehrlich hat nun zuerst versucht, den Wirkungswerth der Gifte zu messen. Die Berechnung sieht etwas genauer aus, als sie wirklich ist, weil der Ausgang in der Feststellung der Giftigkeit an einem Versuchsthiere beruht, welches als lebender Organismus oft wohl schärfer, aber natürlich nie so genau reagirt wie eine Waage. Man bestimmt zunächst die sicher tödtliche Minimaldosis des Giftes; so erzielt man Diphtheriekulturen, von denen 0,1 ccm ein Meerschweinchen von 500 gr innerhalb 24—48 Stunden, Tetanuskulturen, von denen schon 0,002 ccm zur Tödtung eines Meerschweinchens ausreichen; auf feste Substanz des Giftes berechnet ist das letztere heftiger als Strychnin und selbst Blausäure. Der durch Schutzimpfungen erreichte Immunitätsgrad eines Thieres ist das vielfache der sonst für dasselbe Thier tödtlichen Minimaldosis, welche reaktionslos vertragen wird.

Behring und Ehrlich nehmen die Berechnung ausserhalb des Thieres mit Serum vor, indem sie eine bestimmte Menge Giftlösung aus Kulturen mit abgestuften Mengen Schutzserum versetzen. Man bekommt auf diese Weise Mischungen, mit denen die Giftwirkung rein hervortritt, dann solche, mit denen die Krankheit verlangsamt ist, dann solche, mit denen nur örtliche Erscheinungen eintreten und schliesslich solche, bei denen die Serummenge die Giftwirkung vollständig aufhebt, wenn das Gemisch von Gift und Gegengift gleichzeitig einem Versuchsthier injicirt wird. Normalserum wird ein Serum genannt, von dem 0,1 ccm das zehnfache der tödtlichen Minimaldosis ganz aufhebt. Immunisirungseinheit heisst 1 ccm dieses Normalserums. Gewährt also z. B. bereits 0,01 ccm vollständigen Schutz, so besitzt das Serum 10 Immunisirungseinheiten.

Roux geht zur Berechnung vom lebenden Thiere aus, indem er die Gewichtsmenge Thier berechnet, welche durch eine Volumeinheit Serum gegen die tödtliche Minimaldosis geschützt wird. Er geht dabei von 1 ccm Giftlösung aus, von der 0,1 ccm ein Meerschweinchen von 500 gr innerhalb 48 Stunden tödtet; dieser Ausgang ist also derselbe, wie bei Behring und Ehrlich. Wird bei gleichzeitiger Injection nun 1 ccm dieser Giftlösung durch 0,05 ccm Serum aufgehoben, so schützt 1 ccm des Serums 100000 gr Thier gegen die Minimaldosis von 0,1 ccm und der Immunisirungswerth ist deshalb nach Roux 100000. Bei sehr hochwerthigem Serum sind also minimale Mengen zum Impfschutze nöthig; bei Diphtherie kann etwa $1/_{100000}$ des eigenen Gewichtes, bei Tetanus ein Theil die trillionfache Gewichtsmenge Thier schützen.

Natur der Antitoxine.

Schon dieser Umstand muss an der Wirkung im Sinne einer Neutralisation, einer direkten Aufhebung des Giftes durch das Gegengift im Sinne eines Austausches Molekel gegen Molekel wie zwischen Säure und Alkali, worauf sich Behring bezieht, irre machen. Solche Wirkungen kennen wir bis jetzt nur als Zellen-Reize. Man kann nun aber auch direkt nachweisen, dass das Schutzserum, bezüglich das in demselben suppornirte Gegengift, thatsächlich das zum Immunisiren, bezüglich zur Giftfestigung benützte Gift gar nicht zerstört oder neutralisirt, sondern dass beide Körper nebeneinander bestehen.

Buchner stellte bei Tetanus eine Mischung von Giftlösung und Serum so her, dass das Gemisch im Sinne von Behring-Ehrlich neutralisirt war und auf weisse Mäuse kein Einfluss des Giftes zu bemerken war. Hätte es sich um eine Neutralisation gehandelt, so hätte bei einer entsprechend grossen Menge dieses Gemisch auch bei anderen Thieren ebenso umwirksam sein müssen. Bei Meerschweinchen traten jedoch tetanische Vergiftungserscheinungen ein. In Wirklichkeit konnten also beide Körper nicht direkt aufeinander gewirkt haben, sondern beide Stoffe mussten im thierischen Organismus nebeneinander zur Wirkung gekommen sein. Eine theilweise Aufhebung und Herabsetzung der Giftwirkung tritt allerdings ein, aber diese konnte ich auch durch Mischen des Giftes mit Enzymen errreichen. Ein Gemisch von Hundeserum und Kaninchenserum wirkt nach Buchner auf Typhusbakterien weniger stark tödtend als jede dieser beiden Serumarten für sich. Ein aktiver Eiweisskörper scheint also thatsächlich auf einen anderen etwas einzuwirken, jedoch genügt dies nicht immer, um die Giftwirkung aufzuheben, und andererseits ist diese Gegenwirkung überhaupt nicht specifisch, sondern etwas ganz Allgemeines, wie man auch nach Behring durch Jodtrichlorid, nach Vaillard durch Jod die Giftwirkung der Kulturflüssigkeit auf das Thier herabsetzen kann.

Roux und Vaillard fanden, dass ein Gemisch von Gift und Serum, welches für gesunde Thiere ganz unwirksam war, bei Thieren derselben Rasse, welche vorher andere Krankheiten durchgemacht hatten und dadurch geschwächt waren, Tetanus hervorrief. Sie erreichten sogar, dass gesunde Thiere, welche das Gemisch scheinbar ohne jede Wirkung vertrugen, später an Tetanus erkrankten, als sie den Thieren nachträglich die Produkte anderer Bakterien einimpften; das Gift hatte sich mindestens zum Theil mehrere Tage unwirksam, aber auch unzersetzt im Körper der Thiere aufgehalten.

Calmette, Phisalix und Bertrand fanden, dass das Gift von Schlangen, ferner Abrin und Ricin schwerer durch Hitze zerstörbar sind, als die Gegengifte im Serum nach Giftfestigung. Erhitzt man ein Gemisch des betreffenden Giftes und Gegengiftes, so wird also zuerst das Gegengift zerstört, das Gift bleibt zurück. Durch Erhitzen solcher Gemische auf 68 bis 70° zeigten diese

Forscher nun, dass die Gifte thatsächlich noch vorhanden, also nicht durch die Gegengifte neutralisirt oder zerstört waren. Umgekehrt wird bei Erwärmen von Gemischen von Diphtherie-Gift und Serum auf 68 ⁰ erst das Gift zerstört, die Gegengiftwirkung nur abgeschwächt.

Was sind nun diese „specifischen" Antikörper des Blutes nach „specifischer" Giftfestigung? Nach ihren Eigenschaften sind sie verschieden von den eigentlichen Bakteriengiften, von Alexinen- oder Blut-Schutzstoffen und von den Fermenten, da sie im Allgemeinen im Gegensatze zu den Toxinen höhere Temperaturen, Fäulniss, Besonnung vertragen, ohne unwirksam zu werden, oder doch, wenn sie ebenso oder weniger widerstandsfähig sind, wie Antiabrin gegenüber Abrin, sich sonst von ihnen unterscheiden

So lange man nur die bis jetzt allein betrachteten „specifischen" Schutzimpfungen kannte, musste die Theilnahme der Bakterien als das allein oder wesentlich Bestimmende angesehen werden. Auch zwei interessante Beobachtungen am Menschen sprechen dafür, dass die Bakterien bei der Bildung der Antikörper betheiligt sind.

Buschke hatte an sich selbst, nachdem er sich mit tetanusverdächtigem Material inficirt hatte, prophylaktische Impfungen mit Tetanus-Serum vorgenommen und dabei das Auftreten tetanusartiger Erscheinungen beobachtet. Bei der grossen Empfänglichkeit des Menschen für Tetanus schien hiernach eine den Tetanusbakterien entstammende Componente im Antikörper vorhanden zu sein. Marcuse beobachtete bei einem Kinde in ähnlicher Weise nach Injection von Diphtherie-Serum das Auftreten von Lähmungen, wie sie das Diphtherie-Gift hervorruft.

Aber es spricht auch eine wichtige Thatsache dafür, dass die Zellen des menschlichen oder thierischen Organismus, der die Antikörper bildet, das wichtigere sind. Wenn man nach Roux dieselbe Menge Gift das eine Mal in vielen kleinen Gaben nacheinander, ein anderes Mal in einer grossen Gabe auf einmal verabreicht, so ist die in gleicher Zeit im Thiere gebildete Menge von Antitoxin im ersteren Falle bedeutend grösser als im letzteren Die vielen kleinen Reize haben auf die zur Bildung von Gegenkörpern nöthigen Körperzellen einwirken können, während von der grossen auf einmal verabreichten

Gabe eines heterogenen aktiven Eiweisskörpers viel eliminirt wurde. Bei einer einfachen Verbindung hätte die Menge der Antikörper in Summa in gleicher Zeit gleich sein müssen. Die Gifte wirken auch hiernach als Reize auf bestimmte Körperzellen, welche dem Blute die neuen Abwehrstoffe zuführen.

Das „Specifische" der Schutzimpfung mit den Antikörpern des Serums liegt demnach, gerade so wie bei den Schutzimpfungen mit lebenden Parasiten und mit den Stoffwechselprodukten, nur scheinbar allein in der „Specificität" der Kleinlebewesen.

Es scheint hiernach, dass die „specifischen" Antikörper des Blutes nach erfolgter „specifischer" Immunisirung und Giftfestigung Stoffe der „specifischen" Krankheitserreger sind, welche jedoch durch „specifische" Körperzellen in eigenthümlicher Weise umgearbeitet und aktivirt sind oder sich mit aktivem Körpereiweiss zu einem neuen, aber jetzt aktiven Körper verbunden haben; für diese hypothetischen Körper hat Emmerich den Namen „Immunprodeïdin" vorgeschlagen.

Bewirken die Antitoxine spezifischen Impfschutz?

Die Thatsache der Bildung solcher neuen Körper, also von neuen Qualitäten, beweist aber nicht, dass diese deshalb auch die beobachtete specifische Schutzwirkung ausüben. Dem gegenüber hatte ich schon früher wiederholt, aber ohne besonderen Erfolg, und erst in der letzten Zeit durch Gottstein und Schleich unterstützt, darauf hingewiesen, dasse diese Art von Specificität noch viel mehr davon abhängen muss, dass im Menschen, wenn er durch Schutzimpfungen getroffen wird, diejenigen specifischen Organe, Gewebe und Zellterritorien oder Zellen durch die Schutzstoffe gereizt oder erregt werden müssen, welche überhaupt für die betreffende Seuche in Betracht kommen. Ebenso gut, wie die Bakterien in Arten getrennt werden können, muss man auch Unterschiede der Zellen der einzelnen Arten von Wirthen, aber auch von deren Organen und Geweben festhalten; die Leberzelle ist eben nicht nur Zelle, sondern gerade auch Leberzelle, und die Leberzelle eines

Hundes ist nicht nur Leberzelle, sondern gerade Leberzelle des Hundes. Was den Bakterien recht ist, ist den Zellen nur billig.

Für die vorwiegende Bedeutung der Körperzellen und gegen die ausschlaggebende Bedeutung der Bakterien bei der specifischen Giftfestigung sprechen noch viele andere Gründe. Zunächst ist schon die Idee, dass da, wo reine Giftgewöhnungen vorhanden sind, wo man mit reinen Giften wie Ricin oder Abrin die Giftfestigung bewirkt, die Giftgewöhnung an das Kreisen eines ganz besonderen neuen, heterogenen Körpers im Blute geknüpft sei, sehr unwahrscheinlich und wohl kaum etwas Anderes als ein voreiliger Schluss ad hoc. Bei Gewöhnung an Alkohol wird kein Antialkoholin, bei Gewöhnung an Morphium kein Antimorphin gebildet und doch kommt die Giftfestigung, aber durch Vermittelung der Körperzellen, zu Stande, und doch schwankt auch bei solchen Giften die Empfänglichkeit des Körpers und der Grad der Schutzwirkung nach Einführungsart, nach dem Lebensalter und anderen Einflüssen. Der Grad der Giftfestigung ist auch hierbei nach den Organen sehr verschieden, so hatte Schleich Thiere an grosse Gaben von Chloroform, Morphium und Cocaïn gewöhnt, und doch wurden die Thiere mit der geringen Anfangsgabe vergiftet, wenn er sie auch nach erfolgter Giftfestigung direkt in's Gehirn einführte, gerade so wie bei Hundswuthimpfungen nach Pasteur. Die höchsten Grade der specifischen Giftfestigungen zeigen thatsächlich eine bestimmte Abhängigkeit von der Art der Gewöhnung, das heisst aber nichts anderes als eine unmittelbare Abhängigkeit von zellularen Einflüssen des Menschen, und sie können sicher zu Stande kommen, ohne dass im Blute irgend welche „specifischen" Antikörper vorhanden sind. Die Giftfestigungen gehören in dieselbe Klasse von Erscheinungen, die man zu Ehren des ersten weltberühmten giftfesten Mannes Mithridatismus genannt hat. Die besonderen oder specifischen Beeinflussungen der Körperzellen reichen zum vollen Verständnisse aus. Diese Art der specifischen Beeinflussung ist aber, wie aus verschiedenen vorhergegangenen Darlegungen hervorgeht, nur insofern von den specifischen äusseren Anstössen abhängig, als diese nur bereits vorhandene Anlagen reizen oder auslösen, als sie die Körperzellen zu einer besonders markanten, oft deutlich nur quantitativ abweichenden Thätigkeit veranlassen. Weil wir bei direkter Unzugänglichkeit der Körperzellen deren Energie oft nur indirekt an der Auslösung erkennen, machen Viele den Fehlschluss, dass die Specificität der auslösenden Erreger das allein Bestimmende sei und eine neue Qualität vorliege.

Wichtig ist auch die Feststellung, dass die aktiven Antitoxine überhaupt keinen Impfschutz verleihen. Wenn man Kulturen von Tetanus, Diphtherie und einigen anderen Parasiten auf etwa 65 bis 70° erwärmt, so nimmt man ihnen die „specifische" Giftwirkung, während ihre Fähigkeit, bei Thieren Impfschutz zu verleihen, bestehen bleibt. Gleichzeitig haben aber solche erwärmten Kulturen statt der Giftwirkung eine ähnliche Schutzkraft gewonnen, wie sie das Serum der „specifisch" giftfest gemachten Thiere zeigt. In meinem Laboratorium gelang es Bunzl-Federn, durch Behandlung mit Verdauungsfermenten bei Pneumonie aus immunisirenden Kulturflüssigkeiten Schutzstoffe zu erzielen, wie sie nach Behring nur im giftfesten Körper als Antikörper des Blutserums vorhanden sein sollen. Klemperer und Krüger, Nencki und Smirnow vermochten ähnliches durch Einwirkung elektrischer Ströme auf giftige Bakterienkulturen zu erzielen. Die Idee, dass bei den letzten Versuchen ausserhalb des Körpers aus den Giften Gegenkörper gebildet werden, ist dabei unhaltbar. Wie bei den anderen derartigen Körpern sind durch den Eingriff die Gifte zerstört, die Impfschutz verleihenden Bakterienzellstoffe aber modifizirt worden, da die entgifteten Substanzen Impfschutz verleihen.

Dies geht noch aus anderen Versuchen hervor: Die Antikörper verschwinden verhältnissmässig schnell aus dem Blute, weshalb ja diese Art der Schutzimpfung von Behring und Ehrlich als „passive" aufgefasst wird. Sind nun bei solcher passiven Immunisirung die Antikörper bereits aus dem Blute verschwunden und dieses ausserhalb im Versuche jeder Schutzkraft beraubt, so ist das Thier doch noch immun gegen Diphtherie. Die Erklärung hierfür liegt wohl darin, dass bei den Giftfestigungen von alten Kulturen ausgegangen wird, in denen neben den Giften auch die Zellstoffe der Bakterien enthalten sind, welche bereits S. 180 als das wichtigste für die aktive Immunisirung dargelegt wurden.

Wenn man nach R o u x und V a i l l a r d Kaninchen am Schwanzende giftfreie Tetanussporen mit Milchsäure beibringt, so werden die Thiere immun, aber ihr Serum verleiht anderen Thieren keinen Schutz gegen Tetanus. Die künstliche Immunität und Giftfestigkeit ist hier also nachweisbar nicht an die Anwesenheit von Antitoxinen im Blute geknüpft. Aber auch umgekehrt hat B e h r i n g gefunden, dass man Thiere durch zu häufige oder zu grosse Gifteinspritzungen so hoch immunisiren kann, d. h. richtiger: ihnen so viel Gift beibringen kann, dass sie Vergiftungserscheinungen zeigen, also sogar „überempfindlich" für das Gift werden, trotzdem das Serum die kräftigsten antitoxischen Wirkungen zeigt. In dem Falle ist Antitoxinbildung ohne Immunität vorhanden.

Wie nach M o s s o das Blut der Aale, so ist nach C a l m e t t e auch das Blut von giftigen und ungiftigen Schlangen, von Salamandern und Kröten giftig und zwar das aller Schlangen annähernd gleich giftig, während das eigentliche Schlangengift bei den verschiedenen Arten die grössten Unterschiede zeigt. Im Gegensatze zum Schlangengifte, welches nach F a y r e r und W a r d bis 75° gut verträgt und erst bei 80—90° abgeschwächt wird, wird das Blutgift wie im Allgemeinen die aktiven Körper des Blutes durch 65 bis 70° vernichtet. Dadurch lässt sich die Unabhängigkeit beider Gifte von einander nachweisen und auch durch folgenden Versuch. Man kann nach S e w a l l, dessen Versuche von C a l m e t t e, P h i s a l i x und B e r t r a n d erweitert wurden, Thiere gegen Schlangengift, nach C a l m e t t e aber auch gegen giftiges Schlangenblut giftfest machen. Giftiges Schlangenblut tödtet Thiere, die gegen Schlangengift gefestigt sind und umgekehrt. Trotzdem findet eine Beeinflussung des einen Giftes durch das andere aktive Gift statt. Das normale giftige Schlangenblut wird nämlich in Folge der Giftfestigung gegen Schlangengift vorübergehend ungiftig.

Auch das Blut des Igels ist nach P h i s a l i x und B e r t r a n d giftig für Meerschweinchen. Erwärmt man dieses Blut und entgiftet es dadurch, so vermag jedoch dieses entgiftete Igelblut Meerschweinchen gegen den Biss von Kreuzottern zu schützen. Der Giftschutz beruht also nicht auf der Wirkung eines Antikörpers, er kommt nicht durch Neutralisirung des Giftes durch das specifische Gegengift zu Stande.

Bei Immunisirungen, welche mit Giftfestigungen einhergehen, lässt sich häufig im Serum der geschützten Thiere kein Gegengift gegen das specifische Gift nachweisen. Emmerich hat zuerst festgestellt, dass bei Schweinerothlauf und Pneumonie die aktiven Körper des Schutzserums nicht antitoxisch, sondern bactericid wirken, d. h. dass sie die specifischen Bakterien tödten. Novi stellte dasselbe bei der Schweinepest fest und R. Pfeiffer hat dieselbe Thatsache kürzlich für Cholera ermittelt.

Im letzteren Falle vermochte normales Serum gesunder Thiere, wenn auch in geringerem Maasse, ebenfalls bactericid zu wirken. Hiernach ist es gerade wie bei den Antitoxinen fraglich, ob die bactericiden Körper des Serums Verbindungen der Bakterienstoffe mit aktivem Körpereiweiss oder ob sie nicht allein aktives Körpereiweiss sind. Im ersteren Falle würde der neue zusammengesetzte Körper wegen dieses Umstandes besonders labil sein müssen und deshalb leichter einen intensiveren Reiz auf die Körperzellen ausüben können, so dass die Bildung der eigentlichen bactericiden und antitoxischen Körper nur scheinbar auf neue Qualitäten, auf das Entstehen „specifischer" Stoffe zurückzuführen sein würde. Es würde sich vielmehr darum handeln, dass unter einem wegen seiner grösseren Labilität besonders geeigneten Reize nur mehr derselben bactericiden, bezüglich antitoxischen Stoffe im Blute der immunisirten Thiere auftreten, die das normale Thier bereits im gesunden Zustande als Abwehrmittel in geringerem Maasse besitzt. Trotz des Nachweises, dass sowohl beim Auftreten von antitoxischen als von bactericiden Stoffen im Blute der „specifisch" giftfest gemachten oder immunisirten Thiere Bestandtheile der „specifischen" Mikrobien betheiligt sind, ist es sehr wahrscheinlich, dass diese „specifischen" Bakterienstoffe nur den erforderlichen kräftigen Reiz abgeben, dass aber die eigentliche antitoxische und bactericide Wirkung von den im giftfest gemachten und immunisirten Thiere in grösseren Mengen gebildeten Serumstoffen ausgeht, welche das

normale Thier bereits „specifisch" in geringem Grade
enthält. Die scheinbar neu erworbene Qualität und Specificität
kann ohne jeden Zwang als eine Quantität und als auf Auslösung
normaler Wirkungen durch geeignete Reize beruhend aufgefasst werden.

Die Antitoxinbildung ist sicher nur eine Neben-
oder Begleiterscheinung der künstlichen Immunität
und Giftfestigung, aber sie ist nicht nothwendig zur
Erzielung von Immunität und Giftfestigung, sie ist
nicht deren Ursache.

Ehe ich die Consequenzen dieser Thatsache erörtere, will ich
eine weitere Seite der Schutzimpfungen überhaupt besprechen.

Nothimpfungen, specifische Heilimpfungen; specifische Serum-Therapie.

Schon bei Besprechung der Brehmer'schen Heilmethode der
Tuberkulose habe ich erwähnt, dass man dieselben Mittel, welche
die Natur verwendet, um Krankheitsanlagen in Seuchenfestigkeit zu
verwandeln, und dadurch Seuchen zu verhüten, auch zum Heilen
derselben Seuchen verwenden kann. Aehnliches gilt von den Schutzimpfungen, die man zunächst verwendete, um den Ausbruch der
Seuchen zu verhüten oder die Infektion milder zu gestalten. In
Fällen der Noth, wenn die Seuche schon ausgebrochen war, ehe
Schutzimpfungen vorgenommen waren, hat man früher gelegentlich
sogenannte Nothimpfungen ausgeführt. Man machte dabei die
Impfung wie sonst, aber in der Erwartung, dass der Impfschutz
schnell genug eintrete, um noch Gesunde zu schützen, wie man
es z. B. bei den Pocken des Menschen und noch häufiger bei den
Schafpocken mit Ovine gethan hat.

Eine ganz neue Idee führte jedoch Pasteur ein. Manchmal
tritt ein Impfschutz sehr schnell ein, den man wohl irrthümlich bereits für einen specifischen gehalten hatte, der aber, soweit man das
nachträglich kontroliren kann, oft wohl nur eine schnelle Aktivirung
der normalen Schutzvorrichtungen des Körpers durch den Eingriff
darstellte. Andererseits gebraucht die Infektion vom Momente des
Eindringens der Krankheitserreger in Folge der Vermehrung der
Parasiten und der Giftbildung durch dieselben Zeit, um deutlich zu

werden. Man nennt dies das Inkubationsstadium. Ist nun die Inkubation lang, erfordert die Seuche Tage, um zum vollen Ausbruche zu kommen, so genügt vielleicht die Zwischenzeit, um eine Schutzimpfung noch nach erfolgter Infektion erfolgreich einzuleiten. Die Schutzimpfung nach erfolgter Infektion wird zur Heilimpfung. Das ist der Gedankengang von Pasteur, der diesen durch die viel besprochenen Impfungen gegen Hundswuth zu verwirklichen suchte. Vernachlässigt man bei der Beurtheilung das schon mehrmals erwähnte örtliche Moment der Schutzimpfung und die Art der Zunahme des Impfschutzes vom Infektionsorte nach dem Blute und Zentralnervensystem nicht, so muss man unbedingt zugeben, dass die Methode bei der Hundswuth thatsächlich Erfolge erzielt hat, wo in anderer Weise an irgend einen Erfolg nicht zu denken war.

In dieser Idee hat man mit theilweisem Erfolge auch die S. 176 geschilderten Schutzimpfungen mit Stoffwechselprodukten der Bakterien derart verwendet, dass man die Einverleibung erst vornahm, nachdem die Krankheit ausgebrochen war.

In denselben Ideenkreis gehört die Verwendung von Proteïnen zu Heilzwecken. Die ersten Versuche haben 1884—1886 Ferran und Zaeslein gemacht, indem sie gegen Cholera abgetödtete Kulturen von Kommabacillen den Kranken beibrachten. Am bekanntesten wurden die Versuche von Koch 1890 mit dem Tuberkulin, welche aber nicht annähernd die erregten Hoffnungen zu erfüllen vermochten. Was an günstigen Erfolgen zu verzeichnen ist, dürfte, wie S. 180 erörtert ist, auf die Koch ganz entgangene, von Hueppe und Scholl ermittelte entzündungserregende Wirkung des Tuberkulins zu setzen sein. F. und G. Klemperer haben gegen Pneumonie das Proteïn des Diplokokkus lanceolatus, E. Fränkel gegen Abdominaltyphus das der Typhusbakterien verwendet. Besondere Erfolge waren nicht nachweisbar.

In diesen Fällen, die als schnelle Immunisirung aufgefasst wurden, musste man mit steigender Intensität und Dauer der Krankheit auch stärkere oder wirksamere Gaben verabreichen und damit die Gefahr einer Vergiftung steigern. In der erwähnten Auffassung von der „passiven" Immunisirung glaubte nun Behring diese Gefahr ganz vermeiden und so sicherer und ohne Schaden heilen zu können, wenn er nach erfolgter Infektion das Schutzserum einführte. Dies ist der Sinn der Serum-Therapie, die von Behring von Anfang an im Sinne einer ganz ontologischen Specificität der Mikroparasiten dargestellt worden ist. Die Serum-Therapie bewegt sich also im Ideengange der Wuthimpfungen von Pasteur, aber nicht in der Koch'schen Idee der Tukerkulinimpfungen. Hiernach ist eine „Species" von Thieren, z. B. der Mensch natürlich seuchenfest gegen eine „Species" von Mikroparasiten, der Impfschutz gegen die „specifischen" Pocken kann nur durch „specifisches" Pockengift, die „specifische" Giftfestigung bei Diphtherie nur durch das „specifische" Diphtheriegift erworben werden, und deshalb muss der Körper „specifische" Gegengifte gerade gegen diese Krankheitserreger und gegen diese Gifte beherbergen.

Die logische Folgerung, wie sie z. B. Pasteur, Koch und Behring gezogen haben, ist denn auch die, dass man gegen jede „specifische" Seuche eine „specifische" Schutzimpfung oder eine „specifische" Giftfestigung vorbeugend oder heilend benutzen muss. Die Mittel, welche man hierzu verwendete, wurden in den einzelnen Epochen verschieden aufgefasst und darzustellen gesucht. Leitend blieb der schon 1638 von Robert Fludd, der aus Auswurf Schwindsüchtiger ein Heilmittel gegen Schwindsucht herstellte, und noch schärfer 1833 von dem deutschen Thierarzte Lux aufgestellte Grundsatz, dass alle ansteckenden Krankheiten in ihren eigenen Ansteckungsstoffen auch das Mittel zu ihrer Heilung tragen. Früher nannte man das Isopathie, jetzt nennt man es „specifische Therapie", um ja nur den Schein zu vermeiden, als hätte man etwas von den Früheren gelernt oder hätte gar Beziehungen zu den in der wissenschaftlichen Medicin etwas übel beleumdeten Isopathen und Homöopathen. In Wirklichkeit ist es dasselbe in anderer Farbe. Lux hatte so beispielsweise gegen Hundswuth Hydrophobin, gegen Pocken Variolin, gegen Schwindsucht Pneumophthisin, — jetzt heisst es nach Koch Tuberkulin, nach Klebs Antiphthisin, — gegen Scharlach Scarlatin hergestellt. Der Hauptunterschied war aber der, dass das erste für den Hund, die anderen für die Katz waren.

Dass Ferran, Héricourt und Richet, Babes und Lepp schon vor Behring und Kitasato mit Schutzserum auch Heilerfolge nach ausgebrochener Infektion anstrebten und z. Th. auch erhielten, wurde bereits S. 183 erwähnt. Der Philologenwitz behauptet allerdings, die Sache sei noch viel älter, und Horaz hätte mit seinen Worten „sero medicina paratur" vorweg gewusst, dass das Allheilmittel aus Serum hergestellt wird. Das Hauptverdienst um die consequente Durchführung der Serumtherapie gebührt aber Behring, der auch tüchtige Mitarbeiter wie Kitasato, Ehrlich, Wernicke und Andere mit dem Erfolge zu interessiren wusste, dass wie vor Jahren unter dem Einflusse des Tuberkulins die Proteïne, so jetzt die Heilserumarten für Viele allein als Gegenstand der medicinischen Forschung zu existiren scheinen.

Den Ausgang der Serumtherapie bildet die Beobachtung, dass Thiere nach erfolgter Infektion durch subcutane Einspritzung von Serum immunisirter Thiere wieder gesund werden. Je nach der Zeit, welche seit der Infektion vergangen war, war der Erfolg verschieden. Wurde z. B. die Infektion mit Diphtheriebakterien an der Schleimhaut der Luftröhre vorgenommen, so konnte innerhalb 24 bis zu 36 Stunden durch Serumeinspritzungen unter die Haut Abstossung der fibrinösen Ausschwitzungen von der Schleimhaut, Beseitigungen der Giftwirkung, Verhinderung einer weiteren Allgemeininfektion erzielt werden. Bei subcutaner Infektion verwandelte sich nach Anwendung des Serums die fibrinöse Ausschwitzung in die Unterhaut in eine eitrige um, so dass unter Abscedirung und Ausstossung des nekrotischen Gewebes örtliche Heilung unter gleichzeitiger Verhinderung der Allgemeininfektion und Vergiftung eintrat. Wartete man noch länger als 36 Stunden mit der Serumeinspritzung, so gelang es noch oft die örtliche Affection zu heilen, dagegen könnte die Allgemeininfektion nicht mehr verhindert, sondern nur noch in ihrem Verlaufe verzögert werden.

In seiner Idee einer „passiven" Schutzimpfung, bei der nur das Serum bildende Thier die Schäden der Infektion tragen, das Serum empfangende Thier nur die Wohlthat geniessen soll, hat Behring mit grösster Entschiedenheit die absolute Ungefährlichkeit des Heilserums behauptet.

Aber hiergegen sprechen die oben S. 188 erwähnten Angaben über die Natur der Antikörper des Serums. Hiergegen spricht gerade

im Sinne Behring's von der rein specifischen Natur dieser Antikörper, dass die eine Componente derselben von den Bakteriengiften selbst geliefert wird, wie es der Fall Buschke und Marcuse direkt zeigen   Ferner spricht Folgendes dagegen.

Specifische günstige Wirkungen sowohl im Sinne des Impfschutzes gegen lebende Parasiten als der Giftfestigung gegen deren
Gifte werden oft vorgetäuscht, wenn man die Art der Einführung
oder Impfung dieser Stoffe nicht genügend beachtet. So kann ein
Schutz von der Haut aus schon vorhanden sein, wenn er vom Blut
aus oder direkt vom Gehirn aus noch nicht besteht; er kann für
eine Seite oder eine Extremität bereits bestehen, während er für
andere Stellen noch fehlt. Wird das vergessen, so scheinen schon
Einflüsse der Säfte vorzuliegen, wo die Zellen noch das letzte Wort
zu sprechen haben. In dieser Weise hat Schleich sehr glücklich
zu erklären versucht, weshalb Krankheiten, die von der grossen
Rachenschleimhaut ausgehen, wie namentlich Diphtherie, oder von
der Lunge aus, wie Pneumonie und Influenza, oder vom Darm aus,
wie Cholera, gar keinen oder nur geringen Impfschutz erreichen
lassen, weil eben grosse Strecken mit zahlreichen Zellen bei der
ersten Invasion verschont und desshalb nicht beeinflusst werden. Es
scheint vielleicht Ungiftigkeit vorzuliegen, wo die Giftwirkung nur
zufällig vermieden wurde. So zeigt auch das angeblich ungiftige
Diphtherieserum selbst bei der Einführung von der Unterhaut aus
Giftwirkungen in Form von Gelenkschwellungen und Schmerzen, in
Form von eigenthümlichen, scharlach- oder maserähnlichen, bisweilen
hartnäckigen Hautaffectionen und von Blutungen und Nierenentzündungen und Lähmungen, und es ist sehr zweifelhaft, ob damit
die Reihe erschöpft ist, die vielleicht bei anderer Anwendungsweise
noch zunimmt. Dass man gerade nach der Injection von Diphtherie-
Heilserum gelegentlich hochgradige Degeneration von Herz, Niere
und Leber sieht, zeigt deutlich Gefahren dieses Antitoxin's im Sinne
des Falles Buschke bei Tetanus-Serum. Bei einer Antitoxinwirkung müsste etwas Derartiges unmöglich sein. Es liegen
Toxinwirkungen des Antitoxins vor. Nach Emmerich
erliegen die mit Diphtherie-Serum behandelten Thiere leichter einer
Infektion mit Staphylokokken und Streptokokken, was ebenfalls

für eine Giftwirkung des Antitoxins auf die Gewebe spricht. Beim Menschen ist mehrmals ein akuter Ausbruch von Miliar-Tuberkulose nach Seruminjektionen beobachtet. Bei der Sicherheit, mit der Behring sein Mittel als etwas absolut noch nie Dagewesenes hinstellt, und es im Gegensatze zu allen bisherigen Mitteln ein „absolut unschädliches Mittel" nennt, ist es aber wichtig, festzustellen, dass das Heilserum mindestens wie fremde, aktive fermentartige oder giftige Körper im Blute wirkt und nicht absolut unschädlich ist. Es ist besser, diese Selbsttäuschung früh los zu werden, als später unangenehmer enttäuscht zu werden. Man versteht mit dem besten Willen nicht, was solche, an Fabrikreclamen erinnernde Verherrlichungen bezwecken sollen, wo die einfachen Thatsachen das Gegentheil beweisen. Dagegen lässt sich überlegen, ob man bei der Anwendung auf den Menschen diese thatsächlichen Gefahren ruhig in den Kauf nehmen kann gegenüber den sonstigen Vortheilen. Man kann hoffen, dass, wenn die Hauptgefahr, d. h. die Infektion und Vergiftung mit dem specifischen Krankheitserreger und seinen Giften durch das Serum beseitigt ist, die Natur mit den kleinen Nebengefahren leicht fertig wird. In diesem Sinne scheint mir in der That die Gefahr des Heilserums bei Tetanus und Diphtherie keine grosse zu sein.

Das von Tizzoni zuerst am Menschen verwendete Tetanus-Serum hat bis jetzt keine deutlichen Erfolge aufzuweisen. Für das Diphtherie-Serum wird dies aber behauptet und zwar zum Theil in so unwissenschaftlicher und leidenschaftlicher Weise, dass sogar Congresse in dieser rein wissenschaftlichen und noch ganz unreifen Sache durch Majoritätsbeschlüsse Stellung zu nehmen und die gegentheiligen Auffassungen zu unterdrücken suchten. Die für viele Kliniker doch genügend beschämenden Uebertreibungen in der Tuberkulinfrage, für die nachher Niemand einstehen wollte, weil die offenbare Kritiklosigkeit in naturwissenschaftlichen Fragen Einzelne doch gar zu sehr bloss stellte, scheinen innerhalb 4 Jahren ganz vergessen zu sein. Erst jetzt fängt eine etwas ruhigere Prüfung statt durch Sammelforschungen, aber bis jetzt lässt das statistische Material fast alles zu wünschen übrig.

Zunächst sind die statistischen Grundlagen sehr zweifelhafter Art. Beweisende Kontrolversuche unter absolut gleichen Verhältnissen liegen überhaupt nicht vor. Einzelne Versuche der Einführung fielen nachgewiesenermaassen in leichte Epidemien. In einzelnen Städten schwankte nach Feer von 1875—1891 die Mortalität an Diphtherie von 6,2—34.1 Procent, in Berlin nach Gottstein von 1880—1894 zwischen 23,8—46,5 Procent. In den einzelnen Monaten ist aber die Sterblichkeit sehr verschieden, und in Berlin schwankt sie ausserdem nach den Gegenden enorm und sinkt sogar bis auf 9 Procent. Hierbei wurde früher aber die Diphtherie klinisch bestimmt, d. h. die leichten Fälle von Halsentzündung, die Anginen, sind nicht mitgerechnet. Nach Behring hilft aber das Diphtherie-Heilserum in Folge seiner Gewinnung aus Reinkulturen von Diphtheriebacillen nur gegen solche Fälle, welche ausschliesslich durch diese Bakterien hervorgerufen sind. Damit scheiden sofort die schwersten Fälle von septischer Diphtherie aus. Dann sollen die Fälle möglichst früh in Behandlung kommen. Jetzt genügt der Nachweis der Diphtheriebacillen, um die Behandlung mit Heilserum einzuleiten, trotzdem viele derartige Fälle klinisch nie zur Diphtherie werden, und andererseits vieles als „Pseudodiphtherie" aufgefasst wird, was klinisch ächte Diphtherie ist. Unter dem Einflusse der drei grundsätzlichen Forderungen, die Diagnose nur nach dem Bacillus zu stellen, jeden solchen Fall möglichst früh in Behandlung zu nehmen, die pathologischen und klinischen Erfahrungen aber ausser Acht zu lassen, ist die Statistik in einer ganz ungeheuerlichen Weise zu Gunsten der Serumtherapie verschoben, so dass es an einem brauchbaren Vergleichsmaterial fehlt. Trotzdem bleibt das Resultat der Serumtherapie in den Krankenhäusern bis jetzt noch hinter den Gesammterfolgen zurück. Dagegen scheint allerdings in den Krankenhäusern selbst eine gewisse Herabsetzung der Sterblichkeit durch das Heilserum stattzufinden, wenn man frühere Ergebnisse als Anhalt benutzt. Allerdings ist auch zu beachten, dass unter dem Einflusse einer Agitation, wie sie von Koch für das Tuberkulin und von Behring für das Serum gemacht wurde, sich auch Leute nach den Orten der sicheren Anwendung des Allheilmittels begeben, die in ruhigen und nüchternen kritischen Zeiten nicht in Krankenhäuser kommen. Mit Rücksicht auf die wesentliche Aenderung in der diagnostischen Auffassung der Diphtherie und mit Rücksicht auf die doch recht mässigen Erfolge kann man schon jetzt sagen, dass die Heilserumtherapie ebensowenig wie die Schutzimpfung mit Heilserum den Charakter eines „specifischen“ Eingriffes trägt. Von einer „specifischen“ Heilung müssen wir ganz andere Erfolge erwarten, und vor allem müssen auch die Leistnngen gerade gegen die schweren Fälle deutlich sein, wo diese Therapie bis jetzt geradezu versagt. Die erste Sammelforschung in Deutschland, welche sich auf die Zeit vom 1. October 1894 bis zum 1. April 1895 erstreckt, ergab ohne Serumbehandlung bei 4450 Fällen eine Sterblichkeit von 622 oder 14,7 %, bei Serumbehandlung von 5790 Fällen eine Sterblichkeit von 552 oder 9,5 %. Direkte Vergleiche unter genau gleichen Verhältnissen liegen aber für eine genügend grosse Zahl noch nicht vor.

Ich bestreite also nicht, dass das Heilserum die Diphtherie vielleicht günstig beeinflussen kann, also nicht, dass vielleicht ein kleiner Fortschritt vorliegt. Ich bestreite nur, dass man ein Recht hat, solche geringen Erfolge als „specifische“ und eine solche Behandlupg als die wirkliche und einzig wahre ursächliche Therapie hinzustellen. Gerade wegen der nur mässigen Erfolge darf man hoffen, dieses Ziel und vielleicht noch mehr in einfacherer und billigerer Weise zu erreichen. Die Hoffnung, dass man mit Heilserum noch nebenbei etwas anderes, nämlich Impfschutz erreicht, muss fallen gelassen werden aus Gründen, die schon früher S. 196 erörtert wurden. Der geringe Schutz, den der Körper nach Seruminjection erhalten zu haben scheint, ist nicht specifisch und im Gegensatze zu einer ächten Schutzimpfung, von sehr kurzer Dauer; bei Diphtherie schwankt er von 8—14 Tagen bis zu höchstens 10 Wochen. Mit Heilserum kann man nicht wirklich gegen Diphtherie immunisieren, was wegen der Hoffnungen die man an wirklich specifische Schutzimpfungeñ zu knüpfen berechtigt ist, praktisch zu beachten ist. Dieses Versuchsergebniss steht im vollen Einklange mit der klinischen Erfahrung, nach der Ueberstehen von Diphtherie keinen Impfschutz verleiht. Wenn man aber mit Diphtherie-Serum überhaupt immunisieren kann. so braucht das überhaupt nichts mit besonderen Antikörpern zu thun zu haben, sondern es könnte sogar die beobachtete geringe Schutzwirkung daher kommen, dass bei dem Ausgange von alten Kulturen ausser dem Gifte auch wirkliche Bakterienzellstoffe als Impfschutzstoffe in das Thier eingeführt werden oder es kann sogar einfach von einem beliebigen andern Eingriffe eines genügenden aktiven Körpers als Reiz veranlasst sein.

Im Ideengange von Behring hat R. Pfeiffer auch ein Heilserum gegen Abdominaltyphus durch Impfungen mit Typhusbakterien hergestellt. Marmorek kultivirte Streptokokken im virulentesten Zustande, indem er Menschenblut-Serum zu der Bouillon zusetzte, und erzielte so Immunisirungen, bezüglich Giftfestigungen ad maximum. Das Serum dieser Thiere soll dann gegen die Streptokokkeninfektion schützen. Diese Streptokokken sind es, die bei Erysipel, Puerperalfiebern, besonders aber auch bei den septischen Zuständen der Diphtherie betheiligt sind. Das Streptokokkenserum würde also gleichsam das Diphtherieserum für die complicirten Fälle und Mischinfektionen ergänzen. Maragliano hat ein Serum gegen Tuberkulose dargestellt und Behring und Ransom ein solches gegen Cholera. Diese Untersuchungen stehen noch in dem Anfange der wissenschaftlichen Bearbeitung, zum Theil noch ganz im Stadium der Zeitungsreclame und wir werden wohl noch manches Serum über uns ergehen lasesn müssen, bis der Anschluss an die wissenschaftliche Forschung wieder erreicht ist.

Phagocyten und Alexine; antitoxische und baktericide Körper des Blutes.

Bis jetzt wurden nur „specifische" Immunisirungen und Giftfestigungen betrachtet und hier schien ein grundsätzlicher Gegensatz zu der natürlichen Widerstandsfähigkeit oder Seuchenfestigkeit vorzuliegen. Besonders H. Buchner hat diesen Gegensatz sehr stark betont. Bei der natürlichen Seuchenfestigkeit würde nur die specifische Fähigkeit des Körpers vorliegen, mit bestimmten Parasiten und deren Giften fertig zu werden, bei der „specifischen" Immunisirung würde jedoch durch die „specifischen" Parasiten ein „specifisches" Etwas hinzugekommen sein.

Für das Vorhandensein dieser grundsätzlichen Unterschiede stützt man sich eigentlich nur auf einen Versuch. Die von Natur gegen Tetanus immunen Hühner haben in ihrem Blute keine Körper, welche das Tetanusgift nach Art von Antikörpern in seiner Wirkung aufheben, wohl aber, wenn man ihnen Tetanuskulturen vorher injicirt. Die natürliche „specifische" Immunität scheint also hier an allgemeine Eigenschaften der Gewebe gebunden zu sein, im Gegensatze zu der künstlichen Immunisirung, welche auf dem Vorhandensein specifischer Antikörper im Blute beruhen soll.

Was wissen wir zunächst in dieser Auffassung von den Abwehrkräften des menschlichen und überhaupt des thierischen Organismus?

Der Körper besitzt thatsächlich die Fähigkeit, sich der Bakterien und ihrer Gifte zu entledigen, wobei zu beachten ist, dass bei einzelnen Seuchen die Gifte, bei anderen die Bakterien selbst in den Vordergrund treten. Die Thatsache, dass der thierische Organismus mit Bakterien fertig werden kann, war schon 1864 von M. Traube und Gescheidlen ermittelt worden, indem sie viele Fäulnissbakterien direkt ins Blut einführten, die sie dann nach ganz kurzer Zeit nicht mehr finden konnten. Seit 1883 war dann Metschnikoff bemüht, nachzuweisen, dass die als weisse Blut- oder Eiterkörperchen bekannten Wanderzellen sich nach dem von Bakterien bedrohten Orte begeben und als „Fresszellen" oder Phagocyten diese fremden Bakterien in sich aufnehmen, tödten, verdauen und so für den Menschen unschädlich machen, auch einzelne fixe Gewebszellen sollen diese Fähigkeit der Phagocytose besitzen. Schon früher kannte man die Fähigkeit dieser Wanderzellen, überhaupt fremde todte körperliche Elemente in sich aufzunehmen, dieselben aus Blut und Säften zu entfernen und dadurch Blut- und Saftbahnen frei zu machen und zu halten. Es entstand deshalb die Frage, ob die Wanderzellen überhaupt die lebenden Bakterien tödten, oder ob nicht vielleicht andere Kräfte die Bakterien tödten und die Wanderzellen nur die abgetödteten Bakterien wie andere Fremdkörper zum Freihalten der Saftbahnen entfernen. Schon 1884 hatte Grohmann gefunden, dass zellfreies Blut Pilze und Bakterien vernichtet, was 1887 von Fodor von Neuem beobachtet und mit der Zeit in

vielfach veränderten Versuchen immer wieder ermittelt wurde, und
von Buchner war festgestellt, dass auch gefrorenes Blut, dessen
Wanderzellen ganz unwirksam gemacht sind, fast ebenso schnell Bakterien tödtet wie frisches Blutserum. Dagegen hat das auf 65 bis 70°
erwärmte Blut diese Fähigkeit verloren. Hiernach kann auf
jeden Fall das Blutwasser allein rein chemisch Bakterien tödten, und im Blutwasser sind es die „aktiven"
Eiweisskörper, welche als Schutzstoffe oder Alexine
wirksam sind. Aber diese aktiven chemischen Schutzstoffe des
Blutes und der Säfte können auch Bakteriengifte unwirksam machen. Man schliesst dies daraus, dass, wenn man aktives
Blutwasser ausserhalb mit aktiven Bakteriengiften zusammenbringt,
die Giftwirkung geringer wird oder ganz aufgehoben zu werden
scheint, während im Blute innerhalb des Organismus auch Bindungen und Verbrennungen oder andere Umwandlungen bei
dem Unschädlichmachen und Entfernen der Gifte thätig sein dürften.
Auch in den Kernen besitzt der Organismus in eigenthümlichen
Kernsäuren ein Mittel, Bakterien zu tödten und basische Gifte
zu binden, was vielleicht im Darm in Betracht kommt. Im Darm
werden durch dessen auskleidende Zellen oder Epithelien aber auch
Verdauungspeptone, welche bei unmittelbarem Eindringen in die
Blutbahn Giftwirkungen zeigen, durch Rückverwandlung in
Eiweiss unschädlich gemacht.

Der Organismus verfügt demnach über verschiedene, in
den einzelnen Organen, Geweben oder Zellen verschieden ausgebildete
rein chemische Mittel, um fremde aktive oder fermentartige gelöste Gifte unschädlich zu machen, über in
den Säften gelöste Mittel, welche auch Parasiten abschwächen und tödten können.

Diese Schutzkraft des Blutes tritt nur ausserhalb des Körpers
im zellfreien Serum deutlich hervor; sie wird in dem Maasse der
Beimischung von Hämoglobin herabgesetzt und schliesslich aufgehoben wie H. Buchner ermittelte, der damit erklärte, weshalb
Seuchen mit Blutzersetzungen so leicht tödtlich verlaufen. Nach
Hankin entstammen die Schutzstoffe des Blutserums den Leukocyten des Blutes; es sind das gleichsam durch das Zellleben

aktivirte Eiweissstoffe, welche wie Enzyme die sie bildende Zelle überleben. Emmerich fasst hiernach sein hypothetisches „Immunproteïdin", Seite 191, auf als Verbindung von solchem aktiven Leukocyteneiweiss des Serums mit dem Bakterieneiweiss. Aber diese Bildung muss innerhalb gewisser Grenzen bleiben. Lösen sich zu viel Leukocyten auf, so dass eine trübe, an eosinophilen Körnern reiche Lösung entsteht, so kann ein solches Serum, welches vorher bei mässig alkalischer Reaktion und intakten Leukocyten Bakterien tödten konute, nach F. Fischel unter steter Zunahme der Alkalescenz zu einem guten Nährboden werden, sodass man alle Uebergänge von Seuchenfestigkeit bis zur hohen Krankheitsanlage an das Serum geknüpft finden kann. Uebrigens dürften wohl bei dem Austausche der Stoffe bei der Ernährung der Zellen auch andere aktive Eiweisskörper aus anderen Zellen und Geweben des Körpers in das Serum übertreten und so durch die indirekte Betheiligung von Zellterritorien, welche für die einzelnen Krankheiten wichtig sind, sich an den Besonderheiten der Krankheitsanlage betheiligen, ohne dass dem Körper irgend etwas fremdartiges eingefügt wird.

Im Körper kommt aber Blut oder Gewebssaft ohne Zellen nicht in Thätigkeit und Metschnikoff ermittelte, dass z. B. bei septikämischen Processen das zellfreie, Alexine enthaltende Kammerwasser der Augen die Bakterien nicht nur nicht tödtete, sondern dass die Bakterien dort auswuchsen und sich vermehrten, während sie in dem zellhaltigen Blute derselben Thiere abstarben. Dann kann man die Parasiten in diffusionsfähige Membranen einschliessen und in das Blut oder in Säfte einfügen; in diesem Falle dringen die in Lösung befindlichen Alexine, aber nicht die Wanderzellen in die Membranen ein und die Parasiten wachsen in der alexinhaltigen Flüssigkeit, während sie in demselben Blute mit den Zellen absterben. Buchner will diese Erscheinung allerdings darauf zurückführen, dass in diesen Fällen die eingeführte Menge der Bakterien gegenüber der Menge des Serums zu gering sei, was aber wohl nur zum Theil zutrifft.

Die Verhältnisse sind manchmal äusserst verwickelt, so dass es schwer ist, den Antheil der Zellen und Säfte auseinander zu halten. Wenn örtliche Herde durch Parasiten entstehen, so bildet sich eine

reaktive Entzündung mit einem abgrenzenden Walle von Leukocyten, ein Vorgang, der als Heilbestreben der Natur aufgefasst
werden muss und oft hilft. Ribbert nimmt an, dass durch den
Mantel von weissen Blutkörperchen das Nährmaterial und der
Sauerstoff abgehalten werden, zu den Bakterien zu gelangen, aber
es können sich vielleicht auch weisse Blutkörperchen auflösen
und so chemisch im Sinne von Hankin thätig werden. Auf jeden
Fall giebt es Stadien, in denen die Parasiten in solchen Herden
vernichtet werden, ohne dass oder ehe Leukocyten dieselben in sich
aufnehmen. Neuerdings giebt auch Metschnikoff eine derartige
indirekte Betheiligung der Leukocyten zu.

Wenn man nämlich nach R. Pfeiffer lebende Cholerabakterien
in Bouillon, der etwas Choleraserum zugesetzt ist, in die Bauchhöhle von Meerschweinchen einführt, so tritt eine merkwürdige Ver-
änderung der Bakterien ein. Sie werden zu kugeligen Gebilden
umgewandelt, die R. Pfeiffer als Zerfall auffasst und als Ab-
sterbeerscheinung erklärt. Genauere Versuche von Metschnikoff
haben aber etwas Anderes ergeben. Verfährt man nach Pfeiffer, so
tritt sofort eine Auflösung von Leukocyten ein und zwar von jenen
ein- und mehrkernigen und eosinophilen Formen, die Metschnikoff
in erster Linie als „Fresszellen" erkannt hat. Ich sehe nach meinen
Beobachtungen den Grund dieser „Phagolyse", dieses Zerfalls der
Leukocyten in der Einführung des fremden, aktiven Eiweiss des
Serums, da ich auch mit Enzymen Aehnliches erzielte. Die Flüssigkeit der Bauchhöhle ist jetzt in eine an aktivem Eiweiss überreiche,
an Fresszellen arme Flüssigkeit verwandelt. Kommen nun die Bakterien aus ihrer Bouillon in eine so ganz anders zusammengesetzte
Flüssigkeit, so suchen sie wie bei einem die Art bedrohenden Angriffe
sich der Vernichtung durch Bildung von Dauerformen zu entziehen
und bilden Arthrosporen. So fasst Metschnikoff diese gleichmässigen Kügelchen auf, die in der That wie ächte Arthrosporen
(Fig. 19 B, S. 24) und nicht wie degenerirte (Fig. 9, S. 12) oder
körnig zerfallene (Fig. 10, S. 13) Kommabacillen aussehen. Viele
dieser Kügelchen sterben zwar ab, aber sehr viele erhalten thatsächlich die Art, wie Metschnikoff durch Kulturen nachwies,
die zahlreich ausfielen, während sie nach Pfeiffer negativ hätten

sein müssen. Später wird die Flüssigkeit wieder normal und dann werden diese Kügelchen von Leukocyten aufgenommen und dann erst verlieren sie allmählich die Fähigkeit, zu wachsen. In dem Zwischenstadium keimen ausserdem, wie Metschnikoff dabei fand, viele dieser Kügelchen wieder zu Komma- und Schraubenformen aus, was nach Pfeiffer unmöglich sein müsste, wenn sie vorher durch die Säfte vernichtet gewesen wären, was aber zum Theil mit den Beobachtungen von F. Fischel stimmt, soweit dies bei der ganz anderen Versuchsanordnung unmittelbar verglichen werden kann. Die inzwischen wieder sich einstellenden Leukocyten nehmen in diesem zweiten Stadium auch die Komma's und Schrauben auf und vernichten sie allmählich. Dass sie dieselben im lebenden Zustande und nicht im bereits durch die Säfte abgetödteten Zustande aufnehmen, geht einfach daraus hervor, dass dieselben in Kulturen auswachsen. Die Säfte sind trotz des auf den ersten Blick gegentheiligen Anscheines also nicht im Stande, die Kommabacillen ohne Hilfe der Zellen zu vernichten. In den Säften ist nach Metschnikoff das von den Leukocyten im Sinne von Hankin gelieferte aktive Eiweiss das Wirksame und nicht ein Derivat der Endothelien des Peritoneums, wie R. Pfeiffer meinte. Metschnikoff konnte das Resultat auch im Reagensglase erzielen, wenn er zu einer Bouillonkultur von Kommabacillen mit Choleraserum Leukocyten anderer Herkunft beifügte. Dass es aber die Leukocyten und ihre Derivate sind, welche die Umwandlung der Komma's in Körner bewirken, ergiebt sich auch daraus, dass dies auch in Leukocyten geschieht. Giebt man nämlich, ehe man die Injection der Bakterien mit Serum macht, in die Bauchhöhle Bouillon, so bleibt die Auflösung der Leukocyten aus und dann tritt sofort Phagocytose der Bakterien ein und diese verwandeln sich jetzt zum Theil innerhalb der Fresszellen in Kügelchen. Sicher ergiebt sich das Eine im Einklang mit der Ermittelung von Hankin, dass wenigstens diejenigen aktiven Eiweisskörper des Serums, die nachweisbar aus den als Phagocyten aufzufassenden weissen Blutkörperchen stammen, einen nachtheiligen Einfluss auf Mikroparasiten ausüben können, dass also der Zustand der Säfte auf jeden Fall nicht gleichgültig ist. Aber dieser Zustand der Säfte hängt von den Zellen ab.

Die bakterientödtende Substanz, welche also Schutzstoffe oder Alexine des Blutes darstellt, kann sich im lebenden Körper wichtig bemerkbar machen, aber sie erscheint doch nur als eine Theilerscheinung der Thätigkeit der Phagocyten, da man sie durch besondere Versuchsanordnung unterdrücken kann, ohne das Endresultat zu ändern. Das Uebergeordnete bleiben die Zellen, welche in ihrer Specificität und Constanz erst das Nähreiweiss in aktives verwandeln und so diesem seine Besonderheiten verleihen, die es den Säften mittheilt. Für eine Mystik der Säfte, für eine Humoralpathologie im Sinne Behring's mit Ausschluss der Zellen lässt sich kein Versuch geltend machen, der bis zu Ende geführt ist. Der bactericide aktive Eiweisskörper des Serums ist nach R. Pfeiffer bestimmt kein Antikörper gegen das Choleragift und ein wirklich antitoxischer Körper ist im Blute nach Choleraimpfungen trotz Behring und Ransom noch nicht nachgewiesen, wenn auch nicht unwahrscheinlich.

Das Schutzserum im Sinne Behring's enthält sicher ganz verschiedenartige Substanzen, zweifellos bei Bildung der Antikörper Bestandtheile der specifischen Parasiten und unter diesen vielleicht auch wirkliche Schutzstoffe, daneben aber auch die durch den Reiz von fremdartigem Eiweis aktivirten und in Lösung gebrachten eigenen normalen aktiven Körper, die überhaupt bakterientödtend oder giftwidrig wirken, in grösserer Menge. Nun haben C. Fränkel und Sobernheim thatsächlich gezeigt, dass bei Erhitzen von Schutzserum auf 70° die bakterientödtende und antitoxische Substanz vernichtet wird, während das Serum Schutzwirkungen weiter ausübt.

Die Widersprüche dürften nur scheinbar sein, weil man zu schnell verallgemeinert hat. Die mechanische Betheiligung der Gewebszellen, der Wanderzellen und anderer mechanischen Hilfsmittel, dann aber auch die Betheiligung der chemischen Schutzstoffe (Alexine) des Blutes und der anderen chemischen Schutzmittel dürfte wohl in den einzelnen Fällen verschieden stark entwickelt sein und je nach der Angriffsweise der Parasiten verschieden in Thätigkeit treten, wie ja auch die Parasiten selbst bald mehr durch die Vermehrung, bald mehr durch Giftbildung in Wirkung treten.

Auf jeden Fall verfügt der Organismus des Menschen an sich über kräftige zellulare und von den stabilen Gewebs- und den beweglichen Wanderzellen mittelbar oder unmittelbar abhängige chemische Abwehrkräfte, welche ihn befähigen, mit Saprophyten, aber auch mit Parasiten und deren Giften fertig zu werden. Das ist an sich nichts appartes ‚Spezifisches‘, sondern nur soweit spezifisch, wie man überhaupt Arten und Rassen, Organe und Gewebe unterscheiden kann. In diesem allgemeinen Sinne müssen einzelne Arten von Kleinlebewesen in nähere, andere in entferntere oder gar keine Beziehungen zu dem Menschen treten können. In diesem Sinne erscheinen die qualitativen Abweichungen oft deutlich als nur quantitative Veränderungen oder Verschiebungen einiger Grundwirkungen, die allen Zellen qualitativ gemeinsam sind. Das Qualitative ist im Grunde nur eine Bequemlichkeit in unseren Vorstellungen aus den Schranken unserer subjektiven Erkenntniss, wie wir anthropocentrisch Licht und Elektrizität genau so ohne innere Nothwendigkeit unterscheiden, wie Tuberkulose oder Diphtherie. Hält man sich dies vor Augen, so kann es kein grosses Unglück sein, wenn man sagt, dass die natürliche Widerstandsfähigkeit des Menschen gegen krankheitserregende Bakterien etwas „Spezifisches" hat, dass sie von Natur gegen einzelne Arten von Parasiten vorhanden ist, gegen andere fehlt. Es ist das ein anderer Ausdruck, eine Umschreibung der Thatsachen.

Im Gegensatze hierzu würde die „spezifische" Immunisirung ein Plus aufweisen. So hatte Metschnikoff gefunden, dass vor der Schutzimpfung gegen Milzbrand und andere Seuchen die Wanderzellen der Versuchsthiere die Milzbrandbacillen nicht aufnahmen, nach der Schutzimpfung es jedoch thaten, und in jedem Falle sollte die erworbene Schutzwirkung der Wanderzellen als Fresszellen nur gegen die eine Seuche, also isopathisch oder „spezifisch" erworben sein.

Die von Zellen aufgenommenen Bakterien werden aber nicht immer verdaut und können sich dann in den Zellen und auf deren Kosten vermehren, wie es bei Schweinerothlauf, Lepra, Tuberkulose oft zu sehen ist. Im letzteren Falle können die mit Tuberkelbak-

14*

terien beladenen weissen Blutkörperchen die Parasiten verschleppen und so zur Allgemeininfektion führen. Aber diese Thatsachen beweisen auch, dass Zellen lebende und voll virulente pathogene Bakterien in sich aufnehmen können; sie bestätigen also den Ausgang der Phagocytenlehre.

Nach B e h r i n g stellt sich die Sache so dar, dass bei den „aktiven" Immunisirungen die Gewebe die Antikörper nur langsam bilden. Aber diese Vorstellung ist ganz unrichtig. Ich habe schon früher gezeigt, dass die Bildung von Antikörpern nur eine gelegentliche, keine kausal nothwendige Erscheinung der Immunisirung ist. Können sie fehlen, so liegt das Uebergeordnete in den stets vorhandenen aktiven Eiweisskörpern des Blutes und der Säfte. Diese sind aber in ihren Besonderheiten abhängig von den Besonderheiten der Zellterritorien und die „spezifischen" Stoffe reizen eben diejenigen Zellterritorien, welche für die einzelnen Seuchen von besonderer Wichtigkeit sind.

Wirkliche Schutzimpfungen und Giftfestigungen des Menschen kommen n u r d u r c h V e r m i t t e l u n g d e r K ö r p e r z e l l e n zu Stande, welche in einer der unendlich vielen, nach ihrer complizirten Zusammensetzung möglichen Richtungen gereizt und dadurch zu einer quantitativ und nur scheinbar zu einer wirklich qualitativ und physiologisch nicht vorgesehenen Arbeitsweise veranlasst werden. Die Wirkung überdauert, weil sie an die beständigsten Elemente des Körpers, an die mit Selbstständigkeit begabten Zellen geknüpft ist, den an sich vorübergehenden Reiz. Das Festhalten der erworbenen neuen Fähigkeit hängt von der Beschaffenheit des Körpers, von der Art der Einführung der Reizstoffe und von der Art der letzteren ab, welche um so gründlicher, d. h. auch um so nachhaltiger zur Geltung kommt, je mehr sie geeignet ist, in den Energievorgang der Körperzellen einzugreifen. In dieser Hinsicht sind in der Regel „specifische" Körper besser geeignet, aber da die Specificität nicht im Sinne einer Neutralisation Molekel gegen Molekel wirksam ist, müssen auch andere Körper in diesen Zusammenhang eingreifen und die „specifischen" Zellterritorien beeinflussen können. Auch die „passiven" Schutzimpfungen sind nicht an das Blutserum rein chemisch gebunden, sondern sie kommen durch eine Reizwirkung auf die Zellen und durch eine Reaktion seitens der Zellen, also in Wirklichkeit auch aktiv zu Stande.

Der Unterschied zwischen aktiven und passiven Schutzimpfungen ist nur ein quantitativer und kommt in beiden Fällen dadurch zu Stande, dass „specifische" Stoffe auf Körperzellen als Reize wirken und die Zellen auf diese Reize reagiren. Die erst aufgestellte Erschöpfungshypothese von Klebs und Pasteur, nach welcher im Wirthsorganismus für das Leben der Mikroparasiten nothwendige Stoffe verbraucht werden und dieser dadurch als Nährboden ungeeignet würde, ist unhaltbar. Die von Chauveau aufgestellte Retentionshypothese, nach der Stoffwechselprodukte im Wirthsorganismus angehäuft werden, welche den dieselben bildenden Bakterien feindlich sind wie Milchsäure den Milchsäurebakterien oder Alkohol den Hefen, ist im beschränkten Sinne richtig, wie sich aus der Bildung der Antikörper ergiebt, aber sie ist nicht von durchgreifender Bedeutung.

Auch der Unterschied zwischen natürlicher Immunität und künstlicher Immunität kann nicht mehr aufrecht gehalten werden. In beiden Fällen sind die Wanderzellen im Stande, die Parasiten in sich aufzunehmen. Auch in natürlich seuchenfesten Thieren können bisweilen Antikörper vorkommen. So fand einige Mal Abel im Blute gesunder Menschen einen Antikörper gegen Diphtheriegift, Stern gegen Abdominaltyphus und Metschnikoff gegen Cholera, während, wie schon erwähnt, umgekehrt bei spezifisch immunisirten Thieren in deren Serum Antikörper vermisst werden können.

Das Uebergeordnete und der natürlichen Seuchenfestigkeit und der künstlichen Immunität Gemeinsame liegt im Zustande der Körperzellen und Gewebe. Hierbei können die Wanderzellen von vornherein eine besondere Voracität besitzen oder erwerben — denn auch die Wanderzellen sind direkt und indirekt abhängig vom Zustande des ganzen Körpers — und die Säfte können mit ihren aktiven Eiweissstoffen eingreifen. Von nebensächlicher Bedeutung und oft und zwar regellos fehlend ist gerade das, was nach Behring das Wichtigste sein und nie fehlen sollte, der Antikörper, also gerade das, worin sich die „Specificität" der Parasiten am schärfsten ausspricht. Aus diesem Grunde muss man an der Specificität", soweit sie den Schwerpunkt oder die Ausschliesslichkeit in den „specifischen" Mikroparasiten sieht, noch mehr irre werden. Wo Behring und Pfeiffer von Specificität der Parasiten und Antikörper sprechen, müsste man richtiger von Aktivität der Körperzellen und Säfte sprechen.

Geht man von einem als momentane Anpassung gegebenen Normalzustande oder von der wiedererlangten Gesundheit nach vollständiger Heilung aus, so werden die Schutz- und Heilreize bei Wiederholung die Auslösung bisweilen leichter bewirken, wie es bei dem „Lernen" der physiologischen Reize der Fall ist, und die Erregbarkeit oder Krankheitsanlage nimmt zu wie bei Rheumatismen, Katarrhen, Influenza, Pneumonie, Diphtherie. Oder aber die Hemmungen werden als Anpassung an die Reize verstärkt, und es tritt Gewöhnung ein, so dass dieselben Reize die Reizschwelle nicht mehr oder nicht mehr so leicht überschreiten können. Das ist nicht nur bei einzelnen Seuchen, sondern sogar bei einzelnen Individuen gegenüber derselben Seuche so verschieden, dass es stets Menschen giebt, welche durch die Vaccineimpfungen krank werden, und andere, die durch dieselben keinen Impfschutz gegen Blattern erlangen. Bei einzelnen Seuchen wird man nur einen geringen Impfschutz erwerben wie bei Tetanus, Cholera.

Die „spezifischen" Heilimpfungen sind nur zum Theil, z. B. vielleicht die Wuthimpfungen nach Pasteur, als beschleunigte Schutzimpfungen aufzufassen, zum Theil haben sie aber, wie besonders die Wirkung der Antikörper bei der Serumtherapie belehrt, nichts mit Schutzimpfungen zu thun und beruhen einfach auf der Wirkung eines aktiven Körpers, des Antitoxins oder des Serumeiweiss auf einen anderen aktiven Körper, das Toxin; der daneben einhergehende kurze Impfschutz durch Reizung und Aktivirung der natürlichen Abwehrkräfte ist eine Nebenerscheinung, die nicht zur Heilung beiträgt. Die Heilwirkung, wie sie mit Serum angestrebt und in sehr bescheidenen Grenzen auch erreicht wird, muss viel allgemeiner sein, als die von „spezifischen" Gegenmitteln gegen „spezifische" Gifte und dürfte sich in viel einfacherer Weise erreichen lassen und selbst in den Fällen, in denen man auf den Ausgang von spezifischen Krankheitserregern nicht verzichten will, dürfte

sich wohl ein Weg finden lassen, um den zeitraubenden und kost-
spieligen Umweg durch Versuchsthiere zu ersparen.

Giebt es nicht-specifische Schutz- und Heilimpfungen?

Schon 1889 wurde von Woodhead, Wood und Hueppe
beobachtet, dass man mit den Bakterien des grünen Eiters und
deren Stoffwechselprodukten Thiere gegen Milzbrand immunisiren
kann. Dann habe ich gezeigt, was auch von Klein und Sobernheim bestätigt wurde, dass man Thiere durch alle möglichen
Bakterien und Bakterienprodukte gegen Cholera immunisiren kann.
Ich habe den Grund sofort in der Aktivirung der gewöhnlichen zellularen und in Lösung übergegangenen
Schutzmittel des Körpers erkannt, während Klein unrichtiger
Weise gemeint hatte, dass diese Bakterien das gleiche Gift bilden
und durch Angewöhnung an dieses die gleiche Schutzwirkung zu
Stande komme. Diese ersten Versuche waren durch eigenthümliche
Ergebnisse veranlasst, die darin bestanden, dass wenn man in
Kulturen von Parasiten andere Bakterien einführte, z. B. in Kulturen
von Milzbrandbacillen Bakterien des grünen Eiters, die ersteren
schlechter auswuchsen. Diese Versuche gehören in die Reihe der
Seite 71 geschilderten antagonistischen Wirkungen. Hier war von
einer „spezifischen" Schutzimpfung, einer Anpassung an ein art-
gleiches Material der Kulturen, von einer Gewöhnung an identisches
Protoplasma oder gleiches Gift keine Rede. Als man auf diese
Weise auch Heilungen von Bakterienkrankheiten zu erzielen suchte,
lernte man allmählich sehen, dass der Grund der Wirkungen in der
Erregung einer Entzündung, also in einer Reizwirkung auf die durch
die Parasiten bereits in Beschlag genommenen oder zur Invasion
zu benutzenden Zellterritorien beruht.

Nachdem von Naegeli, Pasteur, Koch und noch genauer
von Emmerich, v. Freudenreich, Woodhead, Wood und
Hueppe ermittelt worden war, dass in Kulturen die krankheiterregenden Bakterien durch saprophytische Bakterien vernichtet
werden, kam man darauf, auch nach erfolgter Infektion der
Thiere eine Heilung zu versuchen, indem man solche Sapro-

phyten dem kranken Thiere einverleibte. Diese Beobachtung lehnte
sich an ärztliche Erfahrungen an, nach denen z. B. krebsartige Geschwülste zurückgegangen waren, wenn an der Stelle der Geschwulst
eine Hautwundrose, also eine Bakterienkrankheit sich eingestellt
hatte, oder nach denen der scheussliche Geruch eines verjauchenden
Krebses nachliess und aufhörte, wenn Verbände angelegt worden
waren, deren Inhalt eine Milchsäuregährung eingegangen war.
Cantani hatte als Erster eine solche „Bakteriotherapie" versucht
durch Verwendung von Fäulnissbakterien gegen Tuberkulose, während
in besserer Weise der Milzbrand der Thiere von Emmerich, di
Mattei und Pawlowski mit den lebenden Bakterien der Wundrose oder des Wunders der blutenden Hostien (Mikrokokkus prodigiosus), von Bouchard, von Woodhead und Wood mit denen
des grünen Eiters bekämpft wurde. Es wurden also bis jetzt zwei
natürliche Wege nachzuahmen gesucht, einmal isopathisch resp.
homöopathisch das Verhüten der Seuchen durch Schutzimpfungen
nach Art der Kuhpockenimpfungen, dann aber antagonistisch oder
allopathisch die Erscheinung, dass einzelne Bakterienarten im Kampfe
um das Nährmaterial sich gegenseitig bekämpfen.

Dieselben antagonistischen Versuche, welche mit lebenden
Bakterien gemacht worden waren, wurden von denselben Forschern
auch mit den Stoffwechselprodukten derselben und zwar mit ähnlichem Erfolge wiederholt, und zwar sowohl zu Schutz- als zu Heilzwecken.

Bei Thieren hat dann Römer als Erster nachgewiesen, dass
man gegenüber der Tuberkulose dieselben Erfolge, welche man mit
Tuberkulin erzielte, auch mit den Proteïnen anderer Bakterien erreichen kann. In dieser Richtung hat Rumpf, während E. Fränkel
den Abdominaltyphus mit Proteïn der Typusbakterien zu beeinflussen
suchte, dasselbe mit den Proteïnen der Bakterien des grünen Eiters
erreicht, während andere Proteïne schlechter wirkten. Weil es sich
um Versuche am Menschen handelt, will ich die Resultate kurz
mittheilen, soweit sich dieselben feststellen und vergleichen lassen.
Fränkel hatte bei 60 Fällen 5 Todte oder 8,3 %, Rumpf bei
nur 30 Fällen 2 Todte oder 6,6 %, während auf der Abtheilung
von Gläser ohne spezifische Behandlung sich von 1869—1877 die

Mortalität bei 3285 Kranken auf 7,5 % mit einem Minimum von
5 und einem Maximum von 9,6 % stellte; im allgemeinen Kranken-
hause in Hamburg betrug 1882—1891 bei 25 824 Kranken die
Sterblichkeit 2298 oder 8 %, mit einem Minimum von 6 % (1887)
und einem Maximum von 19 % (1882). Wie weit sich bei grössern
Zahlen die Resultate von Fränkel und Rumpf verschlechtern,
kann man nicht einmal vermuthen, da die Mittheilung vor Ablauf
aller Fälle gemacht worden war, so dass man eigentlich nur sagen
kann, dass man bei Typhuskranken auch isopathische und anta-
gonistische Stoffe einspritzen kann. Ob man damit aber heilen
kann, ist ganz unklar geblieben und man erreicht auf jeden Fall
ohne Medikamente, also ohne zu schaden, mindestens dasselbe
Resultat, wahrscheinlich sogar mehr.

Wenn die Proteïne zur Wirkung kommen, geschieht dies, wie
Seite 180 dargelegt ist, durch eine Allgemeinwirkung, durch Erregung
von Entzündung in den durch die Mikroparasiten invadirten Geweben,
und H. Buchner hat zuerst wieder durch Versuche mit Arsen
darauf hingewiesen, dass die in Form von Entzündungen verlaufende
Reaktion des menschlichen Körpers zu Heilzwecken verwendet
werden kann, ohne dass etwas Spezifisches in Frage ist. Im allgemeinen Abschnitte über Heilung von Seuchen habe ich schon
erwähnt, dass man durch Hervorrufen ähnlicher Reaktionen des
Körpers durch physikalische Agentien die natürlichen Schutzeinrichtungen des Körpers, die er in seinen örtlichen Zellen, in Wanderzellen und in aktiven Körpern der Säfte besitzt, zu vorübergehend erhöhter Thätigkeit bringen kann. In diesem Sinne
wirkt auch die Temperatursteigerung, wenn sie eine gewisse Grenze
nicht übersteigt, und die Idee der älteren Aerzte, welche in Entzündungen und Fieber Heilbestrebungen der Natur sahen, ist dadurch
in gewissem Sinne auch experimentell als richtig erwiesen. Auch
die ältere Ansicht von einer Ausscheidung von „materia peccans"
durch Niere, Darm und Magen ist, wie Seite 206 erörtert wurde, in
bestimmten Grenzen als richtig wieder erkannt worden. Alle derartigen Symptome sind äusserlich wahrnehmbare Zeichen natur-
nothwendiger Reaktionen auf einen auslösenden Anstoss hin. An
sich stehen sie „jenseits von gut und böse". Wie weit sie nützlich

oder schädlich sind, hängt vom Standpunkte oder der besonderen Lage des Falles ab.

Von der Idee des Antagonismus und der klinischen Erfahrung ausgehend, dass krankhafte Geschwülste durch Auftreten von Rothlauf günstig beeinflusst werden, hat Emmerich, besonders in Verbindung mit Scholl, Thiere gegen Streptokokken inficirt und mit dem Serum dieser Thiere Heilungen gegen Milzbrand, Tuberkulose, Sarkom und Krebs ausgeführt. Während Emmerich und Scholl beim Menschen gegen Krebs gute Resultate erzielt haben wollen, bestreiten die Kliniker, welche mit diesem Serum gearbeitet haben, bis jetzt allerdings jeden Erfolg.

Bei einer genaueren Analyse der Thatsachen ergiebt sich, dass das spezifische, antitoxinhaltige Serum nicht heilt, weil es immunisirt, sondern dass es heilt, trotzdem es nicht immunisirt. Die Serumheilung ist keine schnelle spezifische Immunisirung, sondern sie beruht nur darauf, dass im Heilserum vorhandene stark aktive Körper antitoxisch bezüglich baktericid wirken, also eine Thätigkeit in gesteigertem Maasse entfalten, die wir sicher als allgemeine Fähigkeit des normalen, gesunden Serums bei allen Thieren, aber nach den Species der Wirthsthiere in verschiedener Weise entwickelt finden. Es giebt thatsächlich zwischen dieser durch die Species der Wirthsthiere bedingten Fähigkeit des normalen Serums und der durch die spezifischen Giftfestigungen und Immunisirungen erworbenen oder gesteigerten Fähigkeit des Serums, antitoxisch und baktericid zu wirken, keine qualitativen, sondern nur quantitative Unterschiede. Der durch die Giftfestigung und Immunisirung gesetzte Reiz hat sicher nachweisbar die Wirkung ausgeübt, die Menge der aktiven Körper des Blutserums zu steigern. Nur scheinbar ist etwas Qualitatives hinzugekommen, denn die nachweisbare Bakteriencomponente im Heilserum hat mit der Antitoxinwirkung nichts zu thun. Sie stellt nur die besondere Reizform dar und kann ohne jede Aenderung des Erfolgs fehlen, wenn nur in irgend einer Weise für einen Reiz gesorgt ist, der die spezifischen Zellterritorien und Zellen des Wirthsorganismus zur Bildung genügender Mengen aktiver Körper veranlasst. Das Ueberflüssige gerade der Bakterien-Componente, also des einzigen Spezifischen bei der Bildung der Antitoxine, geht auch aus folgenden Versuchen hervor, die wir zum grössten Theil Roux und seinen Schülern Calmette, Phisalix und Bertrand verdanken.

1. Das normale Serum gesunder Warmblüter kann im Glase genau so auf spezifische Gifte wirken, als enthielte es spezifische Antikörper. Das Blut gesunder Menschen paralysirt in manchen Fällen nach Abel Diphtheriegift, nach Stern Typhusgift, nach Metschnikoff Choleragift, während es auf Tetanus-, Schlangengift und Abrin nicht wirkt. Wassermann hat aus der ersten Wirkung den ganz voreiligen Schluss gezogen, dass in solchen Fällen die gesunden Menschen wohl eine leichte Diphtherie überstanden hätten. Früher, Seite 183, hatte ich schon eine auch hierher gehörige Beobachtung von Héricourt und Richet mitgetheilt, nach der das Serum gesunder Hunde Kaninchen gegen Pyämie-Staphylokokken schützt.

2. Spezifisch gebildete Antitoxine des Serums wirken im Glase ganz ebenso auf artfremde Gifte, wie auf die artgleichen Gifte, während das umgekehrte nicht immer geschieht: Schlangenantitoxin hebt die Giftwirkung von Abrin, aber nicht von Diphtherie, Tetanus und Ricin auf; Abrinantitoxin hebt die Giftwirkung von Schlangengift, Diphtherie, Ricin, aber nicht von Tetanusgift auf; Tetanusantitoxin wirkt gegen Schlangengift, ist unwirksam gegen Ricin und Abrin; Wuthserum ist wirksam gegen Schlangengift, unwirksam gegen Diphtherie-, Tetanusgift, Ricin, Abrin; Streptokokkenserum ist wirksam gegen Schlangengift, unwirksam gegen die anderen; Choleraserum ist mässig wirksam gegen Schlangengift, unwirksam gegen die anderen; Diphtherieantitoxin ist unwirksam gegen Schlangengift, Tetanusgift, Ricin, Abrin; Antitoxinserum von Schweinerothlauf und Typhus sind unwirksam gegen alle diese Gifte.

3. Das Serum-Antitoxin wirkt auch im Thiere gegen artfremde Gifte. Das Serum von gegen Schlangengift irgend einer Art gefestigten Thieren schützt Thiere gegen Schlangengift irgend einer anderen Art und gegen Skorpiongift. Serum von gegen Cobragift gefestigten Thieren macht Kaninchen auch abrinfest. Als Marmorek Thiere gleichzeitig mit Antitoxin gegen Diphtherie und gegen Streptokokken versehen wollte und zu diesem Zwecke diph-

theriefeste Pferde von Roux mit Streptokokken immunisirte, vertrugen die Thiere diesen Eingriff fast ohne zu reagiren, während die nicht mit Diphtherie vorbehandelten Thiere sehr heftig reagirten; das Diphtherieantitoxin wirkt also im Thier erfolgreich gegen die Streptokokken und ihre Gifte.

4. Antitoxine, welche im Glase artgleiche oder artfremde Gifte paralysiren, können im Thiere ohne Wirkung sein. Die Zibethkatze ist gegen Schlangenbiss immun und ihr Serum ist gegen Schlangengift antitoxisch, so dass man hierin den Grund der natürlichen Giftfestigkeit sehen könnte. Das Blut des gegen Schlangengift ebenfalls giftfesten Igels enthält ebenfalls, aber in sehr viel geringerem Grade ein Gegengift gegen das Schlangengift. Das giftfeste Schwein führt dagegen in seinem Serum kein Antitoxin gegen Schlangengift. Hunde jedoch, die dem Schlangenbisse erliegen, haben in ihrem Serum ein Antitoxin gegen Schlangengift Das Antitoxin ist also bald vorhanden, bald nicht, bald hilft es, bald nicht. Tetanusimmune Thiere und ebenso abrinfeste Thiere erliegen dem Schlangengifte, trotzdem Tetanusantitoxin und Abrinantitoxin im Glase viel grössere Mengen Schlangengift paralysiren, als zum Tödten der Thiere nöthig ist. Diphtherieserum verlangsamt in Mischung mit Abrin die Giftigkeit des Abrins im Thier.

5. Serum, bezüglich Antitoxin, welches im Glase nicht auf Gifte wirkt, kann im Thier Gegengift- oder Heilwirkungen ausüben. Wuthserum immunisirt Thiere nicht gegen Wuth, wohl aber gegen Schlangengift. Serum von Kaninchen, die gegen Wuth immunisirt sind, schützt gegen Cobragift fast so gut wie Cobraserum. Hunde aber, die gegen Wuth immunisirt sind und deren Serum andere Thiere gegen Schlangengift schützt, sind selbst empfänglich für Schlangengift. Dagegen sind gegen Schlangengift immunisirte Kaninchen gegen „Strassenwuth" unempfänglich geworden, erliegen aber noch der verstärkten festen Kaninchenwuth.

6. Die Schutz- und Heilwirkung kommt nachweisbar ohne Antitoxin zu Stande. Gegen Abrin gefestigte Thiere sind nach Calmette immun gegen Milzbrand. Gegen Milzbrand immunisirte Kaninchen sind relativ immun gegen Abrin, aber ihr Serum enthält kein Antiabrin. Dass die gegen Tetanus immunen Hühner kein

Tetanusantitoxin enthalten, wurde bereits erwähnt. Das nach der Immunisirung nachweisbare Antitoxin ist also mindestens zur Schutzwirkung überflüssig.

Die Spezificität der Wirkung der Antikörper ist zu deren Gegengiftwirkung nicht nöthig, also auch zum kausalen Verständnisse überflüssig. Das Gemeinsame liegt in der Bildung von aktiven Körpern in dem Serum der giftfest gemachten Thiere unter dem Reize der eingeführten Gifte, von aktiven Körpern, welche auf die aktiven Gifte einwirkend deren Bewegung bis zur Aufhebung beeinflussen. Bald ist zu solchen Aktivirungen der spezifische, isopathische, artgleiche Reiz am besten geeignet und deshalb scheinbar auch nothwendig, bald aber genügt irgend ein heterogener, artungleicher oder ganz fremder Reiz hierzu.

Wenn auch die Versuche am Menschen noch strittig sind, so sind die Erfolge mit artfremden Bakterien, Stoffwechselprodukten, Proteïnen und Serum vielfach bei Thierversuchen ebenso günstig wie bei dem isopathischen und homöopathischen Vorgehen mit artgleichem und artähnlichem Material.

Zur Schutzimpfung und Heilung ist demnach die Isopathie mit den spezifischen Krankheitserregern oder deren spezifischen Produkten nicht grundsätzlich nöthig, man kann auch mit ganz anderen Bakterien dasselbe Resultat erzielen. Aber wahrscheinlich gebraucht man überhaupt grundsätzlich nicht einmal Bakterien oder Bakterienprodukte, da es mir wenigstens schon bei zwei Seuchen, Pneumonie und Cholera, an Versuchsthieren gelungen ist, die ausgebrochene Seuche durch andere aktive Körper günstig zu beeinflussen und zu heilen, von Chemikalien ganz abgesehen.

Schutz- und Heilimpfungen ohne Mikroparasiten oder deren Produkte.

Impfschutz erreicht man sicher bisweilen durch andere Eingriffe. Wooldridge stellte 1888 aus den Thymusdrüsen des Kalbes und aus anderen Geweben Eiweisskörper als „Gewebsfibrinogen" dar,

mit denen er bei Kaninchen Impfschutz gegen Milzbrand erzielte,
der wohl auf verstärkter Leukocytose und dadurch ermöglichter
Phagocytose beruhte. Darauf beruht es auch wohl, dass Kulturen
pathogener Bakterien auf Thymusbouillon bisweilen unwirksam sind,
während Brieger, Kitasato und Wassermann meinten, dass
Thymus die Kulturen entgifte. was jedoch nicht geschieht. Ich selbst
konnte durch Verdauungsfermente Impfschutz gegen Cholera erreichen. Lösliches aktives Spermin vermag nach Poehl in alkalischen
Medien zu immunisiren, indem es eine gutartige Leukocytose hervorruft. Verläuft im Körper selbst die Bildung von unlöslichem
passivem Spermin aus dem Nucleïn der Leukocyten bei herabgesetzter Alkalescenz der Säfte. so häufen sich basische Körper als
Selbstgifte an und die Leukocytose wird bösartig, z. B. als post-
hämorrhagische, kachektische oder praemortale. Hildebrandt
machte Kaninchen giftfest gegen ein anderes Ferment, das
Emulsin, und die so giftfest gemachten Thiere waren dadurch
gleichzeitig gegen die Bakterien der Kaninchenseptikämie immunisirt. Es lag eine durch einen besonderen Eingriff gesteigerte
natürliche Seuchenfestigkeit vor, die eine spezifische
Schutzimpfung vortäuschte. In diesen Fällen waren es
andere „aktive" Eiweisskörper, welche ähnlich wie „aktives" Bakterieneiweiss auf die Körperzellen als Reize einwirkten. Die natürliche
Seuchenfestigkeit ist auf diese Weise durch eine Reihe von Ueber-
gangsgliedern mit der erworbenen specifischen Immunität verknüpft.
Das Gemeinsame liegt in der Reizung der zur Abwehr nöthigen
Zellterritorien und Wanderzellen.

Dazu sind aber grundsätzlich solche Körper nicht einmal nothwendig. Auch Chemikalien können, wenn sie in den Energiezusammenhang eingreifen können, ähnlich wirken. Dies gilt zunächst
sicher für die Fälle, in denen die Heilwirkung auf Entzündungserregung beruht und es ist ein grosses Verdienst von Liebreich,
gezeigt zu haben, dass man bei Tuberkulose eine ähnliche Wirkung
wie mit Tuberkulin auch mit kantharidinsauren Salzen erzielen kann.
Gegenüber der grundsätzlichen Feststellung kommt es wenig in
Betracht, ob diese Salze nur ebenso viel oder vielleicht noch weniger
zur Heilung der Tuberkulose des Menschen beitragen wie das

Tuberkulin. Aehnliche Wirkungen bewies später Dixon für das Kreatin, Hebra für Thiosinamin, Mosetig für Teukrin und Spiegler hat die Zahl dieser Körper noch vermehrt.

Hierher gehört auch wohl die intravenöse Injektion von Zimmtsäure nach Landerer gegen Tuberkulose des Menschen, welche ebenfalls durch Entzündungserregung zu wirken und bis jetzt von diesen Mitteln am meisten zu leisten scheint.

Auch localisirte Hyperämien, wie sie sich z. B. in Folge Wegfalles des früheren Druckes bei Eröffnung der Bauchhöhle bei Peritonealtuberkulose einstellt, können günstig wirken. So hat man Heilerfolge bei Bauchfelltuberkulose durch Laparotomie erzielt. In dieser Idee hat Bier künstliche Stauungshyperämie mit Binden gegen Tuberkulose der Gliedmaassen empfohlen. Dahin gehört es auch wohl, wenn nach Rokitansky bei anämischen Zuständen der Lungen in Folge von Herzfehlern häufig, dagegen bei Stauungsvorgängen in der Lunge keine Lungentuberkulose auftreten soll. Gegen Malaria hat man und zwar nach vielen Angaben mit Erfolg Chinin und Arsen prophylactisch in kleinen Gaben angewendet, um so durch Reizwirkung auf die Körperzellen die Abwehrkräfte des Organismus zu verstärken, was ich wegen der Controverse über die Heilwirkung durch Chinin Seite 162 noch der Vollständigkeit halber erwähnen will.

Die nicht spezifischen Wirkungen gehen aber noch weiter. So hat Rummo weisse Mäuse an Strychnin gewöhnt Diese Thiere enthalten in ihrem Serum kein Antitoxin. Sie haben nicht gegen Schlangengift und Diptherie, wohl aber gegen Tetanus Impfschutz erlangt. In diesem Falle ist die Vermittelung der Wirkung durch die Reizwirkung auf. das Rückenmark sicher und der Einfluss durch die Körperzellen auffallend. Behring selbst hatte früher einmal durch Jodtrichlorid einen gewissen Impfschutz gegen Milzbrand erzielt. Schütz hat nun Thiere, welche am Schweinerothlauf erkrankt waren, mit Jodtrichlorid geheilt, aber auch gesunde Thiere durch vorbeugende Behandlung gegen die Seuche geschützt. Das Blut solcher, mit Jodtrichlorid geschützten Thiere, verlieh nun gesunden Thieren Impfschutz und heilte bereits erkrankte Thiere. In diesem Falle ist die Bildung spezifischer Antitoxine sicher ausgeschlossen und die Wirkung kann nur auf den erlangten allgemeinen Schutzkräften oder deren quantitativer Steigerung, d. h. auf Aktivirung der Zellen und aktiven Eiweisskörper der Säfte beruhen.

Wenn auch viele negative Versuche mit anderen oder gegen andere Bakterien vorliegen, so genügen doch die positiven Resultate schon jetzt, um gegen die einseitigen Deutungen der „spezifischen" Schutzimpfungen und Giftfestigungen Stellung zu nehmen.

Auch ganz allgemeine Beeinflussungen des Stoffwechsels können spezifische Immunisirungen vortäuschen. So hat v. Fodor gezeigt, dass die Widerstandsfähigkeit von Kaninchen gegen Milzbrandinfektionen durch subcutane Zufuhr von Alkalien, Kurt Müller, dass die Widerstandsfähigkeit von weissen Ratten gegen Milzbrand durch subcutane Zufuhr von Fleischextract erhöht wird. In diesem Sinne begreift man, dass man durch zweckentsprechende Ernährung überhaupt, in Verbindung mit Entwässerung des Körpers durch Körperübungen die Seuchenfestigkeit auch ganz allgemein erhöhen kann, worauf Pettenkofer und G. Jäger zuerst hingewiesen haben. Ein richtig ernährter und geübter Körper wird durch seine Zellen und Säfte mit vielen Bakterienarten fertig, ohne dass man ihm etwas heterogenes „Spezifisches" zuführen muss.

Nachweisbar ist aber stets, nur nach den verwendeten Mitteln quantitativ sehr verschieden, dass durch verschiedenartige Eingriffe die natürlichen Schutz- und Abwehrkräfte des menschlichen Organismus, seiner Organe, Gewebe, Zellen und Säfte, aktivirt oder über die Norm durch Reizung gesteigert werden können. Die auslösenden Reize werden gleichsam zu Hemmungsreizen. Dies kann so weit gehen, dass ganz fremdartige Reize eine so hohe Abwehr hervorrufen, wie man sie früher zum Begriffe der Spezifität rechnen musste, während durch isopathische Eingriffe bisweilen eine nur ganz mäfsige Abwehr veranlasst wird. Im Allgemeinen ist jedoch die Abwehr, welche durch isopathische oder spezifische

Reize hervorgerufen wird, stärker und dauernder und deshalb scheinbar oft ganz eigenartig. In Wirklichkeit genügen jedoch bei den schon jetzt erkannten Möglichkeiten thatsächlich die physiologischen Schutzkräfte des Körpers und deren Reizung oder Aktivirung, um alles zu verstehen, was man sich durch die Mystik der Spezificität unklar zu machen mit grossem Eifer bemüht hat. Im Allgemeinen werden spezifische Aktivirungen vorzuziehen sein, weil diese bereits bekannte Beziehungen zu den Abwehrorganen des Körpers haben. Aber damit ist nicht gesagt, dass sie das einzige oder stets beste Mittel sind. Die letztere Vorstellung muss beseitigt werden, wenn wir uns nicht durch die Spezificität den Weg zum naturwissenschaftlichen Verständnisse der Schutzimpfungen verschliessen wollen. Eine Schutzimpfung kann spezifisch erscheinen, wenn sie durch isopathische und spezifische Bakterien und deren Produkte bewirkt wird, aber auch wenn sie durch ganz andere Eingriffe erreicht wird. Umgekehrt kann man durch spezifische Eingriffe Abwehrvorrichtungen aktiviren, welche nur eine geringe und allgemeine Wirkung erkennen lassen.

Es handelt sich nicht darum, dass so etwas in jedem Falle nachgewiesen oder nachweisbar ist oder das beste oder praktischste ist, sondern dass es überhaupt ermittelt ist. Wir vermögen damit die spezifischen Giftfestigungen und Schutzimpfungen gerade so wie die natürlichen, im vorausgegangenen Abschnitte behandelten Heil- und Schutzpotenzen auf dasselbe allgemeine Naturgesetz zurückzuführen, wie die natürliche Seuchenfestigkeit und ihr Gegenteil, die Krankheitsanlage. Schon die Möglichkeit, eine solche übergeordnete Gesetzmässigkeit in grossen Zügen zu erkennen, scheint mir eine Erkenntniss von grösster Tragweite, wenn man sie mit den ganz unklaren und geheimnissvollen Vorstellungen der „spezifischen" Wirkungen vergleicht, die gar nicht mehr in den organischen Zusammenhang passen. Ich habe einmal solche Striche, die man in der Natur zeichnet, wie der Jurist seine Paragraphen oft behandelt, als Projectionen der Bretter bezeichnet, die wir alle wegen der Grenzen unserer subjectiven Erkenntniss nur in verschiedener Dicke vor der Stirn tragen. Jeder

Strich, den wir ausmerzen können, befördert unsere wirkliche Einsicht. Hierbei muss ich aber entschieden jene affectirte Einfachheit be-. kämpfen, die nicht Zeichen der Wahrheit ist, wie sie vorgetäuscht wird, wenn man mit den Bakterien allein die Ursachen, Verhütung und Heilung der Seuchen glaubt erkennen zu können. Es handelt sich nicht um eine so einfache Gleichung mit einer unbekannten, sondern um die verwickelteren, aber richtigeren Gleichungen mit drei veränderlichen Grössen.

Ueber die Verhütung von Seuchen durch Bekämpfung der Krankheits-Ursachen.

Als in unserem Jahrhundert die Cholera verheerend in Europa einfiel, veranlasste sie eine ungeheuerliche Sterblichkeit. Dies regte zuerst in England, später auch in Deutschland und Frankreich zu genaueren Feststellungen der Erkrankungs- und Sterblichkeitsziffern der Seuchen überhaupt und in ihrem Verhältnisse zu den anderen Krankheiten an. Diese von England ausgegangene Reform der Medizinalstatistik lieferte ein erstes Grundmaterial zu Vergleichen. Die Sperren der früheren Zeit, deren Verhängung in der Idee der Selbsterhaltung und der krassen Ichsucht begreiflich ist, hatten ihren Dienst vollständig versagt, und der treffsichere Berliner Witz kennzeichnete die Sachlage, indem er den Hauptvertreter der verhassten Landsperren, den damals im Ministerium für Cultus, Unterricht und Medizinalangelegenheiten einflussreichen Professor der Chirurgie, Rust, in köstlicher Benutzung seines Namens als Sperling abbildete und als Unterschrift wählte: Passer Rusticus oder der gemeine „Sperrling". Die epidemiologischen Beobachtungen über die Cholera machten es wahrscheinlich, dass die Cholera eine nicht im strengen Sinne ansteckende Krankheit ist, sondern dass sie Beziehungen zur Aussenwelt, besonders zu Boden und Wasser hat. Daraus leiteten vorurtheilslose Beobachter die Wahrscheinlichkeit ab, dass die schauderhaften Verwüstungen durch die Cholera daher kommen dürften, dass die Umgebung der damaligen städtischen Wohnungen unhygienisch sei und assanirt oder gesundet werden müsste. Unter dem Drucke des gewaltigen Naturereignisses, welches der Cholera durch Pruner die Bezeichnung „Polizei der Natur" eintrug, gelang es in England, nicht nur eine grossartige, von unten heraus sich entwickelnde Organisation des öffentlichen Gesundheitswesens zu erreichen, sondern

auch die für nöthig gehaltenen gesundheitlichen Reformen durch oft
zwangsweise Ausführung von Kanalisation und Wasserversorgung in
grösserem Maassstabe durchzuführen. Das Resultat war aber auch
den Mühen entsprechend, und die Cholera hatte bei neuen Einbrüchen
ihre Macht stark eingebüsst oder geradezu verloren, wo man in
diesem Sinne vorgegangen war. Der günstige Einfluss erstreckte
sich jedoch nicht nur auf Seuchen vom Charakter der Cholera und
des Unterleibstyphus. Man lernte geradezu die Seuchen, die den
grösseren Theil aller Krankheits- und Todesfälle lieferten, überhaupt
als „vermeidbare" Krankheiten auffassen. Simon, Farr, Parkes,
Pettenkofer, Stamm waren es vor allem, welche diese Ermittelungen förderten. Aber doch wurden nicht alle Seuchen vermieden.
Am meisten machte sich der Einfluss der Assanirungsmaassnahmen
auf jene Seuchen bemerkbar, welche wegen ihrer Verbreitungsweise
Beziehungen zur Aussenwelt annehmen liessen, wie Cholera oder
Unterleibstyphus, während der Einfluss auf sogenannte konstitutionelle
Krankheiten, wie Tuberkulose, die wir jetzt auch als Seuche betrachten müssen, sich weniger geltend machte, und die wirklich
ansteckenden Krankheiten, wie Pocken oder Scharlach, dadurch nur
mittelbar berührt wurden.

Hält man sich das vor Augen, was ich früher S. 147 über die
Entwickelung des strengen Parasitismus aus dem gelegentlichen und
dieses aus der Fäulniss mitgetheilt habe, so versteht man sofort,
dass die genannten Gesundungsarbeiten, welche Boden und Wasser
unmittelbar verbessern, direkt auch nur jene Krankheitserreger treffen
können, welche Beziehungen zur Aussenwelt haben. Auf gelegentliche Saprophyten und strenge Parasiten, wie sie bei Tuberkulose
und Rückfallfieber nachgewiesen sind und bei den akuten Exanthemen,
wie Fleckfieber, Pocken, Scharlach vorkommen dürften, können derartige Maassnahmen unmittelbar überhaupt nicht wirken. Wirken
sie aber doch auf solche Seuchen verbessernd, die Zahl der Erkrankungen herabsetzend, ein, so kann nur eine indirekte Wirkung
vorliegen. Diese mittelbare Wirkung kann aber in verschiedener
Weise zu Stande kommen. Es kann z. B. der Uebergang oder der
Transport der Krankheitserreger zum Menschen eingeschränkt oder
aufgehoben werden. Aber es kann auch durch die Verbesserung der

gesundheitlichen Verhältnisse die Krankheitsanlage des Menschen
herabgesetzt und seine Widerstandsfähigkeit erhöht werden. Die
hygienischen Maassnahmen erhalten also nicht jedes Leben um
jeden Preis, sondern sie wirken auch günstig auf die Constitutionskraft und treten damit in den Dienst der Rassenhygiene. Während
Pettenkofer bei der „örtlichen und zeitlichen Disposition" und
ihrer Beeinflussung durch Assanirungsarbeiten nur an den Einfluss
auf die ausserhalb befindlichen Parasiten dachte, während Koch
nur den Einfluss auf den Transport der Parasiten ins Auge fasste,
habe ich schon 1887 darauf hingewiesen, dass die „örtliche
Disposition" ausserdem und vielleicht mehr in der Beeinflussung
der am Orte sich aufhaltenden Menschen besteht. Wir verstehen
das jetzt auch bakteriologisch. Schon 1889 haben Hueppe und
Wood ermittelt, dass örtlich vorhandene Bakterien harmloser Art
einen Schutz gegen spezifische Seuchen verleihen können, während
1894 Metschnikoff ermittelte, dass umgekehrt durch Anwesenheit
anderer Saprophyten die Invasion der Cholerabakterien begünstigt
wird. Derartige „bodenstäte" saprophytische Mikrobien wirken auf
die Krankheitsanlage der den Ort Bewohnenden herabsetzend oder
steigernd ein. Diese Menschen werden aber nicht nur und nicht
bloss direkt von Boden, Wasser, Luft, sondern auch von ganz anderen
örtlichen und zeitlich wechselnden Verhältnissen, zum Beispiel von
der Ernährung, Wohnung und von den sozialen Zuständen beeinflusst, sodass z. B. ähnliche durch die Industrie geschaffene Verhältnisse überall eine ähnliche Zunahme der Tuberkulose gezeitigt
haben.

Die sogenannten Assanirungsarbeiten wirken auch dadurch, dass
sie einzelne soziale Faktoren günstig beeinflussen. Aber dieser Einfluss ist bei der ganz verschiedenen praktischen Bedeutung, welche
Krankheitsanlage, Bedingungen der Krankheitsübertragung und
Krankheitserreger bei den einzelnen Seuchen haben, ganz verschieden,
und nach irgend einem Schema wird der Geist der Sache so wenig
berührt wie der Geist der Gesetze mit spitzfindigen Paragraphen.
Ich muss immer wieder auf die Vielheit der Erscheinungen
hinweisen, bei der in dem von mir gewählten Vergleiche mit einer
Kette drei Glieder sich besonders geltend machen, von denen

Pettenkofer nur eins, Koch ein anderes einseitig hervorgehoben, aber Keiner alle drei genügend berücksichtigt hat.

Berücksichtigt man, dass wir nicht ganz richtig, aber praktisch vorläufig noch am besten die Zahl der Erkrankungen an der thatsächlichen Sterblichkeit messen, so kann man die Gesammtsterblichkeit als Ausdruck für die Constitutionskraft oder für die Summe derjenigen körperlichen Anlagen der Bewohner eines Ortes oder Landes hinstellen, welche nicht auf physiologische, sondern auf pathologische Auslösung hin in Wirkung übergeführt werden müssen. Der Gegensatz zwischen physiologisch und pathologisch ist selbstverständlich nur im anthropocentrischen Sinne gebraucht; für die Natur selbst handelt es sich nur um einen Kampf ums Dasein, um eine Auslese der Kräftigeren durch die Seuchen. Berücksichtigt man weiter, dass alle Formen des Parasitismus sich aus der in der Natur nothwendigen Fäulniss entwickeln können und entwickelt haben müssen, so versteht man sofort, dass die Natur, so lange in einer von der physiologischen Anlage abweichenden Form auslösbare Energie vorhanden ist, für abnehmende Krankheiten andere eine Zunahme erfahren oder ganz neue sich entwickeln lässt aus der Unzahl jener Möglichkeiten, welche die Fäulniss stets in Vorrath hält.

Eine wirkliche und dauernde Abnahme der Seuchen ist nur möglich, wenn weniger in dieser Form auslösbare Energie vorhanden ist, wenn wir die Krankheitsanlagen beseitigen und die Seuchenfestigkeit erhöhen und dadurch alle Auslösungen in physiologischer Weise vor sich gehen lassen. So lange das nicht geschehen ist, werden auch Seuchen vorhanden sein, von denen einige sogar aufhören, während aber auch andere neu entstehen können. In diesem Sinne erkennt man auch ohne Schwierigkeit, dass die Seuchen nur mit Einschränkung als „vermeidbare" Krankheiten bezeichnet werden dürfen. Die Seuchen sind auch Ausdruck einer thatsächlich gegebenen Zwangslage oder Anpassung, der man sich aber durch Berücksichtigung der Ursachen bis zu einem gewissen Grade entziehen kann. Schon vor Jahren hatte ich mich derartig geäussert, weil die anthropocentrische Auffassung der Seuchen naturwissenschaftlich ein geradezu trostloser Standpunkt ist, mit dem man höchstens Verwaltungsbeamten und Polizeiorganen imponiren kann.

Kürzlich hat S c h l e i c h in etwas anderer Weise die Krankheit als „eine Form des Daseinskampfes gegen jene Schädlichkeiten, für welche die Menschheit noch nicht angepasst ist", bezeichnet.

Weil die Anpassung an diese Schädlichkeiten aber seit Jahrtausenden die Menschheit decimirt und oft die Besten dem Lande und Volke raubt, während die Schlechtesten sich oft als angepasst erweisen, weil also die Seuchen durchaus nicht mit Sicherheit nur antisoziale Volkselemente beseitigen, und nur die sozial brauchbaren erhalten und zur Fortpflanzung bringen, hat die Hygiene die Aufgabe übernommen, diese Schädlichkeiten zu beseitigen. Dies kann geschehen, indem man die Krankheitserreger beseitigt, oder indem man die Bedingungen bekämpft, welche ihrerseits entweder für die Anlage des Menschen oder der Parasiten oder dadurch wichtig sind, dass sie den Transport der Parasiten zum Menschen ermöglichen.

Das ursächliche Vorgehen kann demnach ebenfalls wieder an diesen ganz verschiedenartigen Gliedern ansetzen, um das Schliessen der Kette, d. h. den Ausbruch der Seuche bei einzelnen Individuen oder Gruppen von solchen zu verhüten. Bei diesem Kampfe kann manches praktisch brauchbarer sein, als man theoretisch annehmen möchte, und die reine Vernunft bedarf der Ergänzung durch die praktische Vernunft. Die Erfahrung hat ein Wort mitzusprechen. Da viele Einzelheiten in das engere Gebiet der Hygiene gehören, so will ich im Folgenden nur der Vollständigkeit halber einige kürzere Angaben machen, die den Einfluss der wissenschaftlichen Auffassung der Bakteriologie auf die Hebung der individuellen und der Volksgesundheit illustriren sollen.

Die Beseitigung der Krankheitsanlagen würde am radikalsten alle Seuchen unmöglich machen, und es lässt sich hierin praktisch schon viel erreichen. Ja, es will mir sogar scheinen, dass durch ausgiebige Beachtung dieses Punktes die Hygiene eine erziehende Kraft zur sozialen Gesundung in sich birgt, deren Bedeutung für die Rassenhygiene wir vielleicht

kaum erst ahnen. Diese Kraft kann sich aber auch voll nur
entfalten, wenn eine Erziehung zur Gesundheit Platz
greift. Schon im vorigen Jahrhundert und in der ersten Hälfte des
unsrigen hat man im Anschlusse an J. P. Frank, an Hallé und
Lévy Derartiges angestrebt, wobei aber die Menschen sich wie
Treibhauspflanzen beobachten mussten und nur Hypochonder gross
gezogen wurden, die nur noch mit der Waage essen, mit Maass-
gefässen — im chemischen, nicht im Münchener Sinne — controlirte
Mengen von Getränk geniessen, mit Thermometer täglich die Temperatur ermitteln mussten, um ja keinen Fehler zu machen. Die
Erziehung zur Angstmeierei ist keine ganz neue Erfindung der
Bakteriologie der Koch'schen Richtung, und die alten Angst-
produkte sind sicher eben so lächerlich und beschämend gewesen
wie die neuesten. Die ärztlichen Hygieniker der älteren physiologischen oder klinischen Schule wurden damals von den echten
Erziehern wie Basedow, Rousseau, Salzmann, Guts Muths,
Jahn, zu denen wir allerdings Frank auch rechnen dürfen, in
hygienischem Takte weit übertroffen, indem diese die Jugend gesund
gewöhnen und physisch abhärten wollten. Eine ächte hygienische Erziehung, bei der die grossen Aerzte Reinlichkeit, Mässigkeit und Arbeit zu Rathe gezogen
werden, kann nie zur Verweichlichung und Krankheitsfurcht führen.

In Bezug auf viele Einzelheiten muss ich mich an dieser Stelle
beschränken, um so mehr als ich manche Punkte früher einmal im
Zusammenhange mit der Erörterung der ganz vernachlässigten hygienischen und nationalen Seite der Frauenfrage besprochen habe. In
den Städten wird meist dadurch viel gesündigt, dass man blühende
Kinder auch für gesunde Kinder hält, während das blühende Aussehen oft nur das Ergebniss einer qualitativen Ueberfütterung ist.
Besonders werden in den wohlhabenden Familien in der Stadt die
Kinder meist mit einer viel zu eiweissreichen, animalischen Diät
genährt, zu deren Verdäuung oder zum Herabwürgen schon früh
das gefährlichste Gift, der Alkohol, in Form von Wein, Bier und
selbst Branntwein dient. Aber auch wo das nicht regelmässig
geschieht, müssen die Kinder überall zu viel, besonders auch beim

Essen trinken, während eine gute und sachverständige Zubereitung der Speisen überhaupt kein Getränk während des Essens erfordert und die Kinder sich auch Anfangs stets instinctiv gegen den Unfug der Eltern wehren. Der Magensaft und die anderen Verdauungssäfte werden durch das viele Trinken in ihrer Leistungsfähigkeit beeinträchtigt und das spezifische Gewicht des Körpers herabgesetzt. Eine zu concentrirte Nahrung sammelt im Darm eigenthümliche Körper in grosser Menge an, welche in die Blutbahn aufgenommen werden und als Selbstgifte oder Leukomaïne und als Ermüdungsstoffe nachtheilig wirken und bisweilen sogar schwere Krankheitserscheinungen hervorrufen, wie sie z. B. als Tetanie und Koma bekannt sind. Ausserdem verhindert sie die mechanische Ausbildung der Verdauungsorgane, besonders des Magens, so dass der Erwachsene nur kleine Portionen zu sich nimmt, wie ein Kind, worin besonders viele Damen Staunenswerthes leisten, um ja schlank und interessant blass zu bleiben. Das Kind gebraucht in seiner Nahrung eine grosse Menge, um seine Verdauungsorgane an die späteren Mengen des Erwachsenen zu gewöhnen und den Brustkorb richtig auszubilden, während die Steigerung der Qualität und damit die Herabsetzung der Menge der Nahrung fast nur Nachtheile bringt. Kaffee, Thee, Alkohol sind keine Getränke für Kinder. Den jetzigen Gewohnheiten der Kinder und Erwachsenen entspricht es jedoch vollkommen, wenn der Junge, nach dem Unterricht über die Tugenden der alten Germanen befragt, diese Tugenden als Treue, Wahrheitsliebe und — Gastwirthschaft bezeichnet. Dass unsere gebildete Jugend, statt beim Skatklopfen und Saufen in verräucherten Lokalen die Zeit todtzuschlagen, besser thäte, sich geistig und sittlich weiterzubilden und den Körper durch Turnen, Sport und Bewegungsspiele leistungsfähig zu halten, brauche ich auch wohl nur zu erwähnen, um anzudeuten, wo es fast überall noch fehlt. Der durch Körperübungen gestählte, trainirte Körper ist auch bei Seuchen meist deutlich widerstandsfähiger, worauf gerade Pettenkofer und G. Jäger aufmerksam gemacht haben. Die Entwässerung durch das Training mit ihrer Erhöhung des spezifischen Gewichtes des Körpers ist, wie G. Jäger sehr richtig bemerkt, ein wichtiges Mittel zur Seuchenfestigkeit. Hierbei ist die richtige Gewöhnung an das Durstgefühl sehr wichtig, weil dieses sonst zu einem Uebermaasse von Getränk zur unrechten Zeit führt. Die Regelung der Diät beim Training im engeren Sinne darf nie nach einer Schablone erfolgen. Der Mensch hat nicht wie der Fleischfresser rückgebildete Schweissdrüsen, und in Folge dessen wirken grosse plötzliche Wasserverluste auch anders bei ihm, und durch Unkenntniss wird dann häufig die Niere in schwerer Weise geschädigt. Der von vielen Bakteriologen verpönte Genuss von rohem Obst, von Salat und nach Lahmann auch die qualitative Berücksichtigung der Salze in der Nahrung, besonders in Form der grünen Gemüse vermögen einiges zu bessern. Ich habe beim Training ganz merkwürdige, aber stets ähnlich verlaufende Veränderungen in den Verhältnissen der wichtigsten Salze im Harn gefunden gegenüber den Zahlen in der Ruhe und bei leichter Arbeit; Harnstoff, Harnsäure, Phosphorsäure werden stets in ganz verschiedener Weise beeinflusst, was für tiefe Alterationen des Stoffwechsels spricht und unmöglich ohne Einfluss auf Herz und Nieren sein kann, wenn nicht richtige Gegenmaassregeln getroffen werden. Diese extremen Grade der Beeinflussung des Stoffwechsels sind aber durch alle möglichen Uebergänge mit den üblichen Lebensgewohnheiten verknüpft. Bei der Ernährung können auch die Ortsgewohnheiten nicht ganz vernachlässigt werden.

Diese Dinge lassen sich durch eine gut geleitete Erziehung ebenso gut lernen wie die Tischgewohnheiten, ohne dass man nöthig hat, jedesmal daran zu denken. Es giebt desshalb aber auch keinen grösseren Unsinn, als bei Gelegenheit einer Epidemie eine gewohnte und gut bekommende Ernährungsweise plötzlich aus Furcht zu ändern. Aber im Gegensatze zu dem angeblich unvernünftigen Thiere hat der angeblich vernünftige Mensch es doch wunderbar verstanden, gerade in der Ernährung sich vielfach recht thöricht zu benehmen und diese Mängel durch seine Trinkunsitten noch zu verschärfen. Dass Missbrauch von Alcohol die Gefahren der Cholerainfektion erhöht, ist überall beobachtet und wenn Th. Weyl die Bierbrauer ausgenommen wissen will, so dürfte das wohl eben daher kommen, dass diese Leute ausgesucht stark sind und sehr stark essen.

Wo eine übertriebene Mässigkeit aus Noth vorhanden ist, muss umgekehrt durch richtiges Eingreifen abgeholfen werden, wie man es z. B. durch Speisung armer Schulkinder vielfach mit Erfolg versucht hat. Der Hunger ist ein mächtiges Unterstützungsmittel der Cholera, und man kann wohl daran denken, dass das erste für die Folge so wichtige Ueberschreiten des Ursprungsherdes der Cholera daher rührt, dass die bis dahin unbedeutende einheimische Seuche damals thatsächlich mit einer jener grossen, in Indien von Zeit zu Zeit vorkommenden Hungersnöthe zusammentraf.

Die wunderlichen Begriffsverirrungen, die bei uns zu Zeiten von Epidemien in derartigen Dingen zu herrschen pflegen, hat Else Hueppe mit Rücksicht auf die traurigen Zustände während der Choleraepidemie in Hamburg 1892 mit den Worten gekennzeichnet: „Wer ganz streng nach den erlassenen Weisungen leben, essen und trinken wollte, müsste sich das Essen und Trinken beinahe abgewöhnen, seine ganzen Gewohnheiten ändern, ohne etwas besseres als Ersatz zu erhalten. Das muss zu den grössten Verkehrtheiten führen. Was nützt es einem Menschen, Quellwasser oder Rothwein zu empfehlen, wenn er nur schlechten Branntwein zum schlechten Wasser hat? Der Verdurstende trinkt auch aus einem Tümpel! Was soll sich ein armer Teufel dabei denken, wenn er von Untersuchungen über die Beziehungen des Kommabacillus zum Kaviar oder zu Südfrüchten hört, während er kaum ein Stück Brod oder eine Kartoffel sich verschaffen kann?"

Wir bedürfen einer Erziehung zur Gesundheit mit Ausschluss der Krankheitsfurcht, und dies ist eine individuelle und soziale Frage, und eine scharfe Trennung ist einfach undurchführbar. Wie sich beim Individuum die Sünden der Väter strafen bis ins vierte Glied, so treffen auch die sozialen Missstände ganz Unschuldige. Die individuell und sozial Unmündigen bedürfen unseres Schutzes gegen Ausbeutung, aber auch eines hygienischen Schutzes. Die Bekämpfung des sozialen Elends ist auch ein Schutz der Wohlhabenden, wo deren Eigenhilfe machtlos ist. Beobachtet man dies, so ist es zweifellos möglich durch Verbesserung unserer Lebensgewohnheiten und durch Erziehung zur Gesundheit die Summe der Krankheitsanlagen gewaltig herabzusetzen und die Seuchenfestigkeit der ganzen Bevölkerung zu erhöhen. Die so verstandene und gehand-

habte persönliche und öffentliche Gesundheitspflege ist auch ziel-
bewusste Rassenhygiene. Die thatsächliche Solidarität der Inter-
essen aller Bevölkerungsklassen und die Erkenntniss praktischer
Grenzen der Ichsucht dürften allmählich mehr praktische Sozialhygiene
zeitigen als der Apell an die Humanität.

Von den individuellen Maassnahmen dieser Art hat die R e i n-
l i c h k e i t noch eine ganz besondere Bedeutung, jene Reinlichkeit,
von der die Engländer sagen, dass sie bereits selbst Gesundheit sei,
von der ich gesagt habe, dass sie die erste und bessere Hälfte der
Desinfektion ist. Aber auch hier muss die Erziehung, die auch nach
der Volksschule in den Fabriken und Werkstätten nicht unterlassen
werden darf und beim Militär die gewaltigsten Erfolge erzielt hat,
den Grund legen. Ich glaube, dass E l s e H u e p p e den Kernpunkt
der Sache wohl am besten erfasst hat, wenn sie im Hinblick auf
das grässliche soziale Elend, welches die Hamburger Choleraepidemie
enthüllte, meinte, dass sich der besser Situirte ganz von selbst über
den Schmutz erhebt, aber: „Wo bei vorhandener Reinigungsmöglich-
keit Schmutz ist, sind die allgemeinen Existenzbedingungen ungenügend, und deshalb findet sich dort stets verminderte Widerstandsfähigkeit des Körpers gegen Krankheiten. Das erklärt die auffallenden Unterschiede zu Ungunsten der Armen doch etwas besser als
die einseitige Berücksichtigung der Seuchenerreger und der Ansteckung. Die Krankheitserreger sind sicher bei einer Epidemie
viel weiter verbreitet, und irgend eine Lücke für Ansteckung findet
sich wohl überall. Aber bei den Wohlhabenden ist meist die Haupt-
lücke besser geschlossen, weil ihr ganzer Körper sich in besserer
Verfassung befindet."

Wie bei der B r e h m e r'schen Methode der Heilung der Lungenschwindsucht, wird b e i d i e s e r E r z i e h u n g z u r G e s u n d h e i t
g a r k e i n e R ü c k s i c h t a u f d i e K r a n k h e i t s e r r e g e r g e n o m-
m e n, s o n d e r n a u s s c h l i e s s l i c h d i e A n l a g e d e s M e n s c h e n
i n s A u g e g e f a s s t und auf diese durch die allgemeinen Lebensbedingungen eingewirkt, von denen ich früher gezeigt habe, dass
ihre Aenderung, d. h. auch ihre absichtliche Beeinflussung, im
Stande ist, auf die Krankheitsanlagen einzuwirken. Auch die örtlich
vorhandenen Mikrobien können, wie schon erwähnt wurde, ganz all-

gemein auf die Krankheitsanlage steigernd oder herabsetzend einwirken, so dass auch in dieser Hinsicht eine Beeinflussung des
Körpers als Sonderfall der Aussenbedingungen möglich und vereinzelt auch nachweisbar ist.

Die staatliche Fürsorge nach diesen Richtungen hätte, abgesehen
von einer umfassenden Pflege des Körpers in den Schulen durch
Turnen, Sport und Spiele, in Schaffung und Förderung eines dem
Fassungsvermögen der Schüler und Schülerinnen angepassten Unterrichtes in Gesundheitslehre und Gesundheitspflege
zu bestehen. Hierbei müsste im Anschlusse an den Unterricht in der
Naturbeschreibung und den Naturwissenschaften der Inhalt des Unterrichtes in Volks-, Mittel- und Fachschulen sich etwas verschieden
gestalten. Vom Verständnisse des Baues und der Verrichtungen des
menschlichen Körpers und der Belehrung über die täglichen Bedürfnisse desselben ausgehend, würde man zu dem Verständnisse der
allgemeinen Lebensbedingungen gelangen und so von der persönlichen Gesundheit zur Volksgesundheit vorschreiten. Hierbei könnte auch das praktisch Wichtigste über die Selbsthülfe bei
Unglücksfällen gelehrt werden. Aber auch an den Hochschulen und
Seminaren muss der Techniker, Verwaltungsbeamte und Lehrer Gelegenheit finden, sich mit dem Fache der Hygiene nach Maassgabe
seiner besonderen Bedürfnisse vertraut zu machen, um dieselbe
wirklich im Dienste des Volkes fördern zu können. In diesen wichtigen Seiten des hygienischen Unterrichtes sind Deutschland und
Oesterreich noch ganz ausserordentlich zurück und beispielsweise
von Ungarn stark überholt.

Es giebt aber ausser der allgemeinen Hebung der Seuchenfestigkeit noch eine isopathische oder specifische gegen
bestimmte Seuchen, nämlich die vorbeugenden Schutzimpfungen. Mit Rücksicht auf die eingehende Behandlung des
Gegenstandes im vorausgegangenen Abschnitte kann ich mich hier
mit Anführung der Thatsache begnügen, dass allein die ältere
Schutzimpfung gegen Blattern durch Kuhpocken sich mit
kleinen Modifikationen bewährt hat. Selbst die Impfgegner kämpfen
jetzt eigentlich mehr gegen den Impfzwang als gegen die Impfung,
soweit sie wenigstens ehrliche und mit den nöthigen Vorkenntnissen

ausgerüstete Gegner sind. Ich kann aber hier diese Frage nicht im Einzelnen berühren und begnüge mich einfach mit Feststellung der Thatsache, dass die Länder mit Impfzwang, d. h. mit wirklichen Schutzimpfungen, ein so ausserordentlich günstiges Verhältniss aufweisen, dass das umgekehrte Verhalten der anderen Länder zugleich die beste Widerlegung der Impfgegner enthält. In Deutschland sterben seit Einführung des Impfzwanges weniger als einer von 100,000 Lebenden an Pocken, während die Sterblichkeit in Oesterreich ca. 60, die in Ungarn sogar ca. 450 mal so gross ist In Sachsen sind 1886 bis 1892 nur 71, in Böhmen dagegen 19,607 Menschen an Pocken gestorben.

Die neueren Arbeiten über Schutzimpfungen als vorbeugende Maassregel haben kein praktisches Resultat für den Menschen gezeitigt. Aber ganz ohne Resultat sind sie auch nicht geblieben, insofern die Schutzimpfungen gegen Rauschbrand des Rindviehs als vollkommen gelungen bezeichnet werden können, während die Schutzimpfungen gegen Milzbrand und Schweinerothlauf wenigstens für einzelne Gegenden schon Vortheile hatten.

Bei Weitem erfolgreicher war bis jetzt der Kampf gegen die äusseren Bedingungen der Seuchen und zum Theil auch gegen die als solche funktionirenden sozialen Missstände. Wenn jetzt die Cholera die Kulturstaaten weniger bedroht, so ist dies in erster Linie diesen Maassnahmen zu verdanken.

Die Verbesserung des Untergrundes durch Entwässerung, Kanalisation oder anderweitige Entfernung oder Vernichtung der Abfallstoffe des menschlichen Haushaltes gesundet unsere Wohnungen und verbessert damit das Binnenklima, dem der Städter so viele Zeit ohne Erbarmen ausgesetzt ist. Es werden Stoffe aus unserer Nähe entfernt, deren gelöste oder gasige Zersetzungsprodukte Ekel erregen und unsere Widerstandsfähigkeit herabsetzen. Die Mitübertragung gelöster Fäulnissprodukte begünstigt die Infektion sogar im Thierversuche, so dass dabei weniger virulente Keime nöthig sind und abgeschwächte Keime wieder infektiös werden. Die Versuche, eine gleiche Wirkung der gasigen Fäulnissprodukte durch den Thierversuch experimentell zu beweisen, sind nicht recht gelungen. Aber hierbei ist zu bedenken, dass unsere Versuchsthiere an ganz andere

Atmosphäre gewöhnt sind. Die Hunde und Ratten sind zum Theil
Aasfresser, Kaninchen, Meerschweinchen, Ratten, Mäuse leben dicht-
gedrängt in engen Gängen oder Höhlungen, in denen ein Gestank
herrscht, dass Menschen ohnmächtig werden können. Aus solchen
negativen Versuchen schliessen zu wollen, dass gasige Fäulnissprodukte auf die Herabsetzung der Widerstandsfähigkeit des Menschen
keinen Einfluss haben, würde ein grober Laboratoriumsfehlschluss
sein. Der an reine Luft gewöhnte Mensch kann schon in der
schlechten Luft mangelhaft gelüfteter, überfülltter, nicht genügend
belichteter Wohnungen des Proletariates unwohl werden. Der Sinn
für Reinlichkeit wird durch diese Gesundungsmaassnahmen gefördert
und noch mehr dadurch, dass die reine Luft die Athmungsorgane
günstig beeinflusst und uns zu tiefen Athemzügen veranlasst,
vor allem dadurch, dass zugeleitetes gutes Wasser die seit dem
dreissigjährigen Kriege eingerissene gewohnheitsgemässe Unrein-
lichkeit der kontinentalen Europäer allmählich wieder in ge-
wohnheitsmässige Reinlichkeit verwandelt. Das zugeleitete gute
und infektionsunverdächtige Wasser mindert unsere direkten Beziehungen zum infiltrirten Untergrunde, mit dem uns ein örtlich vorhandener schlechter Brunnen in unmittelbarste Berührung bringt.
So hatte schon früher Virchow die Immunität Würzburgs gegen
Cholera darauf zurückgeführt, dass dort eine gute Wasserversorgung
die Beziehungen zum schlechten und mit Unrathstoffen durchsetzten
Boden aufgehoben hatte. Die Versorgung der Wohnungen mit reichlichem natürlichen Licht und mit reiner Luft muss allmählich diese
Vortheile mehren. Die Verbesserungen der Baugesetze und ein
energisches Vorgehen gegen den Baustellenwucher müssen vielfach
noch die Grundlagen schaffen. Die Sorge für die Volksernährung
hat in Deutschland schon Fortschritte aufzuweisen. Städte, welche
ihre Pflicht vernachlässigen, müssten, wie in England, gesetzlich
herangezogen werden können.

Leider begegnen gerade hygienische Fragen in den Parlamenten
einem meist beschämend geringen Verständnisse. Oft werden sie
nur vor den Wahlen zum Stimmenfang benutzt, um nachher mit
rührender Uebereinstimmung von allen Parteien vergessen zu werden.
Solche Dinge, an denen eigentlich alle Parteien in gleichem

Maasse betheiligt sind, eignen sich nicht, um die liebe Partei ins
rechte Licht zu setzen, und deshalb lässt man sie lieber ganz liegen,
und leider haben sich schon vielfach Aerzte in diesen Dingen säum-
iger gezeigt als selbst Verwaltungsbeamte unter den Volksvertretern.
Und doch giebt es kaum wichtigere Dinge für das Volk als die
Volksgesundheit, die auch für die anderen Bestrebungen sozialer und
nationaler Art die unumgänglichste Grundlage schafft. Noch besitzt
kein kontinentaler Kulturstaat eine Zentralbehörde für öffentliche
Gesundheitspflege, und über berathende Behörden haben wir es noch
nicht gebracht, die auch mehr zur Ausschmückung und Verherr-
lichung der Polizeiverwaltung als zur wirklichen Sicherung der
Volksgesundheit da sind. Wenn die ärztlichen Bestrebungen erst
durch die Hygiene auf die Höhe ihrer Leistungsfähigkeit gebracht
werden und Verhütung die beste Heilung der Seuchen ist,
so muss man auch im Geiste unserer modernen sozialen Bestrebungen eine Reform unseres Sanitätswesens im Geiste
der öffentlichen Gesundheitslehre und Gesundheitspflege als eine dringende Aufgabe bezeichnen. Die Sozialhygiene hat die ersten und grössten brauchbaren sozialen Einrichtungen geschaffen und die Durchführbarkeit grosser sozialer Aufgaben
bewiesen und gegenüber der fast ausschliesslich formal-organisatorischen
Behandlung der sozialen Fragen in den Parlamenten einen reichen
Inhalt geliefert, und doch hat die Hygiene in der Sanitätsverwaltung
die ihr gebührende führende Stelle noch nicht erlangt Statt stets im
Geiste der vorbeugenden Hygiene bereit zu sein, wird meist im alten
Schlendrian fortgewurstelt mit „neuen Correcturen zum Anhang der
abgeänderten Ergänzungen der jüngsten provisorischen administrativen
Vorschriften".

Während die Bedingungen der Seuchen, die wir in den allgemeinen Lebenssubstraten Boden, Wasser, Luft, Nahrung und in
den sozialen Missständen finden, vorwiegend auf die Krankheitsanlagen des Menschen wirken, und ihre Verbesserungen eben diese
Anlagen herabsetzen, wirken sie zum Theil auch auf die Ausbreitung der Krankheitserreger ein. Das wusste man aus epidemiologischen Thatsachen wuchtigster Art längst vor der bakteriologischen Zeit. Aber immerhin muss es als ein grosser Fortschritt

bezeichnet werden, dass man jetzt in allen diesen Dingen sicherer wird. Früher konnte man mit Pettenkofer allenfalls annehmen, dass Trinkwasser die Cholera nicht verbreitet. Darüber konnte man ruhig zur Tagesordnung übergehen. Die früher unlösbare Frage nach dem Beweise der Trinkwasserinfektion nach Ausbruch der Epidemie habe ich 1887 unter einstimmiger Zustimmung des deutschen Vereins der Wassertechniker und des internationalen hygienischen Congresses zu Wien als überflüssig bewiesen, indem ich zeigte, dass wir in jedem Augenblicke im Stande sind, uns vorbeugend davon zu überzeugen, ob eine Wasserbezugsquelle eine Infektion überhaupt möglich macht. Wir können jetzt in jedem Falle den Brunnen schliessen, ehe ein Kind hineingefallen ist, und brauchen nicht erst zu warten, bis eine Epidemie eintritt. Hamburg wurde 1892 für eine Unterlassung gestraft, deren schädliche Folgen von urtheilsfähigen Aerzten und Technikern längst vorausgesagt waren. Richtig und mit Maass angewendet, vermag die Bakteriologie unsere Einsicht sicher zu fördern, und eine Hygiene ohne Bakteriologie ist einfach unmöglich. Gerade in der Beurtheilung der äusseren Bedingungen nach ihrer Fähigkeit, Seuchen zu verbreiten, hat die Bakteriologie uns grosse Dienste geleistet, und schon die früher fehlende Beurtheilung dieser Beziehungen vom Standpunkte der Möglichkeit oder Unmöglichkeit der Infektion ist ein ächt hygienischer Fortschritt im Geiste der vorbeugenden Gesundheitspflege. Die Gesetzgebung hat bis jetzt allerdings gerade hierauf bei uns noch keine Rücksicht genommen, und die schon 1887 auf dem internationalen Congresse in Wien von mir geforderte gesetzliche Regelung der Wasserfrage steht noch immer aus, trotzdem auch in London 1891 und in Budapest 1894 dasselbe von Neuem gefordert und von Neuem als durchführbar bewiesen wurde. In unseren Verwaltungen fehlt eben meist noch der hygienische Geist, der gesundheitliche Werthe für die Gesammtheit schafft. Man versäumt es fast stets zur rechten Zeit einige Tausende auszugeben, um dann bei Epidemien oft in überstürzten Maassnahmen und durch Lähmung von Handel und Gewerbe Millionen zu opfern, wie 1892 in Hamburg.

Weniger günstig steht es da, wo es sich um die **unmittel-bare Bekämpfung der Seuchenerreger** handelt. Auf die Periode von **Pasteur-Tyndall-Miquel**, in der die Luft Bakterienwolken führen sollte, folgte die Aera **Koch**, in der man die Flüsse überall für „verseucht" erklärte, in der die stabilen und transportablen Spucknäpfe erfunden wurden, in der der Desinfektionsunfug eine nie dagewesene Höhe erreichte, in der schliesslich ein Reichs-Seuchengesetz als Ausnahmegesetz und mit Bevormundung des Volkes durch Strafvorschriften vorgelegt wurde, zu dessen Durchführung die eine Hälfte der Deutschen zu Schutzleuten hätte umgewandelt werden müssen, um die andere Hälfte vor Schaden zu bewahren oder in ihrer durch Uebertretungen zugezogenen Haft zu bewachen — mit Ausnahme der Kinder, weil die schon Schutzengel haben.

Die allgemeinen Assanirungsarbeiten, deren Beziehungen zur Krankheitsanlage vorher dargelegt wurden, können **auch auf die Krankheitserreger** einwirken. Einmal indem durch Verbesserung von Boden, Wasser, Luft, durch Nahrungsmittel-Controle der **Transport der Seuchen erregenden Keime eingeschränkt, selbst aufgehoben** werden kann. Nach dieser Hinsicht hat die Bakteriologie die Erfahrungen der früheren Zeit vielfach berichtigt und besonders auch die einfachen englischen Methoden des Vorgehens in wesentlichen Punkten gesichert.

In tiefen Bodenschichten können ausserdem auf irgend eine Weise hineingelangte Krankheitserreger, weil sie dort der Concurrenz mit Saprophyten entzogen sind und der Luftabschluss bei gleichzeitiger Feuchtigkeit die Erhaltung der Keime ohne Vermehrung derselben begünstigt, sich vermuthlich gelegentlich jahrelang halten. So dürfte es sich erklären, dass einmal in Japan nach Angaben von **Dönitz** unter Soldaten Cholera ausbrach, als diese Massengräber, in denen an Cholera gestorbene Soldaten ungenügend bestattet worden waren, ein Jahr später in genügender Weise herrichten sollten. Aehnlich brach in einem nassauischen Städtchen Cholera ganz isolirt nur in einer Strasse aus, als diese Strasse ein Jahr nach einer Epidemie umgewühlt wurde.

In derartigen Fällen würde eine richtige Assanirung von vornherein die Berührung mit den Seuchenerregern ausgeschlossen haben.

Dann aber wirken diese Arbeiten so, dass sie die Existenz der in Bezug auf das Nährmaterial anspruchsvolleren Krankheitserreger beeinträchtigen. In reinem Boden, in gutem Wasser können sich dieselben entweder überhaupt nicht gegenüber der Concurrenz der gewöhnlichen Fäulnisserreger vermehren, oder sie passen sich selbst diesen für sie schlechten Verhältnissen an, erleiden Einbusse an Infektiosität und Virulenz, d. h. an der Fähigkeit, im Menschen zu haften, sich zu vermehren und Gifte zu bilden, und werden schliesslich selbst wieder einfache Saprophyten. Während man früher stets vergebens nach Kommabacillen im Wasser gesucht hatte, fanden sich dieselben nach der Cholera von 1892 und 1893 an vielen Stellen und oft reichlich in der Elbe, Spree, Seine und zwar so, dass man sie naturwissenschaftlich als durch das Wasserleben modificirte, mehr saprophytisch gewordene Cholerabacillen auffassen darf. Allerdings ist hierbei zu beachten, dass sich auch im Boden oder Wasser einzelne Keime diesem Processe entziehen können; aber je reiner der Boden oder das Wasser ist, um so weniger kommt ein solcher conservirender Einfluss in Betracht, um so grösser sind die Chancen, dass die Seuchenerreger in irgend einer Form erliegen. Am längsten dürfte sich die Virulenz im Bodenschlamme von Flüssen und Seen halten, weil dort reichliches Nährmaterial und Luftbeschränkung gegeben sind.

Diese Concurrenz mit Fäulnissbakterien bewirkt es, dass auch in Abortgruben oder Misthaufen die Seuchenerreger in der Regel erliegen, so dass praktisch eine Desinfektion solcher Gruben oder Misthaufen am besten unterbleibt. Immerhin ist es ausnahmsweise schon beobachtet, dass nach Räumen einer Abortgrube Unterleibstyphus ausgebrochen ist. Aber ein Anstreichen von Misthaufen mit Kalkmilch wirkt doch nur auf die Lachmuskeln vernünftiger Leute. Weiter wirken die Assanirungsarbeiten nach der Richtung, dass die dadurch seuchenfest gewordenen Menschen selbst eingedrungene Parasiten ihrerseits derart beeinflussen, dass sie deren Virulenz herabsetzen. Während die Virulenz krankheitserregender Bakterien in empfänglichen Thieren sich erhält oder sogar zunimmt, nimmt sie meist bei Passiren widerstandsfähiger oder seuchenfester Thiere bis zur Unwirksamkeit ab, wie Pasteur zuerst feststellte und wie S. 175 mitgetheilt ist.

Die Assanirungsarbeiten wirken gerade in dem Sinne auf die Saprophyten ein, dass sie die gefährlichen Formen der Eiweiss-Fäulniss, welche für Vergiftungen und für Ontogenese und Phylogenese der Parasiten in Betracht kommen, beeinträchtigen und die gutartigen Formen der Zersetzung in der Richtung der Oxydation, z. B. die Nitrification oder Salpeterbildung im Boden, begünstigen. Aus diesem Grunde setzen diese Arbeiten auch die Möglichkeit einer Anpassung der Saprophyten an den Parasitismus, d. h. die Möglichkeit des Entstehens neuer Seuchen herab.

Ein Einfluss der Assanirungsarbeiten auf die Krankheitserreger ist unverkennbar, wenn dieser Einfluss auch die Bedeutung nicht hat, die wir dem Einflusse auf die Krankheitsanlage des Menschen zuschreiben müssen.

Sind die Menschen noch zu zählen und als Individuen oder Gruppen solcher greifbar und beeinflussbar, so gilt dies den Milliarden von Seuchenerregern gegenüber aber nicht. Der Versuch, die Fliegenplage durch Abfangen der einzelnen Fliegen bekämpfen zu wollen, würde mit Recht belacht werden, und doch hat es nicht an Bakteriologen gefehlt, die à la Zacherl die einzelnen Bakterien bekämpfen und jeden Bacillus einzeln niederstrecken wollten.

Wo die Feuersgefahr gering ist, kann man mit Holz bauen und mit Stroh decken. Wo aber die Gefahr grösser ist, baut man die Häuser feuersicher, um nicht einen ganzen Ort in Flammen aufgehen zu lassen, wenn ein Haus in Brand geräth. Demgegenüber ist es von geringerer Bedeutung, dass man durch Löschen einzelner Funken die Ausbreitung des Brandes mit verhüten kann. Bei Holz und Stroh hilft das nicht viel, wie man auf zurückgebliebenen Dörfern und in Skandinavien noch heute selbst an Städten sehen kann, die noch ganz mit Holz gebaut sind. Das Bewusstsein, nachher den Brandstifter erwischt und bestraft zu sehen, hilft Niemandem zu seinem Eigenthum zurück. Das Löschen der Funken wird gegenüber einem verständigen, den Verhältnissen angepassten Bau des Hauses die minderwerthige Thätigkeit für die übergeordnete Gesammtheit bleiben.

Die Bekämpfung der Infektionskrankheiten oder Seuchen durch direkte Bekämpfung der Infektions- oder Seuchenerreger, die sogenannte Desinfektion oder Entseuchung muss in vernünftigen Grenzen bleiben, indem man sie nur anwendet, wo man annehmen darf, die Seuchenerreger auch in geeigneter Form wirklich zu treffen.

Es dürfte das Verständniss dieser einfachen Forderung, die ich schon 1889 im Gegensatze zu dem damaligen extremen Standpunkte von Koch aufgestellt habe, erleichtern, wenn ich daran erinnere, dass die von Lister so genial erdachte, direkt gegen die in der Luft und auf den Wunden vorhandenen Keime gerichtete antiseptische Methode der Wundbehandlung jetzt nur für eine mäfsige Zahl von Fällen in Betracht kommt, während die operative Medicin im Allgemeinen es jetzt vorzieht, unter Wiederaufnahme einer von Semmelweis schon 1847 eingeführten und zeitgemäss verbesserten Methode von vornherein aseptisch vorzugehen und sich auf die natürlichen Hilfskräfte des Menschen gegen seine kleinen Feinde mit grösserem Erfolge zu verlassen.

Aehnlich ist meine Auffassung der Desinfektion, welche ich nur im Dienste der vorbeugenden Seuchenbekämpfung gehandhabt wissen will. Was sie hierin nicht leisten kann, vermag sie überhaupt nicht zu leisten; das könnten wir nachgerade wissen. Wer mehr von der Entseuchung verspricht, täuscht sich und Andere, verleitet zu unberechtigten Geldausgaben, die man zu wirklichen Assanirungsarbeiten besser verwenden könnte.

Aber auch wo man wirklich mit Aussicht auf Erfolg desinficiren kann, leistet die Desinfektion nur da etwas, wo sie an Reinlichkeit anknüpft. Unter dem Einflusse von Koch hatte man sich geradezu an die Vorstellung gewöhnt, ohne Weiteres desinficiren zu können, und Flügge hatte sich sehr absprechend über die ältere Auffassung ausgesprochen, nach der dem Schmutze bei der Entstehung und Bekämpfung der Seuchen eine Bedeutung zukommt. Diese Ansicht von Koch hat sich schnell überlebt. Wir können uns jetzt meist leicht überzeugen, dass Koch's Auffassung falsch ist, und dass ich vor Jahren ihm gegenüber den richtigeren Standpunkt vertreten habe, wenn ich sagte: „Die Desinfektion ist stets nur da wirklich erfolgreich, wo sie an Reinlichkeit anknüpft. Die Reinlichkeit ist die erste und bessere Hälfte der Desinfection." Der grossartige Desinfektionsunfug von 1892 hat aber auch weiteren Kreisen wieder das Verständniss der wirklichen Bedürfnisse etwas näher gebracht, und damals musste sogar das von K o c h beeinflusste Gesundheitsamt in Berlin zugeben: „Reinlichkeit ist besser als eine schlechte Desinfektion." Hoffentlich geht man nun auch einen Schritt weiter und entschliesst sich, überhaupt nur zu desinficiren, wo es aussichtsreich ist. Geht man in dieser von mir vorgeschlagenen Weise vor, so kann eine Desinfektionsanweisung so lang sein, dass man am Ende noch weiss, was man zu Anfang gelesen hat, und die Desinfektionsanweisungen werden aufhören, staatliche oder communale Anleitungen zur Angstmeierei und Bakterienfurcht zu sein.

Leider wurde eine andere Frage noch nicht ganz gelöst. Bei den letzten Choleraepidemien in Italien in den achtziger Jahren und 1892 bei einem Falle auch in Deutschland wurden eingeführte Desinfektionsmittel wörtlich getreu den Anweisungen, fremde Waaren nur desinficirt einzulassen, auch desinficirt. Werden solche Desinfektionsmittel durch die Desinfektion auch desinficirt und unwirksam, oder wird ihre Wirkung erhöht?

Die Desinfektion am eigenen Körper des G e s u n d e n besteht bei Seuchen in der Umgebung und in der Familie in ausgiebiger Reinlichkeit mit warmem Wasser und Seife; bei direkten Berührungen von ansteckenden Kranken tritt meist noch ein Abwaschen der Hände mit Sublimat oder Solveol (neutrales Kresol) hinzu. Vom K r a n k e n sind nur die k e i m h a l t i g e n A b g ä n g e, wie Lungenauswurf, Erbrochenes, Stuhlgang, feucht aufzufangen, also in Schüsseln mit Wasser, denen nach dem Gebrauche durch den Kranken ein passendes, vom Arzte anzugebendes oder örtlich vorgeschriebenes Desinfektionsmittel wie Karbolsäure, Solutol (alkalisches Kresol) oder frische Kalkmilch zuzusetzen ist, dann sind diese Gefässe in die Aborte zu entleeren, wo die Fäulnissbakterien das Weitere viel besser besorgen. Wegen vieler Einzelheiten, die sich auf ein reiches Material und eine scharfe Kritik des früheren Unfugs stützen, kann ich auf den von E l s e H u e p p e verfassten Abschnitt „Zum persönlichen Gesundheitsschutze und zur Krankenpflege" in unserer Arbeit über die Cholera-Epidemie in Hamburg 1892 verweisen. Uebrigens haben inzwischen viele Krankenhausverwaltungen ihre Anweisungen bereits demgemäss verbessert.

Die Desinfektion der Krankenwäsche kann meist unter Schonung der Wäsche erfolgen, indem man die einzelnen Stücke am Krankenbette in einer Bütte mit Wasser auffängt, damit nichts uncontrolirbar verspritzt wird; danach werden die einzelnen Stücke an den beschmutzten Stellen mit Schmierseife eingerieben und die Wäsche mit der alkalischen Seifenlösung kalt aufgesetzt und tüchtig aufgekocht. Hierbei werden die Krankheitskeime vernichtet. Wird die Wäsche gleich in einen Dampf-Desinfektionsapparat gebracht, so brennen die Schmutzflecken ein, und die Wäsche wird im ökonomischen Sinne entwerthet. Desshalb sollte eine Dampf-Desinfektion von Wäsche nur auf Nothfälle beschränkt werden. Dagegen sollte man Matratzen und Kleidungsstücke, eventuell auch Möbel, im Dampfapparat desinficiren, wo eine Entseuchung nöthig ist.

Die tägliche Desinfektion der Krankenzimmer soll sich, von gründlicher Lüftung und Belichtung durch die Sonne abgesehen, darauf beschränken, dass der Staub von den unteren Theilen der Wände, von den Thüren und vom Fussboden feucht aufgewischt wird. Nach Verlassen des Krankenzimmers oder nach eingetretenem Tode lässt man dasselbe am besten einige Tage in Ruhe, damit sich die Luftkeime absetzen können, und nimmt dann den Staub vom Boden und den unteren Theilen der Wände feucht auf und kann dann allenfalls noch den Boden und die Holzverschaalungen mit einem Desinfektionsmittel nachwischen; Tapeten können mit Brod gereinigt werden, während die abgefallenen Schmutztheile und Brodkrümel sorgfältig feucht aufgenommen und dann verbrannt werden; gestrichene Wände werden mit einem frischen Kalkanstriche versehen, wo es besonders erforderlich ist. Die besten Desinfektionsmittel bleiben für immer Licht und Luft. Reine Aussenluft verdünnt ausserdem die etwa in einem Zimmer vorhandenen Keime bis zur Unwirksamkeit. Wer die Licht- und Luftscheu erfolgreich bekämpft und auf entsprechende Verbesserungen der Bauordnungen einwirkt, leistet mehr für eine wirkliche Desinfektion der Wohnungen als Jemand, der sich ängstlich mit der üblichen Desinfektion

und Ueberschwemmung der Wohnungen mit Desinfektionsmitteln
abquält.

Auch in der Sonderung der Kranken von den Gesun-
den schiesst man vielfach über das Ziel hinaus, und die zwangsweise Ueberführung von Kranken aus ihrer Wohnung in ein Kranken-
haus wirkt oft sehr nachtheilig. In Hamburg wurde der oft weite
Transport der Cholerakranken von ihren schlechten Wohnungen
nach den guten Krankenhäusern schlecht ertragen, so dass die
Sterblichkeit in den Krankenhäusern die Durchschnittssterblichkeit
stark überstieg. Aber auch die psychischen Nachtheile sind oft
sehr beträchtlich, und die Aufhebung der Humanität durch die
Bakteriologie scheint mir nur ein Rückschritt zu sein. Da, wie ich
gefunden habe und später noch mehrfach bestätigt wurde, Cholerakranke, wenn sie längst wieder gesund sind, nach Wochen noch
Cholerakeime haben können, da nach Rumpel während und nach
einer Epidemie sogar ganz Gesunde solche Keime enthalten können,
da Diphterierekonvaleszenten noch nach Monaten Diphteriebacillen
führen können, aber da dies auch bei ganz Gesunden vorkommt, so
können Zwangssonderungen auf bakteriologische Befunde hin zum
grössten Unfug führen. Es ist durch die thatsächlichen Erhebungen
sehr unwahrscheinlich gemacht, dass sich an derartige bakterien-
führende Gesunde und Rekonvaleszenten öfters eine namhafte Zahl
von neuen Ansteckungen anschliesst. Das Einsperren Gesunder und
wieder Genesener ist eine unzulässige Beschränkung der persönlichen
Freiheit.

Auch die Krankentransporte im Grossen sprechen
gegen die bakteriologischen Uebertreibungen. In
Indien haben sich die Verlegungen der Lagerplätze stets der
Cholera gegenüber als ein wichtiges Mittel erwiesen, ohne dass die
Umgebung dadurch mehr bedroht wurde. Die grossartigen Evakuir-
ungen der deutschen Militärlazarethe bei Metz haben auf
den Gesundheitszustand nur günstig gewirkt und nicht zur Ver-
schleppung von Typhus und Ruhr beigetragen.

Auch bei Krankheiten vom Charakter des Scharlachs hat man
im letzten Jahrzehnt zur grossen Freude der Musterknaben des
Guten zu viel gethan. In allen diesen Dingen muss neben der

Bakteriologie wieder der ärztlichen Erfahrung ein grösserer Werth beigelegt werden. Gerade die Fortschritte der Bakteriologie haben hierin vielfach den Wandel der Anschauungen von den extremen Forderungen Kochs zu den nüchternen Auffassungen der Engländer herbeigeführt. In den meisten Fällen hat die Bakteriologie zu ähnlichen Erfahrungen wie die Epidemiologie geführt. Eine Seuchenbekämpfung, die sich mit unseren modernen sozialen Erwerbs- und Verkehrsverhältnissen nicht in Einklang bringen lässt, ist von vornherein werthlos. Die kolossalen Schädigungen von Handel und Gewerbe 1892 haben wohl ausgiebig gezeigt, dass dieser Weg der Seuchenbekämpfung nur schadet, dass aber eine vorbeugende Bekämpfung der Seuchen sehr wohl durchführbar ist, ohne die Kräfte des Landes lahm zu legen. Das mildere Ueberwachungssystem der Cholera hat sich allein wirklich bewährt.

Das Beschämendste des extremen bakteriologischen Standpunktes in der Bekämpfung der Seuchen liegt wohl darin, dass in den letzten Jahren sogar geduldete, halbwilde Miniatur-Staaten des Ostens wie Bulgarien die Frechheit hatten, sich bei Gelegenheit der Cholera gegen die grossen europäischen Kulturstaaten durch eine skandalöse Sperre abzuschliessen.

Der Kampf gegen die Krankheitserreger und ihre Verbreitung ist durchaus nicht aussichtslos, und auch dieser Kampf muss zur Verhütung der Seuchen geführt werden, weil wir bei der prinzipiell richtigeren Vernichtung der Krankheitsanlagen aus sozialen Gründen noch beschränkt sind. Aber dieser Kampf kann ohne einschneidende Hemmungen der modernen Gestaltung der Gesellschaftsordnung durchgeführt werden. Es ist deshalb aber auch Pflicht wirklicher Kulturstaaten, geeignete Bedingungen zu schaffen. Diese Pflicht besteht in der Reform des Sanitätswesens auf der Grundlage der öffentlichen Gesundheitslehre und Gesundheitspflege. „Es ist", sagt Sonderegger, „ein verhängnisvoller Irrthum, zu glauben, dass irgend eine auch noch so sorgfältig betriebene Epidemie-Polizei etwas nützen könnte, wo die öffentliche Gesundheitspflege vernachlässigt ist."

Aber gerade weil diese wirklichen Voraussetzungen noch vielfach fehlen und das Verständniss dafür in den Kreisen der Verwaltungsbeamten noch sehr gering ist, die Finanzminister für die
grossen Kulturausgaben kein Geld herausrücken wollen, in den
Gemeinden oft mehr Politik als Volkswirthschaft getrieben wird,
greift man auf dem Continente stets mit solcher Hast zu sanitäts-
polizeilichen Massregeln und zu einander überstürzenden Verordnungen.
Polizeigesetze sind überall beliebt, wo der Wille und die schöpferischen
Fähigkeiten zu sozialen Reformen fehlen.   Durch solche Massnahmen
wird aber nur die Aufmerksamkeit davon abgelenkt, dass uns
eine zeitgemässe Sanitätsorganisation auf Grundlage
der Hygiene noch fehlt.

Zur Durchführung aller Massregeln ist eine Vereinfachung der
Erkrankungs- und Sterblichkeitsstatistik dringend nöthig.   Dieselbe
kann nur mit Hilfe der behandelnden Aerzte durchgeführt werden.
Aber dazu müssen die Schemata ganz knapp sein und ihre Ueber-
mittelung darf keine Schwierigkeiten postalischer Art auferlegen.
Besonders zu Epidemiezeiten haben die Aerzte mehr zu thun, als
die Neugierde von Statistikern am grünen Tische zu befriedigen.
Die Aerzte haben gar keine Neigung und Zeit, in den in der
Büreaukratie so fest begründeten Verein zur Hebung der Papier-
fabrikation aufgenommen zu werden.   Aber unerlässlich ist, dass
durch eine einfache Betheiligung der behandelnden Aerzte und durch
verlässliche Todtenschau eine richtige und schnelle Anzeige
und zahlenmässige Feststellung der Seuchenfälle ermöglicht wird,
während das Einmischen der beamteten Aerzte in Privatverhältnisse
durchaus unzulässig ist und unseren germanischen Rechtsanschauungen
widerspricht.   Dem beginnenden Wiederbesinnen auf unser eigenes
Volksthum muss auch die Gesetzgebung Rechnung tragen.

Die schönen Zeiten, wo die vorgesetzten Behörden an den
Bezirksarzt den Auftrag richten konnten, er solle jetzt die Epidemie
aufhören lassen, weil dieselbe gerade lange genug gedauert hätte,
sind vorüber. Aber trotzdem sind die Verwaltungen den thatsächlichen
Verhältnissen noch überall zu wenig gefolgt.   Immerhin sind
erfreuliche Wandlungen der Anschauungen zu verzeichnen, bei denen
gerade die Ermittelungen der Bakteriologie von Bedeutung waren.
Dass die Verhütung der Seuchen durch Bekämpfung
der Seuchenursachen eine grosse soziale Leistung ist,
kann auf die Dauer nicht verkannt werden.

Zur Geschichte der Bakteriologie.

Mit vollem Rechte versucht man das Gewordene aus dem Werden zu begreifen und pflegt deshalb meist geschichtliche Abrisse voranzustellen. Aber wir sind seit einiger Zeit in der Bakteriologie in einer vollständigen Umprägung der Werthe begriffen. Die alten Thatsachen sind geblieben, aber es sind auch viele neue gewonnen worden, welche neue Anschauungen zeitigten, die sich den überkommenen Vorstellungen gar nicht fügten oder wieder an ältere, scheinbar beseitigte Ansichten anknüpften. Unter solchen Umständen ist es vortheilhaft, erst das Material umfassend kennen zu lernen, um so möglichst objektiv die Thatsachen und Anschauungen einer früheren Zeit zu betrachten.

Kenntnisse über das Vorkommen giftiger Fliegen, wie wir sie z. B. in den Mosquitos und der Tsetsefliege kennen, hatten bei den älteren Kulturvölkern zu einer ontologischen Betrachtung geführt, die diesen Krankheiten bringenden sichtbaren und unsichtbaren giftigen Fliegen in Beelzebub einen Obergott oder Patron einsetzte. Der römische Schriftsteller Varro meinte in ähnlicher Weise, wie man unter den sichtbaren Fliegen über den Sümpfen grosse bis kleinste Formen mit blossem Auge erkenne, so müssten die Formen noch kleiner und unsichtbar werden können und diese nicht mehr sichtbaren Formen dürften wohl die Ursachen der Sumpffieber sein, während man meistens an Emanationen, an gasige Schädlichkeiten als Ursache dachte. Auch Paracelsus hatte schon eine dunkle Vermuthung, wenn er von den Samen der Krankheiten sprach. Von Beobachtungen über Fäulniss und dabei auftretenden, mit einem schlechten Mikroskope beobachteten Würmern ausgehend, entwickelte zuerst der Jesuit Kircher (1671) ganz umfassend die Theorie vom „Contagium animátum". Aber erst van Leeuwenhoek, der sich seit 1675 mit den in Infusen, Faulflüssigkeiten, Eiter auftretenden Organismen mit Hilfe eines von ihm selbst gefertigten, sehr guten Mikroskopes beschäftigte, entdeckte als „Vater der Mikrographie" in umfassender Weise die Welt des Kleinen. Unter den von ihm beobachteten und gezeichneten Organismen sind auch zum ersten Mal wirkliche Bakterien vermerkt.

Seine Nachfolger bemühten sich, diese Infusionsthierchen zu beschreiben und zu klassifiziren. Unter diesen Forschern sind besonders v. Gleichen-Russworm (1778) und Otto Friedrich Müller (1786) zu nennen, welcher Letztere viele der noch heute üblichen Namen und Gattungen aufstellte und gute Zeichnungen lieferte. Erst Bory de St. Vincent (1824) brachte weitere Fortschritte, an die sich 1838 Ehrenberg, 1841 Dujardin' mit Ermittelungen anschlossen, an welche unmittelbar 1852 Perty und 1853 Ferdinand Cohn anknüpften. Im Gegensatze zu ihren Vorgängern haben diese beiden Forscher zuerst mit Sicherheit die Bakterien den Pflanzen zugezählt und Perty hat durch Nachweis der endogenen Sporen die Beweisführung abgeschlossen.

Während Cohn jedoch von da ab die Systematik der Bakterien derart zu entwickeln versuchte, dass er durch scharfe Hervorhebung der beobachteten Besonderheiten eine Trennung in viele Gattungen und Arten durchführte, war Perty der erste, welcher in klarer Weise eine Veränderlichkeit der Formen nach den Substraten aussprach, während man vor ihm nur ganz allgemein von einem proteusartigen Wechsel der Formen gesprochen hatte.

Nebenher ging seit Kircher die Lehre vom Contagium animatum, zu der sich unter Anderen Lancisi, Réaumur, Linné, Plenciz bekannten, welch letzterer 1762 eine umfassende Begründung dieser Theorie gab. Auch die Untersuchungen von Pringle über Seuchen und Desinfektionsmittel gehören hierher. Diese Ansicht gerieth jedoch in Misskredit, weil man bald nicht einfach die Krankheits-Ursachen für belebt und parasitär hielt, sondern die Krankheiten selbst für Parasiten hielt; Namen wie Lupus und Krebs erinnern noch jetzt hieran. Vor allem kam in Betracht, dass die pathologische Anatomie unter Malpighi, Bichat und Virchow nur noch im Studium der anatomischen Veränderungen der Gewebe bei den Krankheiten fusste, für die Aussendinge aber bald jedes Verständniss verlor. Dies ging so weit, dass Virchow erst 1874 eine noch dazu sehr bedingte Anerkennung der parasitären Theorie der Seuchen aussprach.

Die Frage, wie weit Mikrobien bei Fäulniss- und Gährungsvorgängen betheiligt sei, brachte die Sache von einer ganz anderen Seite wieder in Fluss. Die Einen nahmen an, dass die Infusorien und Pilze wegen ihrer Allgegenwart ein ζύμωμα κακὸν κθονός, ein schlechtes Gährungsprodukt der Erde seien und durch „Urzeugung" entständen, während Andere sie legitim aus Keimen derselben Art herleiteten. So gelang es schon Micheli 1729 viele Pilze von Spore zu Spore zu kultiviren mit Ausnahme der Brand- und Rostpilze, für die eine Hetrogenese noch möglich schien, bis 1801 Persoon und endlich 1853 de Bary auch diese Frage endgültig lösten. Für die Insekten war durch Swammerdam 1669 und Redi 1688 die Urzeugung widerlegt, so dass sich die Anhänger auf immer kleinere Thiere berufen mussten, und Needham glaubte experimentell die Urzeugungen für Infusionthierchen beweisen zu können, womit er viel Anklang fand. Bonnet 1762 und Spallanzani 1769 widerlegten ihn so gründlich, dass Appert auf diesen Prinzipien sogar seine Methode zur Konservirung von Nahrungsmitteln aufbauen konnte, als ersten praktischen Erfolg der älteren Bakteriologie. Aber immer wieder erstanden neue Gegner, bis Franz Schulze 1836, Schwann 1837, Schröder und v. Dusch 1854—1861, van der Broek 1857 und Pasteur seit 1857 jeden Beweis für die Urzeugung durch einen besseren Gegenbeweis stürzten und nachwiesen, dass alle Mikrobien durch legitime Erbfolge aus Keimen gleicher Art hervorgehen. Die Frage der Urzeugung wurde durch Béchamp zur Frage der Mikrozymen, d. h. der Entstehung aktionsfähiger Körnchen im lebenden Organismus, durch Wigand zur Lehre von der Anamorphose des Protoplasma, d. h. der Umformung von Zellprotoplasma in Bakterienprotoplasma, und durch Fokker zu der ähnlich aufgefassten Hetrogenese. Das richtige von allen diesen Dingen war nur, dass es Zellbestandtheile giebt, deren Wirkungen das Leben der Zellen überdauern. Alle diese Wirkungen gehören in dieselbe Kategorie, wie die des „aktiven" Eiweiss der Drüsenzellen, welche sich auflösend Enzyme bilden, die häufig geradezu als überlebende und selbstständig gewordene Zellkörner erscheinen, aber nur Theile von Zellwirkungen entfalten, aber keine Zellen mehr bilden.

Konnten die Infusionsthierchen, darunter aber auch unsere heutigen Bakterien, in den Faulflüssigkeiten nicht durch Urzeugung entstehen, sondern nur aus Keimen ihrer Art, die irgendwie hineingelangt waren, so mussten sie umgekehrt in dem Maasse, wie sie sich vermehrten, also durch ihr Leben die Zersetzungen hervorrufen. Dies hatte schon 1813 Astier für die Hefen, Sette 1819 für die blutenden Hostien gezeigt, aber erst Cagniard Latour und Schwann gelang es 1837 so gute Beweise hierfür zu bringen, dass Turpin bereits im folgenden Jahre alle Gährungen auf das Leben von Mikrobien zurückführte. Diese Versuche wurden 1841 durch Fuchs mit Versuchen mit blauer Milch und weiter durch Remak 1841, Mitscherlich 1841—43 ergänzt, indem diese beiden Beobachter bei je zwei verschiedenen Gährungen auch zwei verschiedene Arten von Gährungsorganismen fanden. Helmholtz machte 1843 wichtige Beobachtungen an Fäulnisserregern. Doch erst Pasteur bewies seit 1857, dass einmal alle Fäulniss- oder Gährungsvorgänge durch Lebewesen veranlasst sind und dann, dass bei jeder verschiedenen Gährung verschiedenartige Mikrobien betheiligt sind. Die Spezificität der Gährungserreger schien hiernach die Ursache der typischen Gährungen zu sein.

Nachdem durch Goeze und Bremser zuerst durch die Entwicklungsgeschichte der Bandwürmer etwas Klarheit in die Ursachen der Finnen- und Bandwurmkrankheiten gebracht worden war, hatte Prevost (1807) ermittelt, dass Pilze die Ursachen vieler Pflanzenkrankheiten sind. Diese Arbeiten haben einen gewissen Abschluss gefunden, als dé Bary nachwies, dass auf verschiedenen Pflanzen vorkommende, bis dahin für verschiedene Arten gehaltene parasitische Pilze in den Entwicklungskeis einer einzigen Art gehören. Einen solchen Wirthswechsel oder Heteröcie wies er bei den Rostpilzen oder Uredineen nach.

Bassi und Balsamo entdeckten 1835 — veröffentlicht 1837 — dass die Muscardine genannte Krankheit der Seidenraupen durch einen Pilz veranlasst ist und Audouin fand, dass dieser Pilz Sporen bildet, mit deren Hilfe die Krankheitserreger überwintern, um im nächsten Jahre sich von neuem seuchenartig auszubreiten. Schönlein entdeckte 1839 den Pilz des Erbgrindes. Zu derselben Zeit wurden die Krätzmilben von Neuem entdeckt.

Auf Grund dieser Ermittelungen an Gährungs- und Krankheitsprozessen entwickelten Eisenmann und noch schärfer Henle seit 1840 von Neuem die Lehre vom Contagium animatum und zwar mit solchem Erfolge, dass die Lehre trotz Virchows Widerspruch nicht mehr von der Tagesordnung verschwand. Hierzu trug auch bei, dass unter den Epidemiologen sich immer wieder das Bedürfniss geltend machte, äussere Krankheitsursachen anzunehmen, und besonders Pettenkofer hat seit 1854 die Ansicht entwickelt, dass man Krankheitserreger, welche sich nur im erkrankten Menschen entogen entwickeln, von solchen unterscheiden müsse, die sich ausserhalb oder ektogen fortpflanzen. Wichtig wurden die seit 1847 begonnenen Versuche von Semmelweis über Verhüten von Kindbettfiebern durch Abhalten von zersetzungsfähigen Stoffen, weiter von Lemaire 1860, welcher nachwies, dass Karbolsäure nur die Wirkung von lebenden Keimen, aber nicht von Enzymen aufhebt.

Aber auch direkte Ermittelungen blieben nicht aus. Pollender 1849 und Davaine und Rayer 1850 entdeckten die Milzbrandbazillen, deren ätiologische Bedeutung Davaine seit 1863 klar stellte, bis Koch 1877 durch Entdeckung der Sporen die Frage so abschloss, wie früher Audouin die Entdeckung von Bassi vervollständigt hatte. Eine ähnliche Entdeckung machte Pasteur 1865 bei einer anderen Krankheit der Seidenwürmer, Pebrine, die er ebenfalls durch Nachweis von Sporen abschloss. Obermeier entdeckte 1873 die Recurrensspirochaeten. Nachdem bereits v. Recklinghausen, Waldeyer, Klebs, Weigert Bakterien in den Geweben bei verschiedenen Krankheiten gefunden hatte, veröffentlichte Koch 1878 seine Untersuchungen über Wundinfektionskrankheiten. Hierbei entsprach jeder besonderen Krankheit auch ein besonderer Krankheitserreger, ähnlich wie es für die Gährungen ermittelt erschien.

Waren für die Auffassung, dass jeder besonderen Gährung und Seuche ein besonderer Mikroorganismus ursächlich zu Grunde liege,

Pasteur's Arbeiten umfassend grundlegend geworden, so schienen Koch's Arbeiten diese Ansicht ebenso umfassend abzuschliessen.

Diese Ansicht entsprach aber auch den allgemeinen Hoffnungen der in ontologischen Auffassungen gross gezogenen Aerzte so vorzüglich, dass für die nächste Zukunft der Wunsch der Vater des Gedankens wurde, als Koch diese Arbeiten durch Begründung seiner Methodik seit 1880 in ungewöhnlicher Weise förderte. Es gelang, die Reinkulturen einer grossen Zahl von Mikroparasiten herzustellen und vielfach auch durch erfolgreiche Uebertragung auf Versuchsthiere die Wichtigkeit der bei Seuchen beobachteten Mikrobien für das Entstehen dieser Seuchen darzulegen (cfr. Abschnitt 3, S. 87). Aus der Reihe dieser Untersuchungen hebt sich als ganz besonders bahnbrechend die Entdeckung des Tuberkulose-Erregers durch Koch 1882 hervor. Dies ist wohl die methodisch grossartigste Entdeckung, welche bis jetzt überhaupt in der Bakteriologie gemacht worden ist, so dass selbst die Entdeckung der Cholerabakterien 1884 durch Koch und seine Mitarbeiter Gaffky und Fischer bedeutend dagegen abfiel, weil diese Untersuchung so wenig abgeschlossen war, dass Lister 1891 auf dem internationalen Congresse in London die ätiologische Bedeutung der Kommabazillen zuerst durch den von Hueppe erbrachten Nachweis der Giftbildung für annehmbar erklärte.

Dass die parasitischen Bakterien durch Giftbildung zur Wirkung kommen, ist in früheren Abschnitten eingehend dargelegt.

In der bis jetzt besprochenen Richtung steht noch der Beweis aus, dass sich bei den typischen akuten Exanthemen wie Pocken, Fleckfieber, Scharlach, Masern auch Mikroparasiten als Erreger finden. Die bisherigen negativen Erfolge gerade bei Seuchen, deren Ansteckung am grössten ist, sind auffallend und vielleicht dadurch erklärbar, dass es sich nicht um Bakterien handelt.

Ebenso wünschenswerth wäre eine Aufklärung über die Erreger der bösartigen Geschwülste, speziell der Epithelialgeschwülste und unter diesen der Karcinome. Was bis jetzt als Parasiten des Karcinoms beschrieben ist, hält der Kritik nicht Stand. Da auch wichtige Gründe dafür beigebracht sind, dass diese Geschwülste vielleicht gar nicht auf mikroparasitiäre Erregung zurückzuführen sind, so bedarf es auf jeden Fall sehr zwingender Beweise.

Die ganze Richtung, welche sich bemüht, bei Krankheiten und Gährungen „spezifische" Erreger aufzufinden, kann man als die **naturhistorische** bezeichnen.

Dass jede spezifische Seuche durch einen artkonstanten specifischen Parasiten veranlasst wird, entspricht nicht nur den ontologischen Wünschen vieler Aerzte, die dadurch weiteren Nachdenkens überhoben werden. Es kommt noch hinzu, dass wir im Unterrichte genöthigt sind, methodisch zuerst den Schülern an einzelnen Beispielen das allgemeine Verständniss vom Contagium animatum beizubringen. Die Einführung geht da nothwendigerweise von der Spezificität der Mikrobien aus. Bei der Kürze der Zeit kommt die Mehrzahl überhaupt nicht auf Grund eigener Beobachtungen über dieses Stadium hinaus und so haben die bakteriologischen Kurse viel dazu beigetragen, dass diese ontologische, durchaus unwissenschaftliche Auffassung über die Beziehungen der Bakterien zu den Krankheiten Gemeingut der Aerzte geworden ist. Eine erzieherische Nothwendigkeit hat so zur Schädigung der wissenschaftichen Ausbildung der Aerzte geradezu beigetragen.

Die Voraussetzung, dass die Artconstanz, die Specificität der parasitischen Mikrobien die Ursache der Seuchen sei, ist nämlich falsch. Wie Henle die Aetiologie der Seuchen aus der Konstanz der specifischen Seuchenerreger deducirte, haben, im Anschlusse an Perty, Billroth und besonders Naegeli ebenso logisch die Ansicht entwickelt, dass die Bakterien sich nach Form und Wirkung den Existenzmitteln anpassen und verändern. Beide Forscher sind weit über das Ziel hinausgeschossen, indem Billroth nur noch eine pathogene Art, die er Kokkobakteria septica nannte, annahm und Naegeli ausser Sarcina keine beständige Art anerkannte.

Hans Buchner hat schon 1878 den virulenten Milzbrand kulturell so behandelt, dass er unwirksam wurde; leider ging er 1880 noch weiter, indem er in der Idee Naegeli's meinte, den pathogenen Milzbrandbacillus in den saprophytischen Heubacillus und umgekehrt umgezüchtet zu haben. Koch ging dann aber auch in seiner Kritik zu weit, indem er meinte, dass Buchner einfach diese ganz verschiedenen Bakterienarten verwechselt habe. Prazmowsky und de Bary haben nämlich gefunden, dass abgeschwächter

Milzbrand wirklich bisweilen an der Oberfläche von Flüssigkeiten Häutchen bildet, wie Heubacillus. Eine Umzüchtung ist aber unmöglich und die Auskeimung der Sporen bei beiden Arten ist nach Prazmowski und Brefeld ganz verschiedenartig. Immerhin hat Buchner zuerst und in einem klaren, zielbewussten Gedankengange versucht, die krankheitserregende Wirkung von Parasiten, also das von Koch als ursächlich und nothwendig konstant aufgefasste Moment zu beeinflussen, und- dies ist ihm in gewissen Grenzen als Erstem gelungen.

Dasselbe erreichte Pasteur 1880 zufällig, als er fand, dass virulente Kulturen von Hühnercholerabakterien, nachdem sie einige Zeit an der Luft gestanden hatten, unwirksam geworden waren.

Mit dieser Entdeckung von Buchner und Pasteur können wir einen neuen Abschnitt, und zwar die **naturwissenschaftliche** Epoche in der Bakteriologie datiren. Kann man die wichtigste, vorher als nothwendig beständig angenommene Eigenschaft, also die „specifische“ Fähigkeit, „specifische“ Krankheiten, Gährungen, Farben, Fäulniss zu erregen, nach Belieben herabsetzen oder gar aufheben und umgekehrt auch steigern, so muss die ganze Auffassung des Ursachen-Zusammenhangs eine andere werden.

Durch die künstlichen Schutzimpfungen, wie sie Pasteur 1880 zum ersten Mal mit den abgeschwächten Bakterien der Hühnercholera gegen die virulenten vorgenommen hatte, wurde das ganze Gebiet der experimentellen Bearbeitung zugänglich.

Mit diesen Forschungen wurde die Bedeutung des thierischen Organismus für die Aetiologie der Seuchen, für Krankheitsanlage, Seuchenfestigkeit und Immunisirung wieder mehr betont, wenn auch nicht sofort ätiologisch richtig gestellt, wobei neben Pasteur besonders H. Buchner, Metschnikoff Wichtiges leisteten, und endlich wurde es dadurch Hueppe möglich, 1893 zum ersten Mal den Ursachen-Zusammenhang bei den Seuchen ganz frei von aller Ontologie, rein mechanisch und monistisch darzulegen und den letzten Rest der Ontologie auch im verwickelsten Zweige der organischen Naturwissenschaften zu beseitigen. In dieser naturwissenschaftlichen Auffassung der Aetiologie ist auch endlich die Versöhnung zwischen Zellularpathologie und Bakteriologie gegeben, die sich vorher nicht verständigen konnten und wollten, weil früher jede dieser Richtungen in ihrem ontologischen Vorgehen nur ihren eigenen Götzen für anbetungswürdig hielt.

Mit Beseitigung dieser ontologischen Reste ist auch die letzte Erinnerung an die Personifikationen der Priestermedizin beseitigt und die Medizin kann sich unter Aufgeben jeder Ontologie gerade so streng mechanisch entwickeln, wie jede andere Naturwissenschaft.

Trotz der vielen Beschäftigung mit den Bakterien hat die Bakteriologie bis jetzt auf das Denken in der Medizin nur sehr geringen Einfluss geübt, weil für die Mehrzahl der Aerzte nur ein Krankheitswesen, die kranke Zelle, durch ein anderes Krankheitswesen, den pathogenen Bacillus, ersetzt wurde. Damit waren aber Tausende von Erfahrungen am gesunden und kranken Menschen unvereinbar und ebensowenig lösbar wie vorher. Erst bei einer nicht ontologischen, sondern mechanischen oder dynamischen Auffassung, die sich als Theil der monistischen Weltauffassung darstellt, werden alle Ermittelungen dem Verständnisse näher gerückt und das Veränderliche findet ebensogut seinen Platz wie das Konstante, weil von beiden die Mystik der Ontologie genommen ist. In dieser naturwissenschaftlichen Auffassung ist die Bakteriologie befähigt, das Denken in der Medizin günstig zu beeinflussen und grundsätzlich zu vertiefen.

Mit dieser Möglichkeit ist die Stellung der naturwissenschaftlichen Bakteriologie in Medizin und Hygiene klipp und klar vorgezeichnet. In dieser naturwissenschaftlichen Bakteriologie, wie ich sie im vorliegenden Werke zum ersten Mal zusammenhängend darzustellen versucht habe, finden die Einheitsbestrebungen der naturwissenschaftlichen Medizin einen klaren und umfassenden Ausdruck.

Litteratur.

Die Litteratur der Bakteriologie ist ganz enorm angeschwollen und kaum noch vollständig zu übersehen. Zur Information über diese vielen Arbeiten eignen sich besonders:

Centralblatt für Bakteriologie, dessen erste Abtheilung über die medicinischen, dessen zweite Abtheilung über die allgemeinen Arbeiten berichtet.

Hygienische Rundschau, welche über die bakteriologischen Arbeiten hygienischen Inhaltes berichtet.

Jahresbericht über die Fortschritte in der Lehre von den pathogenen Mikroorganismen von Baumgarten.

Jahresbericht über die Fortschritte in der Lehre von den Gährungs-Organismen von Alfred Koch.

An Zeitschriften, die der Bakteriologie ausschliesslich oder doch in hohem Maasse gewidmet sind, sind zu nennen:

Annales de l'Institut Pasteur von Duclaux.
Annales de Micrographie von Miquel.
Archiv für Hygiene von Pettenkofer.
Zeitschrift für Hygiene von Koch und Flügge.

Viele Artikel bringen fast sämmtliche medicinischen und klinischen Zeitschriften, besonders:

Archiv für pathologische Anatomie von Virchow.
Beiträge zur pathologischen Anatomie von Ziegler.
Berliner klinische Wochenschrift.
Deutsche medicinische Wochenschrift.
Fortschrittte der Medicin von Eberth.

Wegen den Methoden verweise ich auf:

Hueppe: Die Methoden der Bakterienforschung, 5. Aufl. 1891, welche für alle derartigen Werke vorbildlich geworden ist.

Lehrbücher über das Gesammtgebiet, welche besonders die medicinischen Fragen behandeln, wurden verfasst von

Baumgarten: Lehrbuch der pathologischen Mykologie 1886/90.

Conn: The Fermentations of Milk, 1892.

Cornil et Babes: Les Bactéries, 3. Aufl. 1890.

Crookshank: An Introduction to practical Bacteriology. 1886.

Duclaux: Le Microbe et la Maladie. 1886.

Flügge: Die Mikroorganismen, 2. Aufl. 1886.

Fränkel, C.: Grundriss der Bakterienkunde, 3. Aufl. 1890.

Freudenreich: Bakteriologie der Milchwirthschaft, 1893.

Grotenfelt-Woll: The Principles of Modern Dairy Practice, 1894.

Günther: Einführung in das Studium der Bakteriologie, 4. Aufl. 1895.

Klein: Microorganisms and Disease, 3. Aufl. 1886.

Kramer: Die Bakteriologie und ihre Beziehungen zur Landwirthschaft 1890/92.

Migula: Bakterienkunde für Landwirthe, 1890.

Schenk: Grundriss der Bakteriologie, 1892.

Scholl: Die Milch, 1891.

Die Formen der Bakterien sind behandelt in:

Beiträge zur Biologie der Pflanzen von F. Cohn, seit 1870.

de Bary: Vorlesungen über Bakterien, 2. Aufl. 1887.

Brefeld: Botanische Untersuchungen über Schimmelpilze, seit 1872.

Bütschli: Ueber den Bau der Bakterien, 1890.

Fischel, F.: Untersuchungen über die Morphologie und Biologie des Tuberkulose-Erregers, 1893.

Fischer, A.: Die Plasmolyse der Bakterien, Berichte der Sächsischen Akademie 1891.

Fischer, A.: Untersuchungen über Bakterien, Jahrbücher für wissensch. Botanik 1894.

Hueppe: Die Formen der Bakterien und ihre Beziehungen zu den Gattungen und Arten, 1886.

Klein, L.: Botanische Bakterienstudien, Berichte der deutschen botan. Gesellschaft, 1889.

Naegeli und Buchner: Untersuchungen über niedere Pilze, 1882.

de Vries: Die Pflanzen und Thiere in den dunklen Räumen der Rotterdamer Wasserleitung, 1890.

Winogradsky: Morphologie und Physiologie der Bakterien, 1888.

Zopf: Die Spaltpilze, 3. Aufl. 1885.

Zur Systematik der Bakterien:

Eisenberg: Bakteriologische Diagnostik, 3. Aufl. 1891.

Eyferth: Die mikroskopischen Süsswasserbewohner. 2. Aufl. 1885.

Kirchner und Blochmann: Die mikroskopische Pflanzen- und Thierwelt des Süsswassers, 2. Aufl. 1886.

Lustig: Diagnostik der Bakterien des Wassers, 2. Aufl. 1893.

Schröter, J.: Abschnitt „Pilze und Bakterien" in Cohn's Kryptogamenflora von Schlesien, III. Theil, 1885.

Zimmermann: Die Bakterien unserer Trink- und Nutzwässer, 1890.

Photographien der Bakterien bringen:

Crookshank: Photography of Bacteria, 1887.

Fränkel und Pfeiffer: Mikrophotographischer Atlas der Bakterienkunde, 2. Aufl. 1894.

Koch: Mittheilungen aus dem K. Gesundheitsamte, I, 1881.

Ueber Urzeugung:

Altmann: Die Elementarorganismen, 2. Aufl. 1894.

Béchamp: Les Microzymas, 1883.

Fokker: Untersuchungen über Heterogenese, 1.—3. Heft, 1887/88.

Wigand-Dennert: Das Protoplasma als Fermentorganismus, 1888.

Ueber Biologie der Bakterien bringen wichtige Beiträge:

Arbeiten aus dem K. Gesundheitsamte Berlin, seit 1885,

Brieger: Untersuchungen über Ptomaïne, I bis III, 1885/86.

Löw: Ein natürliches System der Giftwirkungen, 1893.

Jörgensen: Die Mikroorganismen der Gährungschemie, 2. Aufl. 1890.

Mittheilungen aus dem K. Gesundheitsamte, I 1881, II 1884.

Naegeli: Theorie der Gährung, 1879.

Naegeli: Die niederen Pilze, 1877.

Vaughan: Ptomaïnes, Leucomaïnes and Bacterial Proteids, 1891.

Woodhead: Bacteria and their Products, 1891.

Ueber die krankheitserregenden Bakterien sind ausser den genannten Lehrbüchern und Zeitschriften noch vortheilhaft zu Rathe zu ziehen:

Behring: Infektion und Desinfektion, 1894.

H. Buchner: Artikel Schutzimpfung und

Gärtner: Artikel Allgemeine Prophylaxe im „Handbuch der speciellen Therapie innerer Krankheiten" von Penzoldt und Stintzing, 1895.

Gottstein und Schleich: Immunität, Infektionstheorie und Diphtherie-Serum, 1894.

Hueppe: Ueber Beziehungen der Fäulniss zu den Infektionskrankheiten, 1887.

Hueppe: Ueber die Ursachen der Gährungen und Infektionskrankheiten und deren Beziehungen zur Energetik, 1893.

Hueppe: Ueber den Kampf gegen die Infektionskrankheiten, 1889.

Hueppe: Die Cholera-Epidemie in Hamburg 1892, 1893.

Hueppe: Naturheilkunde und Schulmedicin, 1895.

Koch: Untersuchungen über die Aetiologie der Wundinfektionskrankheiten, 1878.

Koch: Die Bekämpfung der Infektionskrankheiten, 1888.

Koch: Ueber bakteriologische Forschung, 1890.

Pfeiffer, L.: Die Protozoen als Krankheitserreger, 1890.

Metschnikoff: Leçons sur la Pathalogie comparée de l'Inflammation, 1892.

Zur Geschichte der Bakteriologie:

Löffler: Vorlesungen über die geschichtliche Entwickelung der Lehre von den Bakterien, 1887.

Alphabetisches Sach-Register.